U0817789

本书列入"十二五"国家重点图书出版规划

北大高等教育文库

• 大学之道丛书 •

DEFENDING THE UNIVERSITY
WITH REASON

理性捍卫大学

眭依凡 著

北京大学出版社
PEKING UNIVERSITY PRESS

图书在版编目(CIP)数据

理性捍卫大学/眭依凡著.—北京:北京大学出版社,2013.11
(大学之道丛书)
ISBN 978-7-301-23493-8

Ⅰ. ①理… Ⅱ. ①眭… Ⅲ. ①高等教育-研究-中国 Ⅳ. ①G649.2

中国版本图书馆 CIP 数据核字(2013)第 276719 号

书　　　名:理性捍卫大学
著作责任者:眭依凡　著
丛 书 策 划:周雁翎
丛 书 主 持:周志刚
责 任 编 辑:于　娜
标 准 书 号:ISBN 978-7-301-23493-8/G·3746
出 版 发 行:北京大学出版社
地　　　址:北京市海淀区成府路 205 号　100871
网　　　址:http://www.jycb.org　http://www.pup.cn
新 浪 微 博:@北京大学出版社
电 子 信 箱:zyl@pup.pku.edu.cn
电　　　话:邮购部 62752015　发行部 62750672　编辑部 62767346
出版部 62754962
印　刷　者:北京大学印刷厂
经　销　者:新华书店
965 毫米×1300 毫米　16 开本　20.75 印张　300 千字
2013 年 11 月第 1 版　2013 年 11 月第 1 次印刷
定　　　价:49.00 元

谨将本书献给关爱我一生的母亲

自序　一个大学理想主义者的寄语

眭依凡

2009 年 6 月中旬的一个清晨，醒来后自然习惯首先打开国内的手机，立即有数条短信接二连三地涌入。其中一条来自时任宁波大学党委副书记的刘剑虹教授，他请我就自己得意的教育思想写篇两千多字的教育随笔，希望我支持一下宁大校报《大草坪教育园地》。

奇怪得很，那么多的学术期刊都在等着我的学术论文，我都委婉地请他们继续给我一些时间，而对剑虹君请我为他所在大学校报专栏撰稿的要求，我竟然很爽快地答应了。其实除了在《大学的使命与责任》一书中的附录《大学的沉思》似乎有点像教育随笔外，之前我就不曾专门写过教育随笔这种文体的东西。我知道这当然与自己多少与宁大有些感情的原因。2006 年我从加州大学伯克利分校访学回来后，剑虹君专门把我请到宁大为全校中层干部和研究生院分别做了《科学发展观与大学按规律办学》《大学的理想主义与人才培养》两场学术报告。这次访问，宁大校领导奋发图强的治校精神及师生积极向上的教学风习给我留下了深刻的印象。

然而必须坦言的是，促使我立刻答应写这篇教育随笔的更重要原因，是在阅读短信的同时我脑海里就已经涌出了这篇随笔的题目：《中国大学，你早日崛起吧！》。我清晰地记得，当我在潜意识里接受约稿时，这个主题立刻就占据了我的整个头脑。其实这岂止是一个文章的题目，这是我 2009 年 3 月受国家公派以高级研究学者的身份，赴德国柏林自由大学从事为期半年的访学研究以来，一直不时撞击我灵魂深处的强烈意识。现在看来，迫切期盼中国大学的早日崛起，也可以说就是我的中国梦。在知识的决定性作用日益强大的时代，没有大学的崛起，民族的崛起、国家的崛起凭藉什么？没有大学的崛起，我们又靠什么去圆强国之梦？

抵达德国后，我才真正认识到就知识贡献而言德国真的是一个神奇并且伟大的国家，她曾经培养产生了那么多的世界级的知识精英。在我的观念中，一个缺少知识精英的国家对世界是不会有多少影响力的，因为国际影响力的大小取决于你对世界贡献的多少。事实上，除了美国，没有哪个国家像德国一样拥有如此之多的像爱因斯坦、伦琴、普朗克、海森伯格等一大批改变了世界的杰出科学家，以及如歌德、洪堡、黑格尔、康德、尼采、贝多芬、韦伯、马克思、恩格斯等影响了世界的文学家、哲学家、音乐家及思想家。我想这都离不开大学的作为和功劳。

说德国是一个研究创新型国家一点不过，许多改变人类生活方式的发明创造都是德国人或德国人参与的贡献，比如白炽灯泡、自行车、电话、冰箱、奥拓发动机、汽车、相对论、阿司匹林、电视、喷气发动机、电脑、扫描仪、液晶显示屏、MP3、空中客车、芯片、燃料电池汽车、双子电梯、磁悬浮列车、膨胀螺丝、可以对原子内部一览无余的扫描隧道显微镜等，都是德国制造。所有这一切不仅是德国人对德国的贡献，更是对人类对世界的贡献。而这一切又全赖于德国曾经和现在拥有一大批世界最好且培养了一批又一批杰出人才的世界著名学府，如海德堡大学（1386）、科隆大学（1388）、莱比锡大学（1409）、弗赖堡大学（1457）、慕尼黑大学（1472）、蒂宾根大学（1477）、哥廷根大学（1737）、波恩大学（1786）、柏林洪堡大学（1810）、德累斯顿工业大学（1828）、慕尼黑工业大学（1868）、亚琛工业大学（1870）、柏林自由大学（1948）等等。

何止是德国，举目世界凡经济强盛、社会文明的国度，谁不是高等教育的强国？所以前哈佛大学校长博克说：“一流的科研和教育是一个国家成功的关键。”大学崛起的意义就在于此。

记得在自己还比较年轻时，当读到俄国杰出作家陀思妥耶夫斯基“我只担心一件事，我怕我配不上自己所受过的苦难”这句话时，我忽然感到自己对“任何经历都是财富”才有了真正的理解。之后的岁月，我对自己生命中的经历包括人生磨难都怀珍惜之情，尤其对自己一生挚爱并愿为之“殉道”的大学教育及高等教育研究事业持敬畏之心。作为一个大学教育者和大学教育研究者，我想自己必须担心的一件事，就是怕配不上自己所承负的大学教育及其研究这份关系民族希望和梦想能否实现的事业。正是这样一种对大学、对大学教育、对大学教育研究的敬畏，使我不能接受甚至不能容忍大学犯绝不能犯的错误。大学是高度理性和自律的组织，这是大学的与众不同。我对此理念坚信不疑。

法国存在主义哲学家让-保罗·萨特曾说“在黑暗的时代不反抗就意味着同谋”，我以为如果一个以高等教育研究为己任的学者对大学偏离组织属性的行为不发出必须发出的批评声音，岂不等同于大学罪错的“同谋”？于是，我开始对大学的不是不该不能予以了无情的批评和批判。我一直固执地坚持这样的观点：大学的问题很多是大学自身的问题，即便在现有的制度环境下大学可以也应该做得更好。大学从一个初创时被动适应社会需要经主动满足社会需要的阶段已经发展成为了具有积极引领社会需要的组织，所以当大学面对自己的不足和批评而追责社会、政府的时候，其实更需要的选择是冷静的自审、自省和自我问责。

在我开始写这篇自序的大半年前，曾经收到大学时代一位特别严肃、格外认真的光学实验课老师发给我的一份电子附件，如果我没记错的话，他好像就是北大的毕业生。这位老师给我挥之不去的印象是，他把一门学生并不怎么放在眼里的实验课严肃严谨地像一门高深的理论物理那样一丝不苟地对待。而这种敬业精神和学术态度是当下大学教师尤其是青年教师最需要学习继承的东西。坦率说，我真的很怀念改革开放初期充溢在整个大学校园内的那种对学术和学业的纯真和敬畏。这位老师给我的附件，是一位没有具名的改革开放初期入学的大学毕业生应邀回到北大中文系给比自己几乎小了一代人的师弟师妹的演讲词。我不知道演讲者是谁，但这并不重要，重要的是作为同时代的大学毕业生我被其下面的一段文字由共鸣而震撼：

> 我唯一的害怕，是你们已经不相信了——不相信规则能战胜潜规则，不相信学场有别于官场，不相信学术不等于权术，不相信

风骨远胜于媚骨。你们或许不相信了,因为追求级别的越来越多,追求真理的越来越少;讲待遇的越来越多,讲理想的越来越少;大官越来越多,大师越来越少。因此,在你们走向社会之际,我想说的只是,请看护好你曾经的激情和理想。在这个怀疑的时代,我们依然需要信仰。

我知道我为何在读到这些句子的时候如此感动,因为这与我为人老师后一直与大学生和研究生共勉的我自己的座右铭"人生贵养'四气':才气,才气立言;骨气,骨气立身;正气,正气立德;大气,大气立功"可谓异曲同工。志同者,谋必合。或许有人会视之为居高临下的说教抑或大话,而我不以为然。

最让我刻骨铭心的是这篇演讲的结束:"无论中国怎样,请记得:你所站立的地方,就是你的中国;你怎么样,中国便怎么样;你是什么,中国便是什么;你有光明,中国便不再黑暗。"①这句话让我想起改革开放不久,北京的大学生们喊出了"从我做起从现在做起"的口号,发出了"一屋不扫何以扫天下"的呐喊。我之所以愿意在本序言里向读者介绍这篇演讲,因为我强烈地感受到演讲者的言论何止于对受过高等教育的个人多么重要,其对以人才培养为己任的大学亦不乏振聋发聩的意义。不是吗?中国大学什么样,中国就什么样!尤其在大学已成为一个国家实力的象征和社会文明的缩影的这样一个时代。

当我决定把这段演讲在本序文予以引用时,出于注引的需要,我从网上查到了这篇讲词的作者是1988年毕业于北大中文系、现任《人民日报》评论部主任的卢新宁女士,这是她在北大中文系2012年毕业典礼上的致辞,题目是《在怀疑的时代依然需要信仰》。我不知道有多少大学校长看过这篇演讲,如果看到过我想他们至少会在自己今后的毕业典礼致辞中更多地选择思想、信仰、责任和担当,而自觉告别华丽不实的辞藻、迎合世俗的心态、哗众取宠的幽默……

2004年重庆大学75周年校庆时,在钟塔广场上修建了一面"校训墙",重大人在这面墙上把1929年重庆大学建校时制定的办学宗旨

---

① 卢新宁.在怀疑的时代依然需要信仰[EB/OL]. http://baike.baidu.com/view/2902298.htm.

“研究学术、造就人才、佑启乡邦、振导社会”和《重庆大学宣言》“人类之文野,国家之理乱,悉以人才为其主要之因,必人才日出,然后事业日新,必事业日新,然后生机永畅,世界所以进化无疆,国家所以长存不敝,胥赖于此”①篆刻其上。通过培养人才和知识创新为自己社会为国家继而为世界和人类的文明进步作出应有的贡献,这就是自大学创生以来一直守持也必须守持的信仰。自中世纪经典大学诞生以来已有近千年的历史,其之所以不衰不败并日益生机勃发为社会发展所不可替代,就在于大学坚守了亘古不变的自创生始就确定的大学信仰。我还想过:如果大学自己都没有信仰了,你能期待它培养出有信仰的后继者?

人类活动最伟大的事业莫过于以培养传承人类文明为使命的教育,我们不能想象假若不再有教育,这个世界会是一个怎样的后果?同样我们也不敢想象,假若我们提供的是一个不良的教育,这个世界又会是一个什么样的结局?正是这样一个原因,教育者应该是对人类进步最有使命感的人。在我看来,教育这项事业本身赋予了大学及其教育者神圣的权力和无限的财富。然而,这种权力和财富是附着在教育的使命和责任担当上的。当一个人选择了教育作为自己的事业,为之担负责任的使命也就附着在了他的身上……

古希腊著名思想家、哲学家、教育家苏格拉底(公元前469—前399)及柏拉图、亚里士多德并称为“古希腊三贤”,被后人尊为西方哲学的奠基者。关于苏格拉底,大家都知道他是柏拉图的老师,亚里士多德是他的徒孙,也知道他关于“人需要认识自己及过一种经过审视的生活”构成了他哲学的基础,我们还熟知他关于智慧的程度就是我们知道自己到底有多么无知,但少有人知道他是一个宁可放弃生命而不能放弃思想和真理的化身。

据记载,公元前399年苏格拉底被雅典人告上法庭,罪名是他的一些不合时宜的新思想腐蚀了雅典青年,最后被雅典法庭判处死刑。尽管他曾获得逃亡的机会,但苏格拉底选择了既放弃逃跑也放弃争取撤销判决的机会和尝试。为了维护自己矢志不渝的思想,他在做了几次出色的演讲之后,以一个传播和坚持真理者绝对的尊严接受了残酷而

① 重庆大学校史(1929—1949)[EB/OL].http://www.docin.com/p-17969226.html.

不公正的判决，选择饮下毒堇汁而大义凛然、庄严地死去。他认为逃亡只会进一步破坏雅典法律的权威，同时也因担心如果自己逃亡后雅典将再没有好的导师可以教育人们了。

苏格拉底为真理殉道的勇气来自他追求真理、守持真理的信仰，可以说他为后来从事真理探求和传播的大学及其教育者树立了一块万古不灭的丰碑。

2009 年 9 月，我国大学不啻经受了一场网络严苛言论的拷问，亦如经历了一场狂风骤雨般的洗礼。网上一度风传前耶鲁大学的校长小贝诺·施密德特，在耶鲁大学学报上发表了题为“中国没有一所真正的大学”的文章。其中充满了诸多如“他们以为社会对出类拔萃的要求只是多：课程多，老师多，学生多，校舍多”，“极少数人对自己的专业还有兴趣，除非有利可图。他们没有属于自己真正意义上的事业”，“1949 年后中国没有一个教育家，而民国时期的教育家灿若星海”，对于通过中国政府或下属机构排名、让中国知名大学跻身世界百强的做法，施密德特引用基尔克加德的话说，“它们在‘做自己屋子里的君主’”，“文科的计划学术，更是权力对于思考的祸害，这已经将中国学者全部利诱成犬儒，他们只能内部恶斗。缺乏批评世道的道德勇气。孔孟之乡竟然充斥着一批不敢有理想的学者”，“中国大学失去了重点，失去了方向，失去了一贯保持的传统”，中国大学“对政治的适应，对某些人利益的迎合，损害了大学对智力和真理的追求”，“很多人还以为自己真地在搞教育”，“中国这一代教育者不值得尊重，尤其是一些知名的教授”①等等极其尖刻的批评。

当时笔者用“耶鲁大学校长：中国没有一所真正的大学”在 Google 搜索，约有 114000 多条结果。如果现在重复上述工作，结果或许更为惊人。如此之巨的跟帖和转帖可以说明一个事实：大学及其存在的问题引起了社会不仅广泛而且极端的关注。后经有人向耶鲁大学校长办公室核实，小贝诺·施密德特根本没有写过这样的文章，耶鲁大学学报也没有发表过任何评价中国大学的文章。至此可以相信该文绝对是一

① 耶鲁校长：“中国没有一所真正的大学”[EB/OL]. http://wenku.baidu.com/view/0b81affc700abb68a982fb81.html.

篇假小贝诺·施密德特之名，行批评中国大学之实的“伪文章”。但是我国的广大网民以前所未有的包容度容忍了这篇“伪文章”，称该文是否是小贝诺·施密德特写的并不重要，关键在于他说的是不是事实。

其实，大学的问题尤其是忽视育人以及人才培养质量不高的现象已经被社会广为诟病，问题是并未引起大学办学治校者足够的重视，以至于导致有人采用这样一个别出心裁的手段并使用如此极端的语言“痛斥”大学的不是。这使人不得不想起原中国科大朱清时校长曾经的坦言：我很奇怪，我们教育界的纠错机制为什么这么不灵敏，明摆着做错了还不纠正。我理解朱校长所指的教育界绝非仅指教育行政部门，同时也包括大学自身。网络掀起的大学拷问之风暴已经偃旗息鼓，然而我虔诚的希望是：我们的大学尤其是担负着杰出人才培养和世界一流大学建设使命的研究型大学，面对“中国没有一所真正的大学”这个已经超越了大学批评底线的“言过其实”不仅需要足够的冷静和博大的包容，更需要的是伤口被人拉开剧烈疼痛后的沉思和不甘落后的行动。

要知道，大学之伤就是民族之伤，大学之痛就是国家之痛。自 20 世纪中叶起甚至更早到 18 世纪下半叶，大学之争已经成为国家之争，大学不再仅是代表自己及其利益的组织，大学已经成为一个国家发展强盛不可或缺的驱动力。所以《百年清华》的作者陈城先生慷慨陈词：“与世界一流大学比肩，不仅是清华的追求，也是国家意志的体现……‘既享特别权利，自当负特别义务’，‘做第一等事业，做中国的脊梁’……”[①]北大、清华如此，其他大学岂能例外？大学之人才培养和知识创新的社会引领性，决定了大学绝不能容忍自己满足于仅只是一所平庸的大学。

早在 2001 年 10 月，我应邀在海南博鳌举办的“全国第九届大学教育思想研讨会”做了题为“大学庸俗化批判”的大会发言，后应学界尊前、北大教育学院的奠基者、《北京大学教育评论》主编的汪永铨先生的约稿，《大学庸俗化批判》在该刊 2003 年第 3 期发表，之后被《新华文摘》2003 年第 11 期、《党政干部文摘》2003 年第 11 期、《决策与信息》2004 年第 2 期转载，被《中国社会科学文摘》2003 年第 5 期摘要登

① 陈城. 百年清华[J]. 京华周刊，2011(7).

载等。2004 年又应北师大教育管理学院毛亚庆教授邀请，就这个主题为教育学科研究生做专题报告。人民出版社 2009 年版《新华文摘(2000—2009)精华本·教育卷》亦将该文收入。一个学术报告及其书面成果给学界带来了如此之大的反响，其本身说明了大学的庸俗化已经为学界关注并不容。

之后，有人把我标签为具有批判意识的高等教育学者，对此我不置可否。尽管由于自己对大学的爱、对大学的敬畏、对大学的期待包括对大学的认识较之他人更加深刻，大学在我的心目中神圣如胡适先生所说的圣殿，所以我确实不能接受大学的瑕疵，何况大学的问题并非瑕不掩瑜的无足轻重。我也期待我们的大学有美国大学一样的清醒，时常“提醒自己用批判的眼光”去看待校园里所发生的一切。因此，我对大学有较之他人更多的批评甚至批判的意识。然而，我更愿意自称是个大学的理想主义者，我自以为欣慰的是，也正是大学理想主义的使然，我选择了不舍不弃地坚守大学的理性，发出了大学必须回归科学理性，必须牢记对国家负责的使命，必须弘扬和守持理想主义等一系列发自肺腑的学术呼喊。

高等教育学界一直传颂着这样一个轶事：被毛泽东誉为“学界泰斗、人世楷模”的蔡元培先生，1916 年应国民政府之召唤从法国回国出任北京大学校长后，德国洪堡大学评议会基于他“网罗众家，囊括大典，兼容并包”的办学理念，曾这样评价蔡元培先生：“在中国还见不到一流的大学，但是我们已经见到了一流的校长。”尽管我至今尚未查明这句话的原始出处，但我在绍兴蔡元培纪念馆亲眼看到了美国著名教育家杜威对蔡元培先生的这样一段评价，“以一个校长的身份，而能领导那所大学，对一个民族、对一个时代，起到转折作用的，除了蔡元培外，恐怕找不出第二个”。这段话使我对此事坚信不疑。确实那时我们还没有一流大学，但我们有被世界认同的一流的大学校长，对此我们同样感到自豪。

可是自蔡元培先生 1916 年就任北大校长至今，几近一个世纪过去了，中国的世界一流大学在哪里？尽管北大、清华等国内其他名校在我心目中的地位至高无上，但在我心底深处的潜意识中，多少也有些许恨我们大学不争的焦虑。因此，我在 2004 年撰写发表的第一篇关于大学理性的论文中写道:“如果按科学发展观审视大学,大学存在的诸多问题是不能原谅的。因为大学应该是有科学理性的组织。我同意这样的观点:中国需要一批真正的教育家,他们忠诚祖国,是思想权威、智慧象征、学术大师、道德楷模、文明使者……大学向科学理性的组织回归,有待于这样的大学领导人身先士卒、无私无畏和有所作为。”①

大学的问题首先源于我们的办学治校者、教育者忘记了甚至无视了大学是一个崇真、向善、求美、社会担当的理性组织,所以大学之变、大学之崛起当然也首先在于我们的大学办学治校者、教育者必须自觉于大学的理性。如果大学需要捍卫其尊严,捍卫其神圣,捍卫其国家科学脊梁、民族道德楷模、人类文明希望的地位,那么守持大学理性是捍卫大学首要的“法器”!这也是我将近10年来关于大学理性的研究心得结集出版本书的初衷。著名哲学家、文学家翁贝托·埃科曾回忆说,年轻时听一位教授讲:“人生都只有一个想法,终其一生不过是不断丰富它。”我想研究、倡导、守持大学理性,这将也是终其我一生、丰富我一生的追求。我在一本著作的前言中写过这样一段话:大学教育及其研究已经成为我的梦之所想,情之所系,心之所往。我想,每个大学教育者都应该背负着对大学负责的重任前行。

在这篇序言接近尾声时,意味着本书亦将杀青。此时此刻感慨万端,最想表达的心情就是感谢。我必须感谢时任北大党委书记的闵维方教授、时任北大教育学院副院长的陈学飞教授、文东茅教授。2009年9月当我结束在德国柏林自由大学的访问研究回到北京后,他们立即聘请我加盟了北大教育学院并邀请我做了回国后的首场学术报告《大学的使命与守护》。两年北大特聘教授的生活是我一生的财富和难忘的经历。我必须感谢中国高教学会原会长周远清教授,由于老前辈的高度信任和抬爱,我有幸得以在2009、2010、2011年连续3届的“高等教育国际论坛”上发表了均产生较大学术影响的有关大学理性的专题报告和大会主旨发言。我必须感谢南京师大时任副校长的吴康宁教授、教育学院时任院长的胡建华教授、湖南师大前校长张楚廷教

---

① 眭依凡. 大学:向科学理性的组织回归[J]. 中国高等教育,2004(7).

授、云南师大党委书记伊继东教授、教育部高等学校文化素质教育指导委员会、清华大学国家大学生文化素质教育基地、浙江师范大学行知学院季诚钧院长、山东师大副校长戚万学教授、山东高教管理研究会会长田建国教授、杭州电子科大人文学院周光迅院长、温州大学党委理论学习中心组、西南大学副校长靳玉乐教授、浙江农林大学党委书记宣勇教授等。他们都在我回国不久邀请我就大学理性的主题专门作学术报告。随后,武汉大学老校长刘道玉教授、浙江省教育工委、浙江省教育厅、浙江大学公共管理学院、江苏大学《高校管理研究》陈燕主编、山东轻工学院党委书记徐同文教授、中国高教学会高等教育学专业委员会会长张应强教授、浙江衢州学院党委书记胡建新教授、青岛大学党委书记夏临华教授等诸多省内外大学和省教科院邀请我就大学的观念理性、文化理性、学术理性、管理理性等作学术报告。可以说,如果没有这些学术会议和大学的学术演讲及其论文的整理发表,就根本不会有《理性捍卫大学》的问世。

我尤其要感谢北京大学出版社总编辑张黎明先生和教育出版中心主任周雁翎博士,若不是他们对我及本选题的热情支持,我也许就不会有遴选整理本书的决心、执著和动力。感谢责编于娜女士为本书付出的智慧和辛劳,她的认真严谨为本书增色许多。

这种感恩使我更加坚信:一个人的成长、成就除了个人的努力,他人热忱无私的帮助亦是多么不可或缺的重要。

最后我想用在加州大学伯克利分校从事访问研究时有感而发的两首诗作为本序的结束。

一

半世求知岁已流,一心报国血依旧。
不怨有志未能酬,书斋亦可写春秋。

二

一杯清茶十年梦,几篇文章半世修。
未悔灯孤寒窗坐,不信雁过音不留。

眭依凡

2013 年 7 月 2 日于三月居

目　录

理性捍卫大学：高等教育理论的责任

2009 年 12 月 16 日，我应邀在浙江师范大学举办的一个“海峡两岸高等教育研讨会”做了题为《理性地捍卫大学：高等教育理论的责任》的大会报告。为什么要做这样一个主题的发言，记得当时读到一篇文章尖锐批评改革开放 30 年来，除了经济学直面社会问题，其他人文社科基本上没有发出什么影响改革的声音。我自然不会苟同这个极端的判断，但是基于我们的大学几十年来确实存在诸多广被社会批评的非理性行为，当然这些屡屡出现的问题不仅来自于大学内部也来自于影响大学的社会包括政府。但大学作为一个成熟的事业，其难道没有高等教育理论的问题？这是我做这样一个问题发言的初衷。毫无疑问，这个发言引起了与会者的高度重视和极大兴趣。记得提问环节结束后刚从台上走下来，《清华大学教育研究》副主编叶赋贵先生就向我索要此稿，并在次年该刊的第一期发表。该文很快分别被中国人大资料《高等教育》复印，国务院发展研究中心《国研网》分上下两篇收入，中国社会科学院主办中国社会科学网全文转载。随后，就此主题我又应邀分别在北京大学教育学院内部学术报告会和中国高等教育学会高等教育学专业委员会年会上做了会议发言和大会报告。这说明本报告和本文的基本观点在高等教育理论界受到了广泛的认同。以上是对本文产生及其影响的一个交代。

本文讨论两个问题或论证两个基本立场：大学需要理性地捍卫，高等教育理论负有理性捍卫大学的责任。

一、大学需要理性捍卫

迈阿密大学哲学教授苏珊·哈克(Susan Haack)写了一本名为 *Defending Science With Reason*(理性地捍卫科学)的著作,这本书讨论科学的本性以及科学对文化的影响等社会问题。其一个基本观点即:科学既能造福人类也可毁灭人类的巨大作用,决定了科学需要理性地捍卫。由于大学是集中储存科学知识、发展科学和传播科学的专门组织,这是不是也就决定了大学同样需要理性地去捍卫?如果大学不需要理性捍卫,为什么人们对大学有如此之多的不满甚至是尖锐的批评?这是我在阅读苏珊·哈克女士《理性地捍卫科学》后,对大学是否同样需要理性地去捍卫提出的设问。

2005—2006 年在加州大学伯克利分校做访学研究时,我看到美国著名记者理查德·布瑞德利(Richard Bradley)出版的一部名为 *Harvard Rules: The Struggle for the Soul of the Worlds Powerful University*(哈佛规则:捍卫大学之魂)的新书,据称他是不顾哈佛校方的反对,在书中无情地披露哈佛内部诸多包括权谋、内讧等深层危机的问题。当然,这种批评同样也经常来自哈佛的内部。如在哈佛学院执教 30 余年并任哈佛学院院长 8 年之久的哈利·刘易斯(Harry Lewis)教授,在 *Excellence Without A Soul* (没有灵魂的杰出)一书对哈佛就强烈地批评道:由于竞争,现在的哈佛大学只顾追求所谓的优秀,忘记了自己的一个基本的使命,那就是对本科生的教育,教育这些年轻人如何担负起对社会的责任,从而也失去了灵魂。

由此可见,即便是哈佛这样世界最杰出的大学,也同样提出了学府的尊严和灵魂需要捍卫的问题。联想到中国大学的现状,我们是不是到了也需要适度自省反思的时候了?答案应该是肯定的。

在重庆出版发行时间并不长的《校长》杂志,却以她特有的思想性、批判性很快赢得了学界学者的欢迎。其 2009 年 12 期有篇《文明的搅拌机》提出过这样一个诘问:"今天,人类社会的各个领域,几乎都被从大学孵化的人才精英所管理。但是,我们却又感叹,这个时代是文明匮乏的时代!似乎大学普及越广、教育程度越高,精神的光明却反而越加黯淡。这是知识迅捷传播的幸福,还是悲哀呢?”[1]2009 年 10 月,根中国大学教育不争的钱学森先生的去世和教育部长的易人,引发了人们对大学问题越发激烈的批评声浪,甚至中央电视台 2 套的对话节目也讨论起大学的返璞归真问题。这种讨论使我们很自然会想起那句名句:任何面对现实的不满,都带有回归原始的冲动。

但是,大学应该返什么璞?归什么真?不就是回归大学的本然和属性吗?

也就是在钱学森先生仙逝之前,网上疯传曾任耶鲁大学校长的小贝诺·施密德特在耶鲁大学学报上撰文批评“中国没有一所真正的大学”,这篇借耶鲁大学前校长之名而言中国大学许多不是的文章,列举了诸如中国大学“以为社会对出类拔萃的要求只是多:课程多,老师多,学生多,校舍多”,“极少数人对自己的专业还有兴趣,除非有利可图,他们没有属于自己真正意义上的事业”,以及大学考试作弊、论文抄袭、科研造假等学术腐败,大学“官本位”体制日益严重,大学“失去了重点,失去了方向,失去了一贯保持的传统”等问题。有些话甚至十分尖刻,如“新中国没有一个教育家”,“中国这一代教育者不值得尊重,尤其是一些知名的教授”等等。尽管作者有诈,因为有好事者通过耶鲁大学校长办公室已经核实,施密德特并未写过更未在耶鲁学报上发表过类似文章。但在当时网上搜索平台上多达十几万条的转帖和跟帖中,许多网友极为大度地称这篇文章是不是施密德特写的并不重要,重要的是这篇文章指出的问题是中国大学的事实。为什么人们对大学的批评会如此苛刻?并且对如此苛刻的大学批判又如此认同?

最近重读弗莱克斯纳(Abraham Flexner,1866—1959)《现代大学论:美英德大学研究》,其中一段话似乎很好地回答了我们的疑惑。弗莱克斯纳在解释了自己为什么用了那么多的篇幅讨论大学错误的、受误导的和短视的问题后说,因为“只有我们除去坏的事物,才能有效地发展好的事物。一个四分之三美丽芬芳、四分之一杂草丛生的花园,会是一个非常糟糕的花园。人们会羞于展示它,因为花园里面应该没有杂草。杂草不仅不雅观,而且会占领并摧毁花园。大学里也不应该有

---

① 许都. 文明的搅拌机[J]. 校长,2009(12).

任何杂草；它们不仅难看和不和谐，而且带来危害。"[①]大学是寄托着人类未来和希望的"花园"，人们对她的美丽之期待越高对她的要求就越高。换句话说，大学的公共性越强其公共责任就越大。因为，大学是社会文明的一面旗帜，是人类社会的科学脊梁、道德良心和文明希望，人们不希望也不允许大学犯任何错误。

那么，当前的大学究竟存在什么问题呢？对此，学者们是仁者见仁、智者见智。如北京大学陈平原教授在分析大学公信力下降的原因中，提出了中国大学迫在眉睫需要解决的五个问题：调整"大跃进"心态，反省过分"世俗化"倾向，警惕"标准化"迷思，理解并尊重"学科文化"，重建"校园文化"。[②] 浙江师大刘尧教授则把中国大学的问题归纳为十大怪象：官本位现象，定位错位现象，学术量化考评现象，英语与专业学习的错位现象，研究生教育"学店化"现象，大学生"考证热"现象，学术行为失范现象，在中学开设大学先修课现象，师资选聘唯文凭化现象，"填表教授"现象。[③] 本人在《大学庸俗化批判》一文中，也对大学做过存在"官本位、市侩作风、学术不端和犬儒现象"等问题的归纳。但对大学之最危害者，我以为就是大学对自己属性和使命的失守。大学当前存在的方向偏离、责任迷失、过度功利性和趋炎附势等庸俗化现象，以及大学未能在崇真、向善、求美和社会担当方面成为社会楷模，都与之关系甚大。

《大学的使命》的作者奥尔特加·加塞特指出："重要的是大学应该重新认识其使命，使大学活动真正发挥出应有的力量。"[④]他认为，我们应该直接地、明确地回答大学是什么、大学应该干什么，这是与大学的改革直接相关的。不思考大学的基本属性和使命会怎么样？我们就不知道如何办大学也办不好大学。

事实上，一些大学已经在做一些大学本不应该做的事情、犯着大学本不应该犯的错误。究其原因就在于这些大学的办学者和教育者并未

---

① 〔美〕弗莱克斯纳. 现代大学论：美英德大学研究[M]. 徐辉，等译. 杭州：浙江教育出版社，2001：9.

② 陈平原. 大学公信力在下降？中国大学迫在眉睫的五个问题[N]. 中国青年报，2007-11-14.

③ 刘尧. 中国大学的十大怪象[J]. 中国教育和科研计算机网，2005-03-28.

④ 〔西班牙〕奥尔特加·加塞特. 大学的使命[M]. 徐小洲，等译. 杭州：浙江教育出版社，2001：4-5.

认真思考过什么是大学的属性和使命,从而未能把握大学的真谛和坚持大学应有的责任。这使我们回到一个古老的话题:我们谁都在办大学,但有谁真正理解了大学?对大学的科学概念本身而言,或许并不需要再去做什么更多的探讨。可是对大学的信仰、大学的精神、大学的追求而言,也就是对大学本真的思考是不能停止的,尤其在大学日益融入充满功利和权势诱惑的社会并被这个社会日益需要的现时代。

从上述角度去观察大学,我们是不是已经处在一个大学属性和使命不甚清晰的混沌时代?譬如说,大学究竟应该是神圣的知识殿堂、学府黉宫,还是一个谁都可以推着大板车进去随地叫卖的菜市场、大观园?大学从敬畏学问的学府到出售文凭的学店的变化是不是一种社会需要的产物?在一个物欲横流、过于追求急功近利的社会,大学尤其是研究型大学有没有必要一定程度地回到象牙塔?遗憾的是,如今当人们说到大学、说到教授、说到大学校长、说到博士,似乎不再有以往一样的敬畏和肃然起敬。当然这与过快的高等教育数量增长有一定的关系,但更重要的原因是有些大学已经不像大学,他们在不知不觉地甚至心安理得地背离大学追求知识和真理的基本属性。

那么大学究竟应该是个什么组织呢?大学是以探索、追求、捍卫、传播真理和知识为目的,负有引导社会价值观,并从道德精神上规范社会行为之使命,对人类素质改善和提高、社会文明发展和进步具有不可替代之重大公共影响力、推动力的教育机构和学术组织,教育新人成长的世界。大学的这一组织属性决定了大学必须是一个充满理想主义的所在,在这里,大学以理想主义的崇真、向善、求美、务实,教人并引导社会崇真、向善、求美、务实。大学的理想主义代表着社会人文精神的高度,并使大学与众不同,受到社会的高度尊重。这样的大学才能成为我们学者和学人心之所往、情之所系、梦之所想的"心灵的圣殿"。

正是对大学属性认识的不甚清楚以及对大学使命守护的不甚坚定,当前大学存在的一个最大问题,就是忽视了大学的天职,没有解决好"以生为本"、"大学为谁而设"的基本问题。因此,不少大学为盖楼而盖楼、为制度而制度、为改革而改革,所有的活动中缺乏对学生成长成熟成才以及培养学生成长成熟成才的教师的关注。即便是大学科学研究的使命,也包含知识创新和人才培养的双重责任,履行好这一使命需要大学及其成员坚持"崇尚科学、追求真理"这一坚定的信仰,以及由此衍生的对科学负责、对科学的结果负责这一最不能放弃的理想主义。否则,大学就不会有敬畏科学、忠诚科学、探索科学、发展科学、维护科学的定守,就难以抵制并可能屈服于外部社会各种利益的诱惑,就不能自觉坚持和守护大学的学术属性,因而也就不能很好地实践教育和影响年轻一代肩负热爱科学、探索科学、坚持真理并对科学、对社会、对人类未来负责的使命。

可是,我们现在又有多少人在为追求真理而做学问?科学是女神而非挤奶的母牛。蔡元培先生执掌北大之初就坚决摒弃的把读书求学作为升官发财之敲门砖的陋习旧规,在今日一些大学已经有死灰复燃之势。由此可见,大学需要理性捍卫!

黑格尔说理性是最完全的认识能力,是认识的最高阶段,只有理性才能揭示事物的本质,才能全面地、具体地、深刻地把握事物。大学的理性是人们关于大学的本质、目的、内涵科学认识后,对大学办学治校育人之属性和规律的守持和遵循。理性使大学冷静思考、自主慎行、坚定使命,这样大学的行为选择才会符合大学发展之规律并遵循其规律。庄子说哲学的任务就是去发现并去取回那些丢失掉的东西。理性捍卫大学,亦在于引导并要求大学找回自己淡忘甚至丢失的大学精神和文化灵魂,回归其教育和学术组织的基本属性并按大学自己的规律办学治校。

二、理性捍卫大学,高等教育理论有不可推卸的责任

对此标题所示的观点恐怕有人持不同意见,理由是理论较之政治和财富权力是那么的微不足道。其实,这是对理论之责任的推脱。在所谓知识经济的时代,政治权力和财富权力行使的方向和质量无不受到知识权力的制约,知识权力才是现代社会最强有力的支配力量。

就大学而言,英国著名高等教育学家、剑桥大学前校长埃里克·阿什比在对构成大学影响的要素讨论中,就强调说除政府和市场力量外,来自大学的自身力量也是不可低估的。如果承认大学经千百年的不断完善和发展进化,从早期被动适应社会尤其是政治需要,经主动满足社

会需要的阶段过渡,进入到了当今积极引领和推动社会发展变革需要的时期,已经成为高度文明、高度成熟的自调整、自适应、自完善的组织。因此,理性捍卫大学首先应该是大学自己的责任。大学都不能自省、自觉、自律,还有什么组织能够自省、自觉、自律?大学不能拯救自己还有谁能拯救大学?遗憾的是一些喊着“学术自由”、“大学自治”口号的大学,却在放弃大学本应坚守也完全可以坚守的权力和责任。对大学这样的理性组织而言,这是不可理喻的。

大学需要自我理性的捍卫,中国大学尤其如此。由于大学的理性是高等教育理论研究的结果,因此理性捍卫大学自然就成为高等教育理论不能推卸的责任。其理由可概括如下。

其一,一项事业或一个组织其是否成熟的一个重要标志,在于其是需要理论指导的事业或组织。由于高等教育事业已经成为制度化体系化的一个高度成熟的事业,而作为实施高等教育的专门机构——历经近千年历史演进而日臻完善的大学,自然是也应该是高度成熟的组织。因此,大学需要理论指导其实践。

其二,大学组织及其活动的特殊性决定了大学的复杂性,正是大学的复杂性使得探索和把握大学的规律显得尤为重要。高等教育理论的一个重要目的,就在于深刻认识大学组织的本质属性及准确掌握大学办学治校活动中的全部规律。

其三,改革开放 30 多年来我国的高等教育事业发展取得了很大的成就,如果按中国高教学会会长周远清先生的观点,可以把这 30 多年划分为“以体制改革和结构调整为标志的大改革、以高等教育规模扩大为标志的大发展、以注重本科教学质量为标志的大提高”三大阶段,那么可以发现伴随着高等教育改革发展的每个阶段,高等教育理论研究都为之作出了不可或缺的应有贡献。而潘懋元先生等根据“我国高等教育思想的转变”这条线索,把改革开放 30 多年来的高等教育发展分为如下三个阶段:“高等教育价值观:从社会本位向社会发展和个人发展相统一转变;高等教育发展观:从急功近利向追求可持续发展、科学发展理念转变;高等教育质量观:从片面知识观向素质主导的多元化质量观转变。”[①]由此也可见,高等教育改革发展的进程其实质也就是

① 潘懋元,等.改革开放 30 年中国高等教育思想的转变[J].高等教育研究,2008(10).

高等教育理论发展的反映。

正是由于高等教育理论对大学发展如此重要,我国对高等教育理论研究的重视及其投入是世界罕见的。据有关资料,我国专门的高等教育研究机构 1978 年仅有 3 个,1987—2001 年间虽有增有减但基本稳定在 700 多个,近年被中国高等教育学会评为优秀高等教育机构的就有一百多家。据不完全统计,到 20 世纪 90 年代中期,高教专职研究人员就达到 3000 名左右,现在遍布各高等院校及省级以上的教育研究机构专职从事高等教育研究的人员估计不下万人,而加上兼职研究人员则数以万计,“研究人员总数已雄踞世界第一”①。截至 2009 年,全国共有高等教育学硕士点 90 个②,除少数地区如内蒙古、青海、西藏、贵州等外,绝大多数省(或自治区、直辖市)均有高等教育学硕士学位授予学校。2009 年全国高等教育学硕士招生人数大致为 1100 人,根据研究生招生比例增长情况推算,现在读硕士研究生的总人数应该已近 3000 人。至 2009 年全国共有高等教育学博士点 16 个,当年高等教育学博士点共招收博士生 83 人,在读博士生人数达到 318 人,这还不包括一些大学在教育经济与管理、管理学科及教育学等相关学科招收培养的高等教育学博士生。

从以上数据看,理论上说我国的大学教育应该进入受高等教育理论指导的最好时期。可遗憾的是,如此庞大的高等教育理论研究和人才及其培养投入并未产生应有的效果,至少存在如下问题。

其一,我国早些年就把高等教育学列为教育学一级学科下的二级学科,因此我们不存在像美国等那样对高等教育学究竟是一个独立学科还是一个研究领域的争论。在如此好的学科环境下,我们的高等教育学科原本可以发展得更好更成熟一些,对高等教育改革实践的指导和影响更大一些,可遗憾的是我们并没有做到。相反美国的高等教育理论研究对美国大学的改革发展却起到了不可或缺的重大作用。至今我们都很少有像克拉克·克尔、约翰·布鲁贝克、罗伯特·赫钦斯、亚

① 潘懋元. 高等教育研究 60 年:后来居上 异军突起[J]. 中国高等教育,2009(18).

② 上海师范大学高耀明在 2006 年全国高等教育学博士点硕士点学科建设研讨会上做高等教育学学科建设综述,他的调查结论为高等教育学博士学位授予权点有 16 个,硕士学位授予权点有 93 个。但据大多数教育网站的统计目前全国有高等教育学博士学位授予点 16 个,硕士学位授予点 90 个。

伯拉罕·弗莱克斯纳、德里克·博克等那样一批无论在高等教育理论还是在大学办学治校方面为美国的高等教育改革发展作出杰出贡献的高等教育理论家、教育家。

其二,高等教育理论研究的水平还不高,相当数量的所谓著论其实就是为满足职称升迁或功名利益的无问之学,甚至是文字垃圾。目前的问题是,不是我们不重视高等教育理论研究,也不是理论研究者常说我们没有话语权,事实上据统计,我国高等教育的理论刊物多达 600 种,其中核心期刊亦有几十种之多。据中国知网截至 2009 年 9 月的数据,其涉及高等教育研究领域的 11 个子库共收录论文总数达 720558 篇。由此可见,我们缺乏的不是话语权而是缺少能影响政府决策的有理有据的话语,发不出具有社会震撼力的理论声音。前些年学术界有一种批评:在过去的 20 多年中,中国的思想界几乎听不到其他学科发出的声音,而老是经济学家在唱独角戏。反省一下高等教育理论研究,我们做了一些什么?热衷于做命题文章,做政策诠释的咨询论证研究,以及为发表而发表、为出版而出版之不良学风的蔓延,如此当然注定了高等教育理论缺乏发出自己的声音。高等教育理论研究的可悲在于 30 年来很热闹,但对引导我国高等教育健康发展的理论成果却不多见。

其三,我们不仅研究的水平不高,理论的影响不大,而且缺乏理论研究的强烈责任感和巨大的学术勇气。我们缺乏能够警醒并防止高等教育管理部门和大学决策者做出非理智决策选择醍醐灌顶般的理论呐喊。比如,本科教学评估的最重要目的就是保证人才培养质量,可是我们的理论工作者没有给领导评估的教育主管部门在评估目的、评估主体、评估指标体系、评估程序方法等方面提出科学的建议方案。仅评估指标体系就问题不少,如过于强调所谓"教"的物质条件建设和形式主义的东西,诸如学生平均拥有的教学行政用房(欧美大学的教学行政用房比我们紧张的多)、自编教材(相当多为学术垃圾)、双语教学(为什么仅强调外贸、法律、计算机三个学科)、三年教案(名师大家从来不用教案教学)等等不一而足;根本不重视对"学"的结果,整个评估指标体系几乎就看不到对学生的关注和学生意见的尊重,除了二级指标中有一项就业率外,诸如学生满意率、毕业生满意率、毕业生适当就业率、杰出校友数、校友捐赠率、校友贡献率、学生/毕业生创业公司等,在评估中根本不予反映。

又如,至2008年我国大陆拥有博士授权资格的高校310所,超过美国的253所,同年我国授予博士学位的人数达5万之多,也超过美国成为世界上最大的博士学位授予国家,可是我们的博士质量堪忧已经是不争的事实。正因此,教育部推出百篇优秀博士论文评选措施,其目的在于保证每年都还有一定数量的高质量论文,可这仅只是1/500的优秀率。张楚廷先生对此指出:中美大学博士培养质量保证的不同在于,我们通过评选优秀博士论文把少而又少的所谓优秀者挑出来,而美国不同的是把不合格的博士论文挑出来余下通过者都是优秀论文。人家的培养模式是确保整体的优秀,我们的培养模式不仅只能保证少量高质量而且还保护不少质量不合格者也能过关。受评选导向,现在不少研究型大学都在追逐优秀博士论文,似乎在为获奖哪怕是提名奖而培养博士。

当我们批判大学闭门办学脱离社会实际需要时,其实我们的大学本来就没有真正吸收欧美大学以探求高深学问、追求真理的象牙塔精神,很难做到为学问而学问,学者也很难甘于寂寞、不受外界干扰而潜心治学。当我们自称要融入社会为社会发展服务时,我们的大学又缺乏欧美大学那种想社会之所想,为所在社区所在区域经济社会乃至国家、人类的责任担当。罗伯特·赫钦斯在《美国的高等教育》批评美国高等教育一个引人注目的事实就是它深受混乱的困扰,而导致混乱的首要原因就是"非常粗俗,追求金钱",他认为"当一所学校为谋取金钱而决定采取一些行动,它必定会丧失其精神"、"大学可能会丧失平衡,走向混乱"①。大学的可悲就在于:为获得钱财甚至不惜牺牲公平和原则以求效率,而在使用钱财方面则不计成本和需要无视效率。我们有多少大学不在为钱财而办学?有多少大学不在钱财面前低下高贵的头颅?当然,大学是需要消耗相当资源才能维持和发展的事业,但大学是君子取财必须有道。

丁学良先生批评说:在过去长达25年的时间里,我们没有把一个社会长期的、可持续的发展以及建设和谐社会这样的更高目标作为一个系统工程来设计我们改革的制度和政策。我们总是在一段时间里,让一个目标压倒一切目标,这样做的后果是我们的改革出现了很大的

① [美]罗伯特·赫钦斯.美国的高等教育[M].杭州:浙江教育出版社,2001:3.

偏差,一些利益集团已经建立起来,等我们要纠偏的时候才发现要付出的代价已经很高。

其实,中央提出的科学发展观的精神之一就是可持续发展,强调不能在某阶段过于追求单一目标而忽略整体的、长远的目标。且不说一哄而上的并校风导致了一批难以真实融合且成本巨大、运行艰难的巨型大学,也不说一哄而上的高职风导致了过多办学条件低劣甚至难以为继的高职院校,但一哄而上的大学圈巨大土地、贷巨大款项、建巨大新校区把大学带入无理性的铺张和浪费的问题,则是不能不说的。台湾著名作家林清玄讲过自己一个朋友的姑婆的故事:她从没有穿过合脚的鞋,总是穿着一双巨大的鞋子走来走去。晚辈们如果问她为什么穿比脚大的鞋,她回答:大小鞋都是一样的价钱,为什么不买大的呢?

这个故事让我们联想到一个年收入最多两三亿的普通大学为什么竟然敢借贷十几甚至二十多亿的问题?有位经济学者曾问一个地处中部落后地区的有十多个亿的债务在身的省属大学书记兼校长,借那么多钱如何还?答曰:那是政府的事!在这位大学领导人的眼里政府绝不可能无视大学的倒闭,所以银行里的钱都是政府的钱,不用白不用。因为不是自己的钱,他们把新校区修建的很豪华很气派很宏大,有些大学就像那个穿比自己脚大的鞋的姑婆,其根本就不需要如此之大之豪华之气派的新校园。类似的问题在大学里还有不少。

针对上述种种问题,高等教育理论研究者有谁有勇气对此发出了强有力的振聋发聩的批评甚至批判的声音?我们关注过如果高等教育理论不站在尊重大学本性和遵循大学规律办学治校的立场上发出自己如同钱学森、任继愈先生等因爱而恨的声音,任由大学非理性办学泛滥可能给高等教育带来的不良后果吗?如果我们不敢或者我们没有,那我们有什么理由沾沾自喜呢?

其四,30 年过去了高等教育理论界不仅至今还没有形成立场鲜明的学术流派,甚至连有利学术流派形成的环境也未形成。学术无派就没有学术间的互相争论、互相启发、互相补充,从而也不利于促进高等教育理论的成熟和发展。虽未有学派的形成可是却有学者彼此的瞧不起——定性研究不屑定量研究视其为“术”而非“学”,定量研究无视定性研究称其为没有研究方法且结论也毫无根据。

这使我想起陈平原教授在其《大学还能否出现特立独行的大师》

一文说到的一个故事[1]:20 世纪 90 年代,陈平原先生与一个很熟悉的做社会学研究的朋友有过一场争论。原因是那个朋友对他说,你们做文学、做思想的就几个人,鲁迅、沈从文,有什么好说的,他们的论文又有多大的代表性?接下来那个朋友还说,你这个问题即使想清楚了又有什么用?能上升为规律吗?陈平原对他关于"你们做文学的讲的都是没有普遍性的、不能往前推演的那种论题"的观点不服气,于是指出所谓做社会学、经济学的,虽然有模型、有统计,表面很客观,其实也是根据研究者的需要而设计出来的框架。为说明自己的观点他举了一个例子:有人做了一个统计研究,中国留学到美国的女孩子有一半嫁给了他们的导师。但这是那位研究者根据自己所在学校的抽样调查做出的结果,而这所大学总共只有两个中国女学生,其中一个嫁给了他的美国导师。这个结论从统计本身来看没有任何问题,但这种统计结果没有意义。

类似的问题在高等教育学科内部也客观存在,其实对高等教育理论研究而言,运用统计方法所做的归纳研究和运用演绎所做的思辨研究同样都有其重大价值和积极意义,因为我们既需要高等教育思想的产生及其对高等教育改革发展的引领,也需要高等教育实证研究对高等教育思想的数据支持,以保证结论的客观性和准确性。两者无孰重孰轻之别,但当前而言,两者需要互相学习和互相包容更需要互相补充。这样,高等教育理论研究才会走向更加理性和成熟,对高等教育改革发展的指导才会发挥更大的作用。

大学是传承人类文明、提升人类精神、守护人类尊严的地方,它的核心价值就是追求真知和真理。美国密歇根大学原校长詹姆斯·杜德斯达在其所撰《21 世纪的大学》中称:大学作为我们的文明中的一个社会机构保持了其辉煌而持久的地位。在近千年世纪变更中,大学不仅仅是知识的保护人与传承者,曾经改变了它所在的社会,甚至成为变革中的巨大力量。为了大学这个伟大的目标,我们需要在大学的内部进行更深层次的反思和更大的努力。

当我们以大学人的身份从大学内部进行这种大学的反思反省的时候,我们得到的结论是:大学是理性的组织,因此大学需要理性捍卫,而理性捍卫大学则需要高等教育理论勇敢地理智地负起自己的责任。

---

① 陈平原. 中国大学通识讲座 001[M]. 北京:北京大学出版社,2009:31.

关于理想大学与大学理想主义的思考

在高等教育强国的时代而我们大学尚未担负好这一使命的时候，认真思考和讨论理想大学的问题有其必要性和紧迫性。对国家的责任担当和对人类发展的使命承担要求以人才培养和科学研究为天职的大学，不仅不能满足于现在更不能简单复制过去。否则，国家的发展和强盛、人类社会的文明和进步就要停滞，这既是大学在近代以来越来越重要、越来越不可代替的原因，也是人们对大学的诉求标准越来越高的理由。

正是基于对理想大学的长期思考，以推行大学教育改革而著称的武汉大学前校长刘道玉先生开始了杖朝之年又一本新著《理想大学》的撰写。为进一步完善并宣传理想大学理念，2012 年 4 月 22 日，刘道玉教育基金会特邀了十余位在国内学界具有一定代表性的学者在北京饭店举办了《理想大学》专题研讨会。由于道玉老校长本人的影响力，以及教育家顾明远先生、南方科大朱清时校长等名人的到会，尤其是北京大学教授钱理群关于“我们一些大学包括北京大学，正在培养一些精致的利己主义者，他们高智商，世故，老道，善于表演，懂得配合，更善于利用体制达到自己的目的。这种人一旦掌握权力，比一般的贪官污吏危害更大”①语出惊人的言论，使得本次研讨会受到了媒体和学界广泛的关注。我亦应邀出席本次研讨会并就理想大学与理想主义的关系

---

① 谢湘，等. 钱理群：大学正在培养利己主义者[EB/OL]. (2012-05-04). http://news.sina.com.cn/c/2012-05-04/063224366227.shtml.

问题做了主题发言。

为了准备这次发言，我刻意在百度搜索平台录入“理想大学”一词，令我吃惊的是立刻有1460万个相关结果显现。由此我想到的是这不仅反映了人们对“理想大学”的关注，其实也反映了人们对当前大学的某种失望。

基于“对我国大学越来越功利和充满物欲、丧失活力并由此引起一系列社会争议”①的原因，2011年9月新学年开学之际，经济观察网、搜狐评论、中德文化网联合策划组织了一场题为“何为理想大学”的讨论，约请了包括海德堡大学校长在内的8位资深德国学者和观点独特的8位中国学者，针对当前中德两国高等教育面临的问题发表见解。策划者希望通过这种跨国的大学学者对话和交流，以期厘清“理想大学”的概念并找到“理想大学”的发展之路。其中有位知名学者对我们大学发出了如下尖锐的批判：“中国的大学，正在非常迅速的发展中迷失自己，丢掉了苏式的学院，也没有得到美式的大学，仅仅沦落为一个为利益集团牟利的场所，一种官办垄断市场里的学店。这样的大学，其实既不是大学，也不是别的什么东西，如果非要定义的话，有两个中国字庶几近之：累赘。”②对此包括这次“理想大学”研讨会上钱理群教授等关于我国大学的这些议论是否言过姑且不说，但笔者以为，在大学对一个国家及民族的发展和地位具有不可或缺之重要作用的时代，如果有点“当大学开始沉沦的时候，我们的希望在哪里”的忧患意识，这对大学办学治校者不无敲响警钟的唤醒意义。

那么什么是理想大学？理想大学有哪些特征？刘道玉校长说：我心目中的理想大学是“学术至上的创造乐园”。虽寥寥数字但内涵丰富，基本表达了理想大学的要义。若对此加以注释，我以为理想大学首先是个求学求知求真理及知识创造的地方，这个地方还不是一般的组织场所而是精神的乐园。

何谓乐园？乐园是希腊语(Paradeisos)，为圣经专有名词，指天堂和伊甸园，是充满快乐的地方。大学这个“乐园”的独特之处在于还必

① 中德学者激辩：何为理想大学[EB/OL]. http://star.news.sohu.com/s 2011/university/.

② 张鸣. 何为理想大学之一：为什么要有大学[EB/OL]. http://www.eeo.com.cn/2011/0901/210147.shtml.

须以尊重知识、思想自由、学术民主为特征的学术至上为条件，否则，不能受外界干扰的真理之探索和知识之创造就无法进行，其也难以成为知识分子人格独立、思想自由、精神快乐的乐园。

关于理想大学的特性，我很是同意刘道玉校长的见解①：其一，理想大学必须以人为中心，人的自由、权利、尊严、志趣和选择权都必须得到尊重，实行人性化的教学与管理，使人的个性和智慧得到充分的解放；其二，创造性的思想必须贯彻始终，教师为创造而教，学生为创造而学，致力于培养创造性的人才，迎接以创造为特征的21世纪提出的挑战；其三，一所理想大学的精神之所在，她要对历史和未来负责，不仅仅是对现实负责，她关乎的是影响终身的学问，以追求终极真理为目的。此外，他还认为理想大学必须：以人为本，独立自主，思想自由，学术至上，学风民主，创造不止。

面对社会对大学的颇多诟病和批评，甚少大学领导人去思考大学自己对此负有什么责任，习惯的思维定式是把责任包括人才培养质量不高这样纯属大学自身的问题也推给政府和社会。当然，作为以政府投入为自己赖以生存条件的组织，大学无法也不能我行我素脱离政府的管控，所以大学的不甚理想确实也不能完全归咎于大学。比如，教育家办学治校的问题已经被中央高层所认识，但我们至今不仅尚未形成让教育家脱颖而出的制度环境，甚至连有利于教育家脱颖而出的舆论环境也未能形成。尤其是一些地方政府，似乎就根本无视大学特有的组织属性及其对大学办学治校者的素质能力结构提出的特别要求，不仅不按大学领导者必需的德才标准考核选用人才，甚至把对大学组织毫无感性认识更无大学治校理想和治校能力的官员安置到大学任职。这种把大学纳进官僚体系遴选大学领导人的做法虽然不会立即导致大学毁灭性的灾难，但其对大学办学治校规律和学术特殊环境的无视所产生的渐进式、积淀式危害，对大学自身继而对国家民族未来造成的损害或许是难以估量的。

坦诚地说，我们高等教育质量尤其人才培养质量有待提高和改善的今天，应该从大学未能担负好自己基本使命的昨天和现在找原因。其中，很长一段时间来大学领导人的不甚理想恐怕是一个不能不咎的

---

① 参见：刘道玉《关于写作理想大学的思考》（未发表）.

问题。据我所知,有些地方根本没有确立大学及其人才培养关系到党和国家未来命运这样一种高度的责任意识,并以此为立场真正以德才兼备的标准去遴选、任命大学领导人。在大学领导人的选任上即便不存在所谓潜规则的问题,但任人唯亲和依附录用现象则并不鲜见,更有甚者是把大学作为调整和安置地方和党政干部的"人才库房"。

我们是不是真的存在假借耶鲁大学原校长小贝诺·施密德特之名行批评我国教育之实的那篇所谓"中国没有一所真正的大学"之伪文章所说的,"1949年后中国没有一个教育家,而民国时期的教育家灿若星海"的问题?非也!中华人民共和国成立后包括改革开放以来,我们的大学领导人中不乏既忠诚祖国又忠诚教育的,既有教育理想、教育思想又有办学治校能力的教育家,如蒋南翔、马寅初、刘道玉、朱九思、曲钦岳、张楚廷等校长就是典型之代表。问题是我们这些教育家或教育家型的大学领导人,是否有按大学规律独立办学治校的制度环境?类似于为什么不能营造让教育家校长脱颖而出的环境并赋予他们按大学自身规律办学治校的基本权力这样的问题,当然属于政府层面必须反思和解决的制度性问题。

大学毫无疑问也是社会需要并适应和满足社会需要的产物,但她是有其不同于政府及其他任何社会组织之独特规律及游戏规则的教育和学术组织,其人才培养和知识创新的组织特性决定了,就管理而言其只有适度走出体制之外,才能更好地履行体制之内的使命。欧美大学的成功就是鲜明生动且值得我们思考和借鉴的案例。经典意义的大学是西方文化及其制度的产物,西方文化的全球性提供经典大学有所作为的立法假设或制度原则是:学术的自由和民主,大学的独立和自治。

基于此,所以有学者就制度设计而言称:从中国长远来看就制度改造问题,相对而言更需要学习的是政府。本人亦认为政府在现代大学制度的建设和改造中应承担主要责任,因为大学需要获得按自身规律自主办学的社会环境,尤其是来自政府营造的体制和制度环境。然而问题在于,是否有了好的外部环境和条件就可以保证大学的理想性?如果答案是肯定的话紧接着的问题是:在同样的体制和制度环境下,大学与大学之间为什么会产生不同的甚至是截然不同的行为现象及其结果?理想大学的充分必要条件是什么?

就管理要素而言,我以为一所大学是否理想大学取决于两个要素:

大学外部的治理结构(宏观管理);大学本体条件(内部管理)。由此可以建立两个假设:假设一,如果大学外部的治理环境不好,大学可能有"理想或不理想"两种结果,取决于大学内部管理的好坏;假设二,如果大学的外部治理环境好,大学也有"理想或不理想"两种结果,也取决于大学内部管理的好坏。由此得到结论:好的高等教育宏观治理制度环境只是大学办学理想与否的必要而不充分条件,而好的大学内部管理环境才是大学优秀的充分而必要条件。外部环境只是变化的条件,内因才是决定变化的根据。如果大学组织本体有问题,仅有优越的外部体制机制是不足以保证大学就是理想大学的。这就是在同样的体制制度环境和办学条件下,为什么大学如此不同的原因。这恐怕是大学领导者必须解决的一个观念问题。可遗憾的是不少大学领导人恰恰喜欢把大学存在的问题全部推卸给政府和社会,甚至把广被社会诟病的人才培养质量不高、没有培养出拔尖创新型人才等问题也归咎于大学缺乏"自主招生,自授文凭"的办学自主权。

从一个大学批评者的角度直言,我以为即便在现行的制度环境下,我们的大学可以也应该办得更好对国家乃至人类的文明发展有更大的作为,何况我们大学正处在一个制度环境日益民主、日益开明以及日益开放的时代。埃里克·阿什比认为,大学并不只是受政治和市场影响的组织,来自大学本身的影响在某些时候更大。这为我们从大学自身的不足讨论大学何以不够理想的问题提供了理论依据。

作为一个大学理想主义者,多年来我一直没有停止过对大学应该怎样和不该怎样的观察和思考,由此发现在大学轰轰烈烈令人兴奋的包括校园扩张、规模膨胀、条件改善的高速发展中,似乎忽视了一些灵魂性的东西,而这正是在以往传统大学可以感知并让人景仰、神往和激奋的,那就是大学的理想主义。这种思考使我得出这样一个结论:当前大学最大的问题既不是物质不足也非制度不善的问题,而是大学理想主义的丧失。事实亦然,在大学的改革和发展中,我们或十分强调自主办学权力的重要,或十分强调资金雄厚、条件改善的重要,或十分强调机遇把握、制度创新的重要等等,于是一些大学热衷于积极于所谓超豪华型的生态校园、数字校园、现代化校园的建设,而唯独缺乏对大学本质与大学使命予以严肃思考的自觉,更谈不上对大学理想主义的倡导和守护、培育和弘扬。由此导致不少大学呈现出无视以生为本、以师为尊、以学术为理想、以社会为责任的,并与大学崇真、向善、求美、务实(社会担当)之宗旨之属性相悖的过度功利和势利。设想一个使命意志模糊、价值方向失偏的组织,能企盼其产生有利于使命坚守和责任担当的制度建设和物质利用?

如果说“理想”是表现人们追求社会或事物合理性、完满性、完美性并且通过努力可以实现的美好向往和愿望,其意义“就在于为平淡的生活中提供美好的希望,为不完美的现实提供完满的参照,从而促使人们努力追求完美”①,那么,“理想大学”就是人们关于大学应然的价值取向和基本看法,是对大学的一种美好的期望;而大学的理想主义则是“大学对客观世界、社会生活以及大学自身寄予的美好期望所持有的观念体系,亦是大学对自己的使命、责任、目标和操守所持有的一种既符合大学规律又有崇高要求的价值认定和信念追求。它不仅是人们寄予大学的一种美好祈望,更是大学之为大学必须固守、薪火相传并不受外界干扰的精神向往和文化灵魂”②。大学的理想主义为大学的办学和发展、大学的教育者和被教育者提供了一种美好的、纯洁的、积极的、向上的参照和追求,大学的理想主义是对大学行为提供普遍指导和制定决策的参照点,是使大学及其成员据此采取行动的基本信念、基本态度和基本准则,是大学不可或缺的对人具有深度影响的文化精神。

上述讨论使我们进一步认识到:理想大学其实就是真正意义的大学,而真正意义的大学既非仅是资金雄厚、数据骄人、设施齐全、建筑豪华的楼群,更非以物质利益诉求和权力依附为目的的组织。否则,西南联大就不可能成为我们大学的丰碑。这所组建于抗日烽火年间办学条件极其艰苦的大学,历时 9 年先后仅仅招收了 8000 余名学生其中毕业 2440 人,却培养出了像杨振宁、李政道、邓稼先、黄昆、邹承鲁、郝诒纯、赵九章、朱光亚、宋平、彭佩云等一大批人文大师、科学巨匠、国之栋梁,其毕业生多数成为新中国各个学科的中坚力量和中流砥柱,为新中国的建立与发展作出了不可磨灭的功绩。其艰苦卓绝的事实并不只是拥有像吴大猷、周培源、王竹溪、梁思成、金岳霖、陈省身、王力、朱自清、冯友兰、吴有训、陈寅恪、沈从文、陈岱孙、闻一多、钱穆、钱钟书、费孝通、

① 眭依凡. 大学何以应该呼唤和弘扬理想主义[J]. 教育研究,2006(2).

② 同上注.

华罗庚、朱光潜、吴晗、赵九章、林徽因等数百位学有造诣的教师，更在于西南联大那份不畏艰难在为保存中华民族教育免遭毁灭，“千秋耻，终当雪；中兴业，须人杰。便一城三户，壮怀难折。多难殷忧新国运，动心忍性希前哲。待驱逐仇寇复神京，还燕碣”，“抗战，建国，都要我们担当”[①]的“刚毅坚卓”的理想主义精神。

大学当然是需要物质支撑包括楼宇建筑的实体，但这个实体不同于其他组织的是她非同一般的生命感和使命感，即她有不同于其他组织的精神追求和价值信仰。若说过去的大学与现在的大学有什么不同，那就是过去的大学是坚守理想主义的大学。西南联大的历史告诉我们，大学之大及其作为之大的首赖者，并非其条件之优越，而是支撑其的价值追求、价值坚守的精神之伟大。人们之所以呼唤理想大学，最重要的原因就在于今日之大学已经失去了往昔大学的精神坚守。

人们对理想大学的诉求，其实就是对本真大学回归的期待。那么大学的本真是什么？大学的理想主义是也！理想主义使大学根本不同于其他社会组织。没有理想主义的精神支撑和守持，大学的外在条件再好也只是一个缺失文化内涵的华丽外壳，或许她也会获得一时浅浮的羡赞，但她永远不可能成为被人们敬畏的、文化底蕴深厚的且生命力持久的理想大学。

关于大学的理想主义，笔者在发表于《教育研究》的《大学何以应该呼唤和弘扬理想主义》一文中阐述了如下的观点：大学的理想主义并非是脱离现实的幻想，由于大学是社会高度文明的集中体现，因此大学的理想主义不仅是大学本身应有的理性和追求，同时也代表着一个社会的理性和追求；大学的理想主义是大学在近千年发展历史长河中形成的对大学应有价值的概括和追求，蕴含在大学的使命、大学的精神、大学的信念、大学的责任、大学的目标之中，指导并规范着大学的选择和行动，尤其是对大学的人才培养发生积极的作用；大学的理想主义是一种与庸俗实用主义相区别的，坚持自己人类社会的道德良心、人类社会的文化希望、人类社会的科学脊梁的一种价值追求和精神境界；大学理想主义的本质就是崇真、向善、求美和务实(社会担当)，有理想主

① 国立西南联合大学[EB/OL]. http://baike.baidu.com/view/79546.htm.

义的大学才愿、才会、才能崇真、向善、求美和社会担当。①

理想主义也是大学使命的集中反映，是大学经历史的积淀、选择、凝练、发展而成的，高度成熟并为大学及其所处社会高度认同的高层次精神文化。其意义不仅体现在它对内能创设一个积极、奋发、向上，影响其成员价值选择、思维方式、精神气质、道德情感、行为模式的大学文化氛围，同时对外它表现为大学的价值观和理想追求。精神文化虽无制度文化、环境文化那种直观可视的特点，然而由于它已经浸透和附着在校内各种文化载体及行为主体身上，从而使人无时无刻不切实感受到它的存在以及由它透射出来的那种独特的文化感染力、凝聚力和震撼力。理想主义使大学：知其伪而守其真，知其恶而守其善，知其丑而守其美，知其不能为而守其必须为，知其何谓辱而守学府之尊。失去了理想主义，大学已经不是大学，何况理想大学乎？

理想主义是诸如“崇尚真理、追求科学”、“大学自治，学术自由”、“对国家前途负责”、“育人为本”等大学精神的反映，是大学最不能放弃的基本价值追求和坚守。

关于“崇尚真理、追求科学”，古希腊哲学家亚里士多德和德国哲学家亚斯贝尔斯的告诫对大学及其学者具有警醒的意义：“人们是由于诧异才开始研究哲学，过去是这样，现在也是这样……既然人们研究哲学是为了摆脱无知，那就很明显，人们追求智慧是为了求知，并不是为了实用。”②一个人“只有当他把追求真理当做一种内在需要时，才算是真正参与学术研究”③。亚斯贝尔斯还说：“大学是个公开追求真理的场所，所有的研究机会都要为真理服务，在大学里追求真理是人们精神的需要，因此，它给大学带来勃勃生机，是大学进步的条件。”④这是一种治学精神：为学术而学术。由于西方学术具有基于对宇宙万物的好奇而形成的求知传统，所以有学者称西方学术是求真之学。科学是天使，不是挤乳汁的奶牛。若不戒除浮躁的学术风气，我们就永远难以产生原创性成果。

---

① 眭依凡. 大学何以应该呼唤和弘扬理想主义[J]. 教育研究，2006(2).

② 〔古希腊〕亚里士多德. 形而上学[M]. 北京：商务印书馆，1962：5.

③ 〔德〕亚斯贝尔斯. 什么是教育[M]. 邹进，译. 香港：生活 · 读书 · 新知三联书店，1991：150.

④ 同上注，1991：169.

关于“大学自治,学术自由”,是由大学研究高深学问、创新创造知识必须忠实客观事实和规律这一学术组织属性决定的,其主要表达的是一种“大学应当有独立精神、学者应当有自由思想”的理念。亚里士多德说:“哲学和科学的诞生有三个条件:第一个条件是要求人们有好奇心和求知欲;第二个条件是闲暇,即知识阶层不用为着生活而奔波劳碌,因为整天从事繁重体力劳动而没有闲暇的人,是无法从事求知这种复杂的脑力劳动的;第三个条件是自由。哲学是自由的,它不以什么目的而存在,而纯粹是为了自身而存在,它是一门自由的学问,它要求自由地思考、自由地发表意见,不受他种目的和利益的支配。”①当然,所有大学都不能独立于政治、经济的需要,并且受到来自政治的压力及市场的诱惑,但大学必须是一个理性的能够自觉抵御外来干扰的堡垒。一所大学若想在它围墙以外获得金钱和权力,其所付出的代价那就是自由的丧失。

所以大学必须义无反顾地明智选择放弃那些与权利和欲望有关的、需要付出牺牲大学基本原则才可获取的东西。大学若不能自觉放弃权势社会和商业化社会带来的功利主义和庸俗实用主义,大学就不能逃脱台湾大学校长陈维昭先生所说的,“大学所崇尚的人文主义的理想和精神会丧失殆尽,大学会降格为一种庸俗教育的场所”的命运。② 为此,刘道玉先生亦强调:“独立、自由、民主、质疑和批判精神是西方大学沿袭了近千年的精髓,是一个大学的灵魂,失去了这些精神,大学就是一具没有灵魂的躯壳。”③

大学以学术传承和创新为根本目的的组织属性要求大学必须按自身规律运行和发展,而其条件则是不受外界的干扰,尤其不能为政治和商业性质的目的去生产文凭和知识。剑桥大学校长乐思哲·博里塞维奇(Leszek Borysiewicz)在巴塞罗那对欧洲研究大学联盟发表讲话时指出,“大学是经济成长的关键因素,但是经济成长不能成为驱动大学的力量”,“大学对经济的贡献非常巨大,但这并不是说经济成长是大学的首要目标”,“经济产值只是大学从事教学和研究的‘副产品’,而大学从事教学和研究的目的并不是为了经济成长”。他还说,“虽然在争

---

① 刘道玉. 大学的缘起及精髓[J]. 校长,2009(12).
② 陈维昭. 大学的角色和任务[M]//21 世纪的大学. 北京:北京大学出版社,1999:23.
③ 刘道玉. 大学的缘起及精髓[J]. 校长,2009(12).

取公共资金的时候,有越来越多的大学强调他们对经济成长所做的贡献,但是大学更宽广的目标和纯研究才是让他们成功的原因”,“如果经济成长变成大学的首要目标,如果大学成为整个工商业的研发分支,那么大学的独特价值就不存在了”。①

关于大学必须“对国家前途负责”的精神,可以从大学发展的历史找到理据。大学是社会发展到一定阶段政治、经济、文化等要素作用的结果,大学不仅需要社会为其提供生存发展的物质基础,同时其存在与发展的价值亦在于对社会的进步有不可替代的作用。社会需要是大学发生、存在和发展唯一的理由,大学的发展史决定其决不能遗世独立、放弃社会和国家责任。日本科学史家汤浅光朝,在统计了自文艺复兴以后科技文献分布的基础上,于 1962 年证实了英国学者贝尔纳关于世界科技中心转移的观点——在近 400 年间,世界科技中心转移的路径是:意大利—英国—法国—德国—美国。而自中世纪大学诞生以来,世界高等教育的中心与世界科技中心的转移大体接近,这说明大学对科学技术进步的作用。意大利的文艺复兴,英国的政治民主和工业革命,德国科学技术的飞速发展,美国经济强国地位的建立,等等,无不获益于其当时世界一流大学的支撑。

由此见,大学对国家对社会发展的重要性,这种重要性在知识经济时代不可替代,并使大学成为国家实力的象征和国家事业的重要组成。德国柏林大学的创建者洪堡基于对普法战争割地赔款耻辱的反思,深悉大学在民族振兴中的不可替代,他从文化国家观出发,认为大学作为学术机构本身就是国家事业的一部分,大学的目标和利益就是国家的目标和利益。清华大学之所以成为世界研究中国大学的典范,就在于清华之人才培养目标(又红又专,德才兼备,能为社会主义现代化建设服务)、学科专业建设(发展国家急需专业如航空技术、核工业技术、通讯技术、计算机技术等)、科学研究(要与生产实际结合,解决实际问题)都体现了为国家为人民负责的精神,这亦是清华之所以能造就如此之多的治国栋梁、科学大师、兴业俊才的原因。具有理想主义精神的大学把国家和人民的利益置于第一,自觉于为国家和所处的社会作出

---

① 剑桥校长:大学不该一味追求经济成长[EB/OL]. http://news.sciencenet.cn/htmlnews/2012/5/263971.shtm.

重要的贡献,这是理想大学必需的标志。

关于“育人为本”,这是大学最不能忽视的使命,当然也是理想大学最须守持的价值精神。育人是大学的天职和本分,忽视和放弃了育人大学就不再是大学。同样,具有什么样育人观的大学,就培养出什么样的人才。所以提出“育人为本”的大学精神,不仅在于强调大学必须重视育人,而且强调用什么样的大学精神去营造育人环境及其影响育人之成效。胡锦涛同志在清华大学百年校庆主题为“全面提高高等教育质量”的讲话中指出:“从总体上看,我国高等教育还不完全适应经济社会发展和人民群众接受良好教育的要求,同国际先进水平相比还有明显差距。”在教育部直属高校工作咨询委员会第二十次全体会议上,刘延东同志在题为《加快建设中国特色现代高等教育:九大任务》的讲话中亦坦言,“与世界高等教育强国、与世界一流大学相比,我们的教育质量还存在较大差距”。

面对人才培养质量不高的事实,大学之紧迫不仅要把时间和精力集中于人才培养上,而且必须以理想主义文化去影响青年学生,使他们在大学阶段形成和养成坚定的科学信仰、高雅的文化涵养、高尚的道德操守、高度的责任担当。一所大学能否产生好的人才培养质量,必须看她是否守护和弘扬育人为本的大学理想主义,以及是否有充满理想主义的育人文化。“育人为本”大学精神的强调,不仅因于现在的大学越来越功利、越来越势力,更在于大学的这些世俗倾向对培养合格的人才有着与大学宗旨相悖的不良影响,而且这些影响已经发生。因此,我们真的有必要在喧闹的、变迁加速的社会环境中,安静下来重新认真思考大学“育人为本”的使命和责任。

正如针对当前不少大学已经呈现与大学崇真、向善、求美、社会担当之宗旨之属性相悖的过度功利和势利的问题,理应从它们理想主义精神的缺失中寻找原因一样,理想大学的建设也必须以大学理想主义的价值坚守为精神依托。斯坦福大学原校长卡斯帕尔在北京举办的首次中外大学校长论坛上指出:大学必须持续地专注于改善自身的品质,这是大学自身的责任。什么是大学自身品质和自身责任,不就是大学必须始终坚持和弘扬的理想主义吗?

理想主义应该成为大学永远的定针、所守和执著!

大学的使命及其守护

就大学组织属性而言，大学属于主观为社会的一类组织，所以它只能是生产公共产品为社会服务的组织，不是也不能以谋私营利为目的。就笔者个人所见，大学虽然不是国家机器但却像国家机器一样是最不能只代表自己利益的一类组织，尽管大学出于探索、追求、守护和传播知识和真理、坚守学术组织属性的需要，应当具有学术自由、大学自治等组织特性，但大学的根本利益应当与民族和人类社会的根本利益是一致的，这也是大学存在和发展的最基本理由。凡社会组织都应该有其明确的使命，在知识权力对一个社会、民族和国家乃至人类世界的决定性影响日益强大且不可替代的时代，大学更应自觉于知识保护、知识传承、知识创新、知识应用之使命的守护。

然而遗憾的是，在面临生存发展和利益诱惑的诸多挑战中，当前我国一些大学暴露出了诸如日益世俗化、市场化、官僚化、庸俗化，以及人才培养质量不高等引起社会广泛关注和批评的问题。这些问题反映出了大学最深层的危机，即大学核心价值的错位亦即大学使命的背离。大学若忘却了自己的核心价值，只能是物质的存在而不有精神的支撑和信仰的引领，因此不会也不可能担负好民族和人类社会的责任。在国家极力倡导“坚决抵制庸俗、低俗、媚俗之风”的当下，讨论大学的使命与坚守问题有其重要的现实意义。

一、大学使命的概念及其意义

何谓使命？使命(mission)最早是一个宗教术语，指的是基督教传教士有目的的活动(Christian missionary movement),实际就是一种责任或任务。《辞海》对“使命”有三种解释:(1) 使者所奉之命令;(2) 奉命出使;(3) 重大任务。后来使命引申为肩负重大的任务和责任。对使命的这一理解,《辞海》的解释恐怕还未真正把握到使命的精髓。我以为使命是人们对组织之社会责任的主观赋予,是人们对组织必须承负的社会责任的一种认定,亦是人们对组织应有价值判断、价值选择和价值追求的明确表达,它通过组织的宗旨、目的抑或理想具体表现出来。曾任美国奥斯汀学院院长25年之久的约翰·莫斯利就认为:“使命就是机构的目的。”[①]这是使命概念的基本含义。任何社会组织不论其大小都应当有自己的使命,并在使命确定的基础上确定组织的目标和任务。使命决定了一个社会组织应该做什么,同时也决定了其不能做什么。对社会组织而言,使命对该组织具有定性、定向继而定职能的作用,一个组织其社会地位和作用越重要,明确其组织使命也就越重要。

大学就是这样一种必须明确自己使命并在使命驱使下采取有理性之行动的极其重要的社会组织。基于使命的内涵,大学使命可以界定为:人们对大学这一特殊组织必须承担的社会责任的一种确定,是人们对大学应有价值的判断、追求和选择,具体体现为大学组织的宗旨、理想、目的和责任。换言之,大学使命并非只是一个教育学或者哲学的概念,其揭示的是大学最重要的、一旦确定则无论世界如何变化都必须坚守的具有永恒真理性的东西,是大学本质属性的反映和大学核心价值及其社会责任的确定,是指导大学办学治校必须坚持的信仰信念。大学使命是人们透过大学组织在复杂的社会环境下的种种表现,关于大学应该是什么的深刻的批判性的思考和价值判断。在使命确定的基础上,大学确定自己具体的组织目标和任务以及办学治校的组织结构和运行方式。尽管大学的使命是伴随着大学的创建与生俱来的,但它随着大学的发展和人们对大学及其规律的认识深化而日趋完美,进而引导着大学向着大学的应然不断自我丰富和自我调整、自我完善。

---

① John D. Moseley. The President and the Role and Mission of the College[M]. Washington DC: Council Advancement and Support of Education, 1988:19.

从哲学的高度讨论大学的使命,两种高等教育哲学观为国际社会所认同。其一,以认识论为基础提出大学要体现崇尚科学、追求真理、学术自由的精神,大学必须集中精力于自己核心的且经过时间检验证明是正确的"求知"使命。基于此,大学无疑是一个最需要学术自由以保证其知识探索和创新过程中客观性的组织。然而全面审视大学,大学肩负的不仅只是知识追求和科学创新的重任,还有人才培养和服务社会的使命,而后者则赋予了大学强烈的社会性。于是,又有了第二种以政治论为基础讨论大学使命的哲学观,即人们探索深奥的知识并不只是出于对知识的好奇和知识本身,而是它对国家以及人类社会有着深远的影响,因此大学应该对社会的变化做出积极反应,通过教学、科研、服务承担起改造和促进社会发展的责任。该观点强调:如果知识和思想并不能使人们产生社会行动,那么它们就是无效的;进一步说,如果知识和思想导致的结果是反社会发展、人类文明的,那么它们就是有害的。① 大学追求知识不仅是目的,更是一种服务社会、服务国家、服务人类的手段。归纳起来,大学既有知识生产的使命又有服务社会的使命,大学因此而更加重要。

上述两种高等教育哲学观都是大学使命的反映,本质上不存在根本冲突。即便以强调知识追求为目的的认识论哲学,也并非在为大学寻找遗世独立、放弃社会、国家和人类社会责任的理由。随着大学对社会引领和推动人类文明之作用的越来越大,大学必须体现其直接介入社会的责任,与社会保持密切的互动关系同社会一起与时俱进。因此,政治论哲学要求大学根本改变以往与世隔绝并远离由政治和经济构成的社会现实的封闭状态,决不能把自己的知识使命和国家的发展前途对立起来。由于大学有着较之其他社会组织更多更强烈的国家和社会责任的担当,因此,大学是最不能仅仅代表自己和满足自己需要的一种组织,坚持和谋求国家与社会的利益并为之服务必须成为大学不能动摇的意志和义无反顾的选择。大学知识追求和社会担当的这样一种完整的使命价值,应该体现在注重知识发现和理想传播与注重社会改造和文明进步的理想主义的完美结合,这是大学办学治校者、教育者必须

---

① 参见:〔美〕约翰·布鲁贝克.高等教育哲学[M].郑继伟,等译.杭州:浙江教育出版社,1987:12-14.

持有的一个基本认识和现实态度。

关于大学使命的意义,20世纪就对大学使命予以了特别关注的西班牙著名思想家奥尔特加·加塞特强调:关于大学"我们应该直接地、明确地回答大学是什么、大学应该干什么"①。他强调指出:"重要的是大学应该重新认识其使命,使大学活动真正发挥应有的力量。"②著名高等教育学家哈罗德·珀金认为:过去的希望、抱负和价值观与现代大学概念紧紧结合在一起。所以他希望人们从"大学的希望、抱负和价值"去"真正的理解大学"。③ 而所谓大学的希望、抱负和价值就是大学的使命。英国著名人文教授格里艾姆·哈珀在造访了全世界众多一流高校尤其是英、美和澳大利亚著名学府后的10年潜心研究中,得出的一个最重要结论:一所大学何以出众?不在于其教学如何出色,学术水平如何高深,校园如何漂亮,建筑如何古老而优美,或者所有一切的兼而有之,最重要者在于大学的理想。因为,正是理想使一所学术机构成为了一所大学,而唯有坚守理想,一所大学也才有可能成为一所伟大的大学。他指出,"坚定不移地坚持大学的理想而不是诉诸短期的调整策略,乃是一种勇敢的行为","一所伟大的大学的品质所在,不会偏于一物,也不会只求一能,而是诸多人类活动的组合、重要理想的集合、各种人类力量的融合"。④ 所谓大学的理想,其实就是大学使命以一种大学的价值追求和美好向往为表现方式的反映。

关于大学使命的意义基本可以概括如下:其一,大学使命规定了大学的组织属性,是大学之理想、之价值取向、之学术追求、之道德准则的反映;其二,大学使命决定了大学的定位和发展方向;其三,大学使命是大学发展目标制定和办学治校的指导思想和出发点,是大学行动的指南;其四,大学使命使大学组织具有整体性、统一性,使大学这样一个极其复杂的组织及其成员具有强烈的目标感、历史感、责任感,并在大学内部产生高度的凝聚力。

---

① 〔西班牙〕奥尔特加·加塞特. 大学的使命[M]. 徐小洲,等译. 杭州:浙江教育出版社,2001:6.

② 同上注,2001:4-5.

③ 〔美〕伯顿·克拉克. 高等教育新论[M]. 王承绪,等译. 杭州:浙江教育出版社,2001:49.

④ 哈珀:是什么造就了一所伟大的大学[EB/OL]. (2010-07-13). http://www.antpedia.com/html/32/n-82732.html.

笔者认为，大学使命之于大学，其意义如同宗教之于科学的意义一样。爱因斯坦在阐述"宗教与科学"的关系时指出："宇宙宗教感情是科学研究最强有力、最高尚的动机。只有那些做出了巨大努力，尤其是表现出热忱献身的人，才会了解这样一种感情的力量。唯有这种力量，才能做出那种确实是远离直接现实生活的工作。"他强调，"要是没有这种热忱，就不能在理论科学的开辟性工作中取得成就"，"只有献身于同样目的的人，才能深切地体会到究竟是什么在鼓舞着这些人，是什么给了他们以力量，使他们能够不顾无尽的挫折而坚定不移地忠诚于他们的志向。"爱因斯坦认为："给人以这种力量的，就是宇宙宗教感情。"①所以，当代美国杰出教育家、原卡内基教学促进基金会主席欧内斯特·博耶指出："一所办学有成效的大学负有明确的和极其重要的使命。"②有使命的大学才有利于大学内部的所有成员对学校所要追求的价值有认同，对学校所确定的目标有责任承担。

大学使命有什么用？大学使命使大学及其组织和成员有信仰，以及方向感、责任感、道德感、归属感，并因此集中精力坚守大学的属性和责任，大学使命使大学成为理性的组织。

由此，我们自然可以理解欧美大学何以如此重视使命的确定。打开欧美大学的网页，不难发现几乎所有的大学都有自己的使命陈述（mission statement）。如剑桥大学的使命陈述是：通过对卓越的教育、知识追求和国际最高水准的科学研究为社会作出贡献。这一使命使这所已有800多年历史的大学产生了极为强盛的知识创新生命力，在100多年间就为世界培养了近80多位诺贝尔奖获得者。约翰·霍普金斯大学的使命陈述为：通过教育培养学生终身学习的能力、独立的和原创性研究的能力，并把发明发现的利益带给世界。约翰·霍普金斯大学因此成为美国第一所以讨论班方式授课，专注于扩展知识、研究生教育和鼓励研究风气的新型研究型大学。其目标为："鼓励研究以及独立学者的进步，使得他们可以通过自己精湛的学识推动他们所追求

---

① 〔美〕罗伯特·所罗门. 大问题——简明哲学导论[M]. 张卜天，译. 桂林：广西师范大学出版社，2004：20.

② 〔美〕欧内斯特·博耶. 美国大学教育[M]. 复旦大学高教所，译. 上海：复旦大学出版社，1988：73.

的科学以及所生活的社会前进。”①约翰·霍普金斯大学的办学理念和模式对后来的美国大学产生了巨大的影响并被广泛效仿。

耶鲁大学在1701年创校之初提出的使命是：为国家和世界培养领袖。随后在未来310多年的办学历史中，耶鲁大学成为了老布什、小布什、克林顿等五位美国总统和一位副总统的母校。迄今为止，耶鲁大学培养了530多位美国国会议员，还培养过墨西哥和德国总统、韩国总理、日本外长等外国政要，很多一流大学杰出的校长也毕业于耶鲁大学。后来，耶鲁大学又提出了它的基本使命：保护、传授、推进和丰富知识与文化。初看耶鲁大学的基本使命似乎平淡无奇，可是有学者指出，假如大学只有“传授知识”的使命，那么它就对美国近4000所大学与学院都适用；若加上“推进和丰富知识”的使命，那么就只有3%的大学能够胜任；再加上“文化”两字，就只剩1%；至于能够担负起“保护知识和文化”使命的大学，在美国恐怕就不足3‰了。耶鲁大学拥有世界最好的稀有图书馆，正是为承载这样的使命而做出的努力。

为哈佛大学提供本科教育的哈佛学院对自己的使命做了这样的陈述：哈佛致力于知识的创造，学生心智的开发，并使得学生能最好地利用他们的教育机会。为此哈佛学院特别重视培养学生对思想及其自由表达的尊重，以及对发现和批判性思维的乐趣，在创造性合作中追求卓越和对个人行为后果承担责任的人格要素，鼓励学生的参与、探索、创造、竞争与领导精神，从而为学生建立终身学习的习惯和自强自立的意志，使之在发展知识、增进理解、服务社会方面居于领导地位。可以说，这就是哈佛大学何以在杰出人才培养方面卓尔不群的真正原因。

在欧美大学校长的眼里，大学使命是大学的核心价值和核心概念，大学的远景、目标、战略和管理设计，以及办学治校、人才培养都必须以忠实于并践行大学的使命为前提。譬如，马里兰大学巴尔的摩分校校长佛里曼·赫拉博斯科认为：我们做出决策的最困难之处，是必须服从那些诸多反映大学使命和价值所确定的原则。其阐明了大学内部管理的这样一种逻辑关系：如果大学使命缺失，则大学的价值追求及其由此产生的大学原则不明，其结果必然导致大学难以决策或无从决策。另一位美国著名研究型大学的校长乔丽安妮·斯理福特也强调：每位校

① 陈家薇. 耶鲁大学[M]. 长沙：湖南教育出版社，1990：9.

长都有反复讲述自己所在大学使命的责任，尤其要利用危机时刻向所有大学成员强调大学的基本使命。大学只有坚持和固守自己的使命价值选择，才能不偏离自己应有的方向有所作为和成就。我理解这正是欧美大学为何如此重视自己大学“使命陈述”的原因。

二、为什么要强调大学的使命

对大学使命概念和意义的阐述，以及欧美著名大学使命的介绍，我们似乎从大学使命的理论及现实的两个价值层面对“为什么要强调大学的使命”已经作了基本的回答。但我们似还有必要从大学使命对大学校长办学治校的作用以及当前大学已出现信仰危机、背离大学属性等世俗化问题日益严重的角度，进一步讨论大学使命的重要性。

1. 大学使命对校长的办学治校具有不可替代的重要性

关于大学使命对校长的办学治校何以重要，可以从如下的讨论中获得清晰的结论。

其一，任何校长治校的前提是治校者首先必须十分清楚大学的属性和发展方向，即他明确大学是什么组织以及自己将把大学带向何方。大学使命的陈述就在于它明确了大学的社会责任和办学方向，使大学获得理性的指引。正如耶鲁大学第16任校长小贝诺·施密德特所说，大学是孕育思想和知识并传达思想和知识的最理想场所，因为大学有大胆的、甚至强烈的使命，要由理性的光芒指引。大学使命的明确，使大学校长成为登高望远的战略家，而不会陷落为被繁杂事务纠缠不休被眼前利益一叶障目的决策者。

其二，大学使命的明晰是大学校长教育理念的基础，而大学校长的教育理念在其办学治校的过程中具有两个最基本的作用：一是使校长个体的行为具有自觉性和目的性；二是使大学整体的行为具有自觉性和目的性。自觉性表现为行为的理性，目的性表现为行为的指向性。在使校长个体的行为具有自觉性和目的性方面，大学使命主要通过使校长在认识到大学“为什么要做”和“为什么要这样做”的基础上，明确大学“应当做什么”和“应当怎么做”而发挥作用。如奥斯汀学院前校长约翰·莫斯利所说：“使命陈述并不意味是个一般的概念表述，而是一份基本的工作文件,是大学性质的一种类型,它应当包括学校及其作用的描述。"[①]之所以说大学使命陈述是大学运行必需的一份基本文件,因为大学使命的确定,其目标和重大任务方可确定。

其三,一个组织其成员行动的一致性来自他们观念的一致性,而后者来自人们对组织属性及其核心使命的共同理解以及由此建立起来的共同信念。大学校长的一个最重要作用就是精神领导,作为精神领导校长不仅自己要对大学的发展充满自信,还必须激发大学所有成员的信心,唤起他们为大学理想一致行动的共同信念。社会学家认为,复杂的社会组织主要有三种依从形式:强制的、工具的和规范的依从。大学是一种规范依从的组织,其主要特征是该组织的部门和群体共同依附于某种观念或信念。何为信念?信念是"主体对于自然和社会的某种理论原理、思想见解坚信无疑的看法"[②]。伯顿·克拉克认为,信念即"位于系统不同部门的很多行动者的主要规范和价值观"[③]。大学信念作为教育理念体系中的一种理念,是人们在对大学教育实践的认识过程中确定的,是人们普遍认同且坚定信奉的大学价值观及办学主张。大学信念一经形成,对外它是大学整体的、统一的象征,是社会影响力的一种源泉,对内它决定大学的方向,是凝聚组织成员,使他们对大学的未来充满信心并自觉和努力实现大学目标的精神力量,是形成学校健康向上文化力的一种源泉。

有研究表明,大学的变革往往有其难度,原因一方面来自大学自身的结构过于复杂,另一方面则来自大学历史形成的传统信念的抵制,两者相较后者更严重。因此,大学之改革从信念的确认或更新开始。伯顿·克拉克分析高等教育系统的方法,就是视其为由工作、信念和权力三大要素构成的系统。美国一项关于文理学院的院校文化研究表明:一些规模和名气都不是很大的学院之所以能跃居院校的最高层次,其至关重要的原因,就是它们形成了强烈而统一的自我信念。[④] 为了维

---

① John D. Moseley. The President and the Role and Mission of the College[M]. Washington DC: Council for Advancement and Support of Education, 1988:21.

② 林传鼎,等. 心理学词典[M]. 南昌:江西科技出版社,1986:306.

③ 〔美〕伯顿·克拉克. 高等教育系统[M]. 王承绪,等译. 杭州:浙江教育出版社,1994:6-7.

④ 同上注, 1994:92.

护组织的一致性，似有一种通过排除那些不能适应或根本不能接受既定观念的人们而减少内部冲突的方法，但它绝对不适合不仅倡导学术自由而且也只有依靠学术自由获得学术进步的大学组织。因为，大学的成员多是由有独立思维、独立见解和独立人格的人们组成的，这些人不仅需要一些强制性及工具性的措施将他们整合为一，更需要通过接受共同认可的信念凝聚在一起。因此，大学校长常常通过明确学校责任的大学使命来建立所有成员的共同信念以形成大学的凝聚力。

从以上分析我们看到，大学使命不仅是大学组织属性和社会责任的一种表达，并且据此确定自己的目标和方向；而且，大学使命亦是一种激发大学及其成员斗志的信念力量，而有信念之大学才能凝聚组织之成员，形成组织之共识，分享组织之共同价值观，塑造组织之优良文化，使大学的所有成员致力于共同目标的实现。大学使命使大学校长的办学治校受到大学理性的引领，而不至于偏离大学应该的方向。美国伊利诺伊州立大学校长艾肯伯雷在回答什么是领导时说："领导的一个最基本的任务便是建立一整套的价值观念和信仰来回答为什么的问题。"[①]麻省理工学院第17任院长杰罗姆·魏斯纳在上任之初，正处在20世纪70年代初美国大学受到社会多方面干扰的时代。出于建立大学安静的学术氛围的考虑，他首先强调的就是大学的使命在于扩大人类对宇宙的认识，而不能允许任何主义使MIT偏离大学的目标。美国大学一般公认校长有五项主要的职能，包括"根据部门目标分配组织资源"，"选聘和评价关键人物"，"对外界代表组织"，"战略管理和组织改造"，但最重要的职能就是"明确组织的使命和决定长、短期目标"。因为大学使命为大学的存在和发展明确了责任和方向。

2. 大学使命缺失已导致大学文化理性失守和大学文化低俗

在文化领域坚决抵制庸俗、低俗、媚俗之风的时下，具有文化引领责任的大学其文化现象是否更需要反省和批判？2003年笔者在《大学庸俗化批判》[②]一文中，对大学存在的官本位、市侩作风、学术不端及犬儒现象等媚权、媚钱、媚俗的文化现象予以了尖锐的批评。然而，现在看来一些大学的问题还远不于此。由于大学独立人格的丧失，一些大

---

① 余立. 校长——教育家[M]. 上海：同济大学出版社，1988：112.

② 眭依凡. 大学庸俗化批判[J]. 北京大学教育评论，2003(3).

学对权势和金钱的依附日益恶化；由于大学精神的扭曲，一些大学已经成了追功逐利的名利场。昔日人们心目中至高无上的以追求真理、涵养精神、塑造人格、发展知识为己任的知识圣殿，已经被社会的不良文化侵蚀得体肤不整，留下诸多不可容忍的并被社会广为诟病的问题。

复旦大学校长杨玉良院士在接受中国青年报采访时尖锐地批评道，现在大学“出现了一种相对来说比较广泛的精神虚脱”①。如果连大学里都有贪污受贿、权色交易，那社会对大学还有什么信任可言？据笔者所知，江西有所曾经负债十几亿的大学其重中之重的工作曾一度似乎就是准备校庆，于是假借迎接校庆和所谓生态校园建设之名，行风水改造、“鹅鸭戏水，小桥荷池”宫廷环境营造，以及追求花里胡哨的所谓“规模空前、声势浩大、社会反响强烈的造势”。很难理解这样一所有几十年历史积淀且知识分子云集的大学，其被师生讽以“飞禽走兽”书记的主要领导为何不肯把治校心思和学校资源投注于以生为本的人才培养及其质量提高的努力中，而宁愿玩物丧志于一次次“校庆倒计时”之盛大庆典活动，楼堂水榭之修缮，梅花鹿、天鹅、野鸭之圈养如此轻浮庸俗的选择上。这与中央严厉批评和禁行的“享乐主义”、“奢靡之风”何异？

一所大学失去了应有的精神沉稳和文化厚重，在一场场闹剧般的低俗的玩物丧志的氛围中，她还能放下一张安静做学问的书桌？还舍得以足够多的时间、精力和资源用于学生的培养和教学科研水平的提高？杨玉良先生对此有自己的观点：“我反对任何形式的在学校中莫名其妙地闹哄哄，鼓乐齐鸣，因为这会降低学校的高雅性。”②而问题在于，如果任凭社会庸俗、低俗、媚俗之风对大学内部的侵蚀，大学的文化堕落就不能避免，受害的就岂止是大学的高雅性？

奥尔特加·加塞特指出大学的功能包括三项：文化传授，专业教学，科学研究和新科学家培养。因为文化是一种生命信仰，是大学生命中的一个不可或缺的部分。“没有文化的大学生活是有缺陷的生活，是遭到破坏的，不真实的生活。”③我们知道，人才培养不仅有知识和能

---

① 复旦校长杨玉良：大学过分赶时髦 精神已虚脱[EB/OL].(2010-06-22).http://edu.ifeng.com/news/detail_2010_06/22/1652402_0.shtml.

② 同上注.

③ 〔西班牙〕奥尔特加·加塞特.大学的使命[M].徐小洲，等译.杭州：浙江教育出版社，2001:7.

力发展的目标，还有人格精神养成、理想信仰形成之目标，而后者决定了大学文化育人的学理性、必然性以及必要性、合法性。但是大学文化作为一种不能忽视的教育影响，其又是一把既可塑造人亦可扭曲人的双刃剑。因此，大学必须有高度的文化理性，不仅要重视大学健康文化的守护弘扬和营造，更要防止不良文化对大学的侵蚀。如果任由在一些大学已经出现的不能无视的诸如崇官媚上、崇权拜金、急功近利、轻学享乐，甚至迷信风水以及发生在师生身上的“才子加流氓，才子加帝王气”（杨玉良校长语）等，有悖于大学圣殿的神圣性、高尚性、学术性、教育性的庸俗文化泛滥，那么且别说大学之崇真、向善、求美和社会担当使命的难以守持，就连大学必需的基本斯文儒雅也会荡然无存。

其实，我们已经看到一些大学在做一些大学本不应该做的事情，犯着大学本不应该犯的错误，而同时对大学的本真和本分却不懂坚守、不愿坚守、不能坚守。究其原因就在于这些大学的办学者和教育者并未认真思考过什么是大学的使命，从而未能把握大学的真谛和坚持大学应有的责任。透过我国大学几乎就没有使命陈述的表象折射出的严重问题是：我国甚少大学严肃思考过大学的使命。不思考大学的使命会怎么样？我们就不会怀着敬畏大学的严肃严谨严格去办学，我们就会偏离大学的基本属性和大学应有方向办不好大学，其结果既贻害大学也贻害科学并贻害社会更贻误后人，这既是大学的悲哀也是大学所在社会的悲哀。

三、大学使命的守护

关于大学使命的守护有两个问题是不能回避的：守护什么？谁来守护？前者涉及对大学本质属性的认识，后者则关乎大学办学治校者责任的坚守。

如前所述，大学使命是由存在于大学内部的、反映大学本质和引领大学发展方向，一经形成则必须坚守的那些“恒久不变”的大学价值观。因此关于大学“守护什么”的讨论，有必要重新审视大学应该是什么。在人类社会漫长的历史演进和社会巨变中，无以计数的组织生生灭灭都已经不复存在，而大学以历经千年历史不朽不衰的神奇，以前所未有的生机活力越发活跃、深远地影响着我们所处的时代和人类社会的发展进程。这是大学最为人们感叹和自豪的理由。但是,当我们回顾和总结大学发展的历程,不难发现大学只不过是三个合法性时代的浓缩:中世纪以人才培养为己任,工业革命以后对科学研究的注重,近现代致力于社会服务。至20世纪初,大学已经成为将人才培养、科学研究、社会服务三者有机融为一体的高度成熟的组织机构。大学使命随着大学这样一种伴同社会与时俱进的发展完善而逐渐明确,并成为大学组织薪火传承的生命意义和价值追求。对大学使命的社会认同使大学获得存在和发展的合法性,大学因此成为伟大而恒久的任何都不能替代也无法替代的独特的社会组织。

大学毫无争议地发端于社会需要,是社会多种因素如政治、经济、技术、文化、人口发展等诸多因素共同作用的产物。但大学作为一个最具自调适、自发展能力的组织在其近千年演进的过程中发生了如下的巨变:从过去对政府和社会的被动依附,已经逐渐进化为当今世界任何国家、任何政府、任何民族都更加依赖于大学,大学已经成为任何国家、民族和人类社会发展进步不可或缺的社会组织。尽管大学的属性决定了她仅仅只是以人力资源和科学技术开发,并以此影响和作用于社会的教育和学术组织。这种事实的巨变,反映了人们对大学从被动适应社会发展需要,向主动满足社会发展需要,进而引领和推动社会发展的认识的深化。

以上的陈述以及基于对大学本质的认识,笔者认为大学必须坚守如下使命。

其一,大学必须坚守培养人才的使命。人才培养是大学最不能放弃的文化遗产。纽曼大学理念的核心就是:大学是一个传授普遍知识的教育场所、培养人才的机构。他认为,大学的真正功能是“培养良好的社会公民”,并通过公民的塑造“随之带来社会的和谐”。[①] 试想大学如果不承担人才培养的任务或忽视之,大学是否还是真正意义的大学?尽管经历了英国大学以培养绅士为教育目的,德国大学重在培养学者,而美国致力造就专家的大学发展过程,但本质上大学都没有放弃以人才培养为第一社会职能。固然,大学是不断自我完善以适应社会需要

---

① 〔英〕纽曼.大学的理想[M].徐辉,等译.杭州:浙江教育出版社,2001:18.

才能保持旺盛生机活力以可持续发展的组织,随着社会的发展变化大学的社会职能也会与时俱增,然而人才培养是大学存在和发展的核心使命是永恒不变的。

需要指出的是,人才培养不仅只是通过科学知识的传播和专业能力的训练使学生获得有利个人生存发展的真才实学,更重要者是培养其树立正确的世界观、人生观和价值观,从而使学生获得对人生意义、生存目的的理解,能够自觉应用科学知识为社会为国家为人类进步作有益的贡献。奥尔特加认为:在大学里建立起符合时代要求的思想体系,树立崇高的精神境界,是大学的一项凌驾于其他之上的基本功能,大学应该把教育者培养成具有“人的精神”的人。正是这样一种使命确认,我们看到在第二届“中外大学校长论坛”上,很多著名大学的校长共同关心的问题诸如:今天的大学究竟还能不能够把学生培养成有知识、有道德、有爱心、有理想的人,培养成既懂得关爱他人同时又能被他人所尊敬的;在巨大的就业压力下,大学除教给学生一些职业的技能以外,还能教给学生什么?日本早稻田大学校长白井克彦教授认为,大学校长的责任首先是对学生的责任,学校要很好地帮助学生做好自己的人生设计,帮助他们适应快速变化的社会。

然而遗憾的现实是,当用“当前大学关心的主题是人吗?”“大学的工作中心是育人吗?”这样的眼光审视大学,不难发现我们不少大学还没有真正树立以生为本的办学理念,更谈不上对人才培养使命的坚守,因此大学的运行体系和机制也未以学生的成长成熟和成才为核心价值而构建。有人在比较中美大学对待学生的不同后指出,如果两者有何区别的话,前者时刻想把学生口袋里的钱掏光,而后者则为杰出的学生“买单”请他们来读书。不同的办学选择会导致怎样的结果?前者的毕业生离开母校之日似乎就意味着与母校永别,而后者的毕业生把母校视为心灵的故乡,毕业了不断给母校捐钱。正因此,美国大学的排名有一项指标就是校友的捐赠。一个连感恩母校的学生都培养不出的大学,你能期待她培养出感恩社会的人?差距产生的原因在于,我们的大学若有了钱或者没有钱借贷用来盖大楼,尽管实际上并不需要这么多的楼,而人家则会拿出很多的钱为优秀学子发放保证能使他们无后顾之忧完成学业的奖学金。有人才培养使命坚守的大学才会把学生而不是大楼看做自己最宝贵的资产,才会把爱和时间精力和所有资源集中于改善育人环境，营造尊重学生、关心学生、爱护学生、有利学生个性发展、身心健康成长的教育环境和培养德才兼备的学生的责任承担上。抓好人才培养工作，这是大学的立身之本，也是大学存在和发展的基本理由。

其二，大学必须坚守探索真理、创新知识的使命。大学知识密集、人才密集、科学设备等研究资源密集的组织属性，决定了大学是承负国家科学技术发展与人类知识创新之重的脊梁。近千年的大学历史已经证明，哪里有大学尤其是一流大学，这些大学所在的国家就会在不长的时间内成为世界强国并为人类的文明进步作出贡献。英国的工业革命，日本和德国战后经济社会恢复重建的奇迹，美国经济科技强国地位的建立，等等，无不是其大学科学技术及其人才支撑的结果。探索真理和知识创新不仅使大学因此有实力和声誉，人才培养因此有质量，更重要者使国家因此有竞争力，人类社会有持续发展力。在一个日益依赖知识和科技文明引领和带动社会文明和人类文明的现时代，大学对国家发展的重要性和不可替代性日益凸显，从而使大学已经成为国家实力的象征和人类社会发展不可或缺的推动力。倡导大学教学科研并重的洪堡早就指出：大学作为学术机构本身就是国家事业的一部分，大学是民族振兴中的一种最高手段，大学的目标和利益就是国家的目标和利益。

由于国家的科技竞争力很大程度上建立在大学科研和创新能力的基础上，而大学的科研和创新能力既来自学者自身的学术潜力，亦来自他们对科学的执著和追求科学的殉道精神，以及大学为此创造的精神、制度和物质环境。因此，科学研究使命的坚守，要求大学不仅应该集中精力于创新知识和探索真理的责任担当上，更应该创造一种让大学里的师生安于学问、热爱学问、忠诚学问并献身学问的学术自由氛围。任何时候大学都应当有足够的清醒，知道自己的使命和方向所在，不仅能自觉坚持和守护大学的学术属性，而且有意识有力量有制度唤起和保护学者、学生对专业对学问追求的真正兴趣和热情，使他们不受学问之外种种利益的干扰和驱使，安于在实验室和书房里做淡泊名利、宁静致远的学问。为了科学研究使命的坚守，大学有必要认真审视自己是否真正建立和改善了尊重知识和人才并有利于吸引人才和发挥他们科研积极性、创造性的学术自由的环境。

关于学术自由的意义，牛津人认为作为探讨学问、追求真理的地方，大学必须倡导学术自由。正是学术自由，使牛津大学在教学和科研的每一个领域都达到卓越，并保持着世界一流大学的历史地位，并能通过高水平科研成果和毕业生造福于国家和人类社会，尤其在英国的文化、政治和科技生活中发挥了独特的作用。蒙罗指出："学术自由之存在，不是为了大学教师的利益，而是为了他服务的社会的福祉，最终是为了人类的福祉。"①在学术自由的环境下充分探索真理和创新知识，这既是大学的本分也是大学能够担负起对国家负责的条件和资本。然而，我们不得不坦承，现在又有多少大学及学者的兴趣和精力专注于学问本身而非追名逐利？试问不正是由于我们大学尚未担负好培养创新型人才以促进国家知识创新和科学技术发展的责任，钱学森先生和丘成桐先生等大家才会发出恨我大学不争的尖锐批评吗？

其三，大学必须坚守对国家负责的使命。谈到对国家负责的大学使命守护，笔者自然想到罗家伦先生。他于 1928 年任清华大学首任校长时，陈明清华的使命是谋中华民族在学术上之独立发展及完成建设新中国。1932 年他在出任中央大学校长做题为《中央大学之使命》的就职演说中，特别阐述了大学必须对民族负责的使命："办理大学不仅是来办理大学普通的行政事务而已，一定要把一个大学的使命认清，从而创造一种新的精神，养成一种新的风气，以达到一个大学对于民族的使命。"大学之于民族和国家，"应尽到特殊的责任，就是负担起特殊的使命，然后办这个大学才有意义。"他还说，"个人的去留的期间虽有长短，但是这种使命应当是中央大学永久的负担。""创立民族文化的使命，大学若不能负起来，便根本失掉大学存在的意义；更无法可以领导一个民族在文化上的活动。"②本着这样一种以民族利益为重的使命意识，罗家伦先生在中央大学进行了一系列积极而卓有成效的办学治校的改革。

大学必须对国家负责的使命，尽管从大学在国家发展中所具有的不可替代的现实作用获得很好的证实，但更是由大学之人才培养和知

① 梁启超，蔡元培，等. 大学的精神[M]. 北京：中国友谊出版公司，2004：10.

② 罗家伦[EB/OL]. http://baike.baidu.com/view/131080.htm.

识创造这一与生俱有的属性所决定的。因此,该使命的坚守应体现在如下方面。

第一,为国家为社会服务。胡适早年留学美国时,康奈尔大学英文教授亚丹对他说:“如国欲保留固有之文明而造新文明,非有国家的大学不可……国之先务,莫大于是。”[1]哈佛前校长德里克·博克在其《走出象牙塔:现代大学的社会责任》中强调,社会服务是大学不可推卸的责任。伍德罗·危尔森曾指出,一所院校能在国家的历史上占一个位置,不是因为她的学识,而是因为她的服务精神。在哈佛校长治上40年之久的埃利奥特对学生提出的要求即是:进入本大学,在智慧中成长;离开后,服务国家和人类。正因此,哈佛的各个学院都设有社会服务中心,并把为社区服务作为学生的必修课程计入成绩。

为追求知识真理大学必须保持应有的独立性,但又绝不能脱离社会的需要。大学只有把校园的边界与国家的边界融为一体,才会加强对国家和社会的关注和服务,从而自觉履行对国家前途负责的使命。大学的伟大在于对人类社会负责,而对人类社会负责的大学,其前提是对国家对民族对社会负责,能为自己的国家和民族作出贡献做好榜样的大学,这样的大学才是对世界对人类有贡献的大学。耶鲁大学就认为自己最基本的责任是为所在的纽黑文地区经济社会进步作出应有的贡献,为此,耶鲁前校长理查德·雷文非常强调培养学生的社区意识。

第二,有社会担当。大学的所作所为对社会具有示范和影响,所以大学必须有高度的理性,任何时候只做正确的事,万万不可为了自身的利益尤其是急功近利,放弃国家和民族的长远利益做任何诸如毁害良田、破坏环境等“江山留与后人愁”的事情。大学不仅要始终保证自己不犯有害人类和社会文明进步的罪错,而且应该有勇气并竭尽其能批评和阻止任何有违人类文明进程的罪错,体现其为国家负责为人民担当为人类未来负责的胆识、志向和勇气,以保护和积极推动社会的健康发展。这就是社会担当。一所不能忧国家之忧,想国家之想的大学,岂能担负起为人类文明、民族进步谋福祉的责任并不愧对民族和人类文明的希望?

第三,做文明自律的榜样。蔡元培说:教育指导社会,而非追逐社

① 梁启超,蔡元培,等.大学的精神[M].北京:中国友谊出版公司,2004:19.

会。大学是社会的道德榜样和先进文化的推行者，指导社会的大学必须是自律的大学，自律既是大学属性所致，也是大学在树立风气和人才培养方面可为楷模堪为榜样的逻辑前提。大学担负着道德和文化引导社会的作用，大学的一言一行都会受到社会的关注并具有示范作用。当各级政府自觉为经济崛起摇旗呐喊时，可是有谁会自觉为社会文明、民族自律摇旗呐喊呢？为中华民族文明崛起的使命，大学有当仁不让的责任。据报载：上海世博会让我国呈现给世界和世人以强大的经济实力和政府效力，但国人在华丽的花团锦簇中和堂皇的楼堂场馆下毫不掩饰的脏、乱、差、闹、贪，同样留给了世界和世人极其不好的印象和影响。大学是否有必要认真思考一下复旦大学前校长杨福家院士在世博公众参与馆演讲中对国人发出的忠告："在经历了 30 年经济大发展之后，下一个 30 年将几近跌至谷底的国民素质素养提升到世界水平至关重要。"①由于民族的振兴和国家的繁荣是世代接续的结果，大学必须培养对祖国、对社会、对人类负责的高度文明的后来人。

关于谁来守护大学使命，固然我们需要政治家等权力者的参与，如 16 世纪当英国有人提出要停办牛津和剑桥大学，当时的英王立场坚定地站出来表明自己的态度："我认为，赠给我们大学的英格兰土地是最有价值的奉献，因为办了这些大学，我们的国土在我们死去腐烂之后才可以得到良好的治理。"②但我们更需要来自大学内部成员尤其是具有行政权力的校长们和拥有学术权力的教授们的守护，因为他们的言行与大学使命的执行与否有着最直接的关系。大学者我们的大学，我们不关心谁关心？我们不担承谁担承？

哈珀教授曾问哈佛学院的院长："什么使哈佛居于全球大学的领先地位？"来自哈佛大学的答案是：领袖意识。"那些进入哈佛大学的人，从入校的那一刻起就把自己视为领袖，而且任何时候他们都牢记这一点。"③领袖绝不只是权力的拥有，更是对信仰或价值观的坚守和责任担当。而在大学这样一个"知识的栖息地"，大学教授和校

---

① 邓之湄，等. 令人汗颜的绿色通道[J]. 瞭望东方周刊，2010(24).

② 〔美〕伯顿·克拉克. 高等教育新论[M]. 王承绪，译. 杭州：浙江教育出版社，2001：32.

③ 郭英剑. 科学时报：中国大学何时才有自己的"使命"[EB/OL]. (2010-07-13). http://news.sciencenet.cn/htmlnews/2010/7/234489.shtm.

长以学术权威和行政权威的角色当然是学术的领袖、大学的领袖。而这意味着他们必须在大学的精神范畴和各自的权力范围内担负好履行和守护大学使命的责任，即他们在行政权力和学术权力的行使过程中决不能犯有悖大学属性、大学规律、学术精神、学术道德的任何错误。

特别是对大学具有决定性作用的大学校长而言，要做到对大学使命的忠诚，必须具有为真理的坚持而放弃权力的勇气。蔡元培先生之所以接任北大校长一职，全在于他不认为大学校长是做官。所以他也不希望北大的学生“仍抱科举时代思想，以大学为取得官吏资格之机关”，“当以研究学术为天责，不当以大学为升官发财之阶梯”。[①] 无独有偶，美国《独立宣言》的起草人、美国第三任总统托马斯·杰斐逊临终前希望在他的墓碑刻上，“托马斯·杰斐逊是创建弗吉尼亚大学的倡导者”，而不是总统。由此看见，真正的政治家其心目中也只有大学而非权重，大学校长更应如此。

大学的本性是真善美和社会担当，其存在的重要性不只是存在，而是由于自己的存在使人类社会更加美好。大学的神圣必须让大学内部的人自己感到大学的神圣，然后才能让大学之外的社会敬畏和热爱大学，大学使命就是使大学成员体悟大学神圣而有所坚守的精神力量。金耀基先生说，哈佛大学“无论世事怎样瞬息万变，人们如何浮躁地追潮逐浪，它有一种任凭举世中风狂走，我自卓然独处的孤傲和镇定”[②]。哲学家威廉·詹姆斯说，真正的哈佛是一个无形的、内在的、精神的哈佛，这就是自由的思想与思想的创造。[③] 大学的物理特征如一座由不少大楼和设施组织起来的建筑群为所有人都可以直观到的客观实在，但是不同的人对其的认识是不同的，这就导致了大学使命认同及其守护的意义。世界名校何以伟大？不仅在于她们有一流的科学成就，更在于她们在大学使命的驱使下，具备了为民族为世界负责的精神意识并着力培养能够自觉对国家对人类以及对科学负责的各行各业领导风气的人才。凡大学都应该在大学使命的指引下运行，“没有这些价值

① 梁启超，蔡元培，等. 大学的精神[M]. 北京：中国友谊出版公司，2004：51.
② 同上注，2004：14.
③ 同上注.

观,我们就不能被称为大学了"[①]。

斯宾诺莎说,我们贡献这个大学于宇宙的精神。大学使命就是大学必须具有的一种宇宙精神,其最高原则就是把人才培养、知识创新、国家和社会乃至人类文明的发展进步高度的统一。

---

① 哈珀:是什么造就了一所伟大的大学[EB/OL].(2010-07-13).http://www.antpedia.com/html/32/n-82732.html.

大学的理性

在2009年应邀担任北大教育学院特聘教授之前，我先后应该院时任常务副院长陈学飞君和时任副院长文东茅君邀请到北大教育学院做过三次正式的学术讲座。这三次学术讲座分别是：2003年我在清华大学担任伟伦特聘访问教授时做的《好大学理念》，2006年我完成在加州大学伯克利分校访学研究回来后做的《大学的理性》，以及2009年从柏林自由大学访学研究回国后做的《高等教育强国：大学的使命与责任》。坦率说这三个主题的讲座都是我当时还不甚成熟不成体系的对大学的一些思考，之所以敢到北大去讲，就因为她是北大，而北大迄今依旧是思想和学术最为活跃且大度能容的大学。而学术民主和学术自由之学术风习，自蔡元培先生长北大之后已经积淀为北大深厚的文化传统。

这三个主题的报告自北大首讲之后，在国内诸多大学以及包括由中国高等教育学会主办的年会"高等教育国际论坛"在内的全国性学术会议多次应邀报告并反响强烈，研究成果在《教育研究》《教育发展研究》等学术刊物正式发表后亦受到学界很好的评介以及《新华文摘》等的转载。尤其让我感动的是，还曾收到一位过去甚少联系的知名学者的电子信件，称"读大作《大学的理性》，收获良多。也许是看得太入迷，昨天午睡睡梦中竟然与您在探讨这一话题，昨晚把中午没读完的部分读完了，今晨醒来第一个进入脑海的竟然又是你的思想。这种入迷是以前从未有过的……"对一个在著名学府有着教授和博士生导师头衔且在自己的研究领域已有一席之地的学术同行的这样一种褒奖，在受宠若惊后我当时产生的最强烈的感受就是为自己选择大学理性研究而十分欣慰。

为什么要讨论大学的理性问题?

曾经从媒体上看到这样的新闻,称 1998 年中央电视台请 107 岁的我国经济学之父陈翰笙先生为北大百年华诞说几句话,百岁老人沉默了半天开口道:希望大学办得像以前一样好!老人并非意指今日之北大不如昔日之北大,因为接着老人又道:大学教授不要去做官,教授要有著作,大学生要学好外语。诚实的老人所担忧的确实已是当下我国大学一个较为普遍的现象。早前也确有学者大胆地提出中国的最好大学在民国时期的结论,我记得这一观点在由北大、清华等共建的"大学文化研究与发展中心"于湖南大学内的岳麓书院组织召开的"中国大学文化百年研究"学术研讨会上有学者再次提出。对此结论我个人当然不能苟同,因为无论从办学条件、人才培养规模包括人才培养质量,以及科学研究的成果水平等来看,昔日中国之大学都不能也无法与今日中国之大学同日而语,更不要说今日之北大之清华了。那么过去的大学为什么那么让人们如此眷恋和怀念呢?为了回答这个问题,有必要先交代下面的故事。

2009 年 10 月 31 日,两件极有影响的事件十分巧合地发生在同一天,这就是钱学森先生去世和全国人大常委会做出了撤换教育部部长的决定——由此引发了人们对中国教育的许多联想。因为钱老多次面对总理批评我们的大学教育说:现在中国没有完全发展起来,一个重要原因是没有一所大学能够按照培养科学技术发明创造人才的模式去办学,没有自己独特的创新的东西,老是"冒"不出杰出人才。人们称之为"钱学森之问"。可是被撤换的教育部长周济院士似乎一直都不能或至少不完全能接受大学教育存在问题的批评。

据《中国高等教育》2009 年第 20 期朱清时院士题为《求解创新型人才培养的困境》的文章介绍,"2005 年,温家宝总理去看望钱学森时,钱老发出这样的感慨:回过头来看,这么多年培养的学生,还没有哪一个的学术成就,能跟民国时期培养的大师相比!"这句话比"钱学森之问"更使我感到震惊,因为钱老说出了许多人不敢说的话。新中国 60 年的大学教育与民国时期 38 年的大学教育究竟如何,谁好谁坏就怕比较。而朱清时院士作为一个科学家,善于用事实来说话,在指出新中国 60 年高等教育天翻地覆的发展变化后,他做了这样的比较:"在 1949

年以前,即民国时期共38年的时间里,高校毕业的大学生总数是25.5万人,平均起来则每年毕业的大学生不到7000人。而仅仅2008年一年,我国授予博士学位的人数就有5万多,数量上位列世界第一,是民国时期大学生人数的7倍。同年,大学生毕业的人数达到559万,是民国时期大学生人数的800倍左右。"他说:"高等教育的规模越来越大,也意味着受教育的人数越来越多,按常理,培养出来的拔尖人才、大师级人物应该越来越多才对。但现在的情况很尴尬,像李政道、钱学森这样的大师,却迟迟没有冒出来。"①

在中国有良知的大学校长不乏其人,但有讲真话勇气的大学校长似乎不多。在读到这段文字时,我对这位曾执掌中国科大校长大印10年之久,始终坚持不扩招、不建新校区且原生态接受教育部本科教学评估,号称"三不"校长的风范顿生敬佩之情。

然而,尽管有了钱学森先生的质疑和朱清时校长的数据事实,我以为对新旧中国的大学教育的得失兴衰、孰是孰非还需要全面论证,时下不必急于下结论。但由此启发我思考的另一个问题是:以前的大学是否有值得我们总结、借鉴、传存、弘扬的东西?如果有这样的东西,那么前面关于"过去的大学为什么那么让人们如此眷顾怀念"的问题就有了答案。我想这个答案就是:过去的大学按理性办学!譬如,担任清华大学17年校长的梅贻琦先生,就以科学家的眼光和态度强调治校的理性,主张以事实为出发来办学,注重求实研究的风气,倡导"沉潜治学、朴素无华、不尚标榜、不尚宣传、诚诚恳恳、实实在在地研究科学"。加之他自身有"寡言慎行、言必信、行必果"的为人风格,从而对清华形成严谨求实的文化传统产生了不可替代的影响。学者陈远在《逝去的大学》一书的序中写道:"过去的大学校长都有一种较高的自觉,那就是在一所大学筚路蓝缕的开创时期发凡起例创建制度之后,将自己置于制度之下而非凌越于制度之上,如北大的蔡元培、南开的张伯苓、光华的张寿镛。"②大学制度无疑是大学理性治校的产物。

再举大学人才聘用的例子,现在不少大学选聘人才有一个公开的规则:看重第一学历。你即便是博士学位获得者,如果本科学历不是所

---

① 朱清时. 求解创新型人才培养的困境[J]. 中国高等教育,2009(20).

② 陈远. 逝去的大学[M]. 北京:同心出版社,2005:1.

谓“211 工程”大学甚至是“985 工程”大学的毕业生,那么连参加竞争的资格都没有,一般地方院校的毕业生以及专科生学历背景的人就更是免谈了。这种以第一学历之“血缘关系”、“遗传基因”定人终身的“大学荒唐”有越演越烈之势,甚至于行政人员的招聘也援引此规则。不少地方大学甚至于地方学院也大言不惭地把“大学血缘”作为择人的必要条件。这是大学的愚昧还是理性?大学确实是需要学有造诣的人“执教从研”的地方,但我们知道一个人是否术有专攻、学有造诣并不完全取决于他出身于哪所大学以及是否有很高的学位。过去的大学就不这样,不仅不问英雄出身何处,甚至于只要有真才实学就不苛求学历。

在胡适先生的呼吁下清华大学初创时成立了国学研究院,其目的是培养“以著述为毕生事业”之国学专才,学科包括中国历史、哲学、文学、语言、文字学、音乐以及东方语言。国学研究院当时有四大名师,除赵元任先生毕业于哈佛大学并获物理学博士外,其余如王国维先生是两次乡试落第、16 岁时方中得秀才名分的“独学”者。可王国维学贯中西学问博大精深,在哲学、史学、文学、教育、文字、音韵、版本目录等诸多领域均有重大建树,当今有几人敢与他比肩?梁启超先生虽是清朝举子,也是一个没有什么大学正规文凭的自学成才者。陈寅恪先生固然 13 岁就出国留学,足迹遍布亚欧美多国,先到日本再考入德国柏林大学,随后又到瑞士苏黎世大学、法国巴黎大学就读,在美国哈佛大学攻读三年后,回到柏林大学研究院从事梵文和东方古文字学研究四年,于 1925 年回国任教。但是,有 20 年海外留学经历的他不仅没有博士、硕士学位,连大学本科文凭也未获取,可是他在文史领域的成就令今人无不自叹弗如只能望其项背。

所以陈寅恪先生留有如下美传。梁启超先生向清华时任校长曹云祥推荐当时还在海外游学的陈寅恪担任国学研究院导师。曹云祥问:陈先生是哪国的博士?梁启超答:他不是博士,也不是学士、硕士。曹又问:他有没有著作?梁答:也没有著作。曹于是道:既不是博士,又没有著作,这就难了!任公先生于是很生气地说:我梁某人也不是博士,著作算是等身了,但总共还不如陈先生寥寥几百字。[①] 20 世纪 30 年代

① 黄延复.清华逸事[M].沈阳:辽海出版社,1998:51.

清华校园有很多陈寅恪的趣闻,一说学生们在上"中国哲学史"课时,常常看到文学院院长冯友兰先生十分恭敬地跟着陈先生从教员休息室出来,边走边听陈讲话,直到教室门口才对陈先生深鞠一躬,然后离开。

萧公权先生在他的《问学谏往录》有这样一段话:我知道若干中国学者在欧美大学研读多年,只求学问,不受学位。史学家陈寅恪先生是其中最特出的一位。真有学问的人绝不需要硕士、博士头衔去装点门面。不幸的是有些留学生过于重视学位而意图巧取。他们选择学校、院系、课程,以至论文题目,多务在避难就易。他们得着了学位,但所得的学问却打了折扣。更不幸的是另有一些人在国外混了几年,回国后自称曾经某大学授予某学位。他们凭着假学位做幌子,居然在国内教育界或其他事业中混迹。①

过去的大学别具一格理性延聘人才的典型故事还有:梁漱溟是以一个既无学历又无资历自学青年的身份进入北大任讲师的。《梁漱溟评传》的作者称:此事"全赖蔡元培先生兼容并包的办学方针和不拘一格的选才观念之赐,堪称千古之美谈"②。蔡元培于上任当年就聘一个年仅 24 岁的既没出国镀过金又无国内大学之文凭的年轻人作北大教师并非随意,而是他从梁漱溟一篇叩开学术大门的处女作《究元决疑论》中看到了梁漱溟东方哲学的根底之深。在这篇论文中,梁漱溟提出:"欲得决疑必先究元,不揭示佛法的根本亦即解决本体问题,人生便无从谈起,因此所谓决疑也就应当以究元所得之真谛来认识和指导现实的人生。"③梁漱溟当然也没有辜负蔡元培校长对他的厚望,凭自己的学术功底当之无愧地成为名声赫赫的国学大师,并被称为"最后一个儒家"。当年比他还年长的学生如冯友兰、顾颉刚、孙本文、朱谦之等亦在他的影响下,日后成为大师。

此后,蒋梦麟校长把仅中学毕业的另一自学名家钱穆也纳入北大教授通史上半部,而与钱穆搭档教通史下半部的就是在国外留学 20 余年但只求学问不受学位的时任清华大学教授的陈寅恪先生,两人日后均为国学大师。

---

① 汪荣祖. 陈寅恪评传[M]. 南昌:百花洲文艺出版社,1992:32.

② 景海峰,等. 梁漱溟评传[M]. 南昌:百花洲文艺出版社,1995:26.

③ 同上注,1995:20.

著名教育学家顾明远先生曾经就是一个小学教师，钱理群先生也是中学教师。昔日大学都能不拘一格选人才，现在的大学为什么就不肯放下身段？这些所谓的著名学府且别说再也不会选聘中小学教师做本校教员，就连选聘比自己学术地位低的大学尤其是地方大学的教师来校任教都感到有辱门庭。难道是我们现在的学问做得比以前更深奥了，非名大学毕业者做不了了？可是此话又有多少人相信呢？一个浮躁的物欲横流的连一张安静书桌都难以放下的社会，能有多少人安于学问并做出有价值的学问？《大学》开篇就说：知止而后能定，定而后能静，静而后能安，安而后能虑，虑而后能得。做人如此，做学问何不如是？

综上事实，我们虽然必须承认著名大学其人才培养质量从整体而言当然优良于非名校，且不说其生源质量整体上就优于他校，但是属于极少数出类拔萃的杰出人物绝非仅有名校才能造就。更何况所谓的"211 工程"大学是否都好于未挤入这个特殊"族群"内的大学，恐怕也是未必，至少并不是所有学科专业优于非"211 工程"大学，这是绝对的事实。

早些年看到教育部出台了一条规定：部属大学的后备校领导的年龄要求不能超过 53 岁。我想不通为什么大学要刻意设什么后备干部？而且还有 53 岁上限的要求？美国大学既没有后备校领导一说也没有太苛刻的年龄限制，可是美国却产生了许多杰出的大学校长，并且也就是在他们的带领下美国产生了世界最多的著名大学。当然这已不属大学自身的理性问题。

以上可以说是我研究大学理性的缘由。回到本文的主题，首先要提出的问题就是：何谓理性？黑格尔认为理性是最完全的认识能力，是认识的最高阶段，只有理性才能揭示事物的本质，才能全面地、具体地、深刻地把握事物。我对理性有很简洁的概念：所谓理性是对认识主体而言的，对事物本质及其规律的一种全面的完整的认识和对规律的把握和遵循，亦是人们对事物价值做出正确判断及其守持的具体反映。而大学理性是人们关于大学及其发展的本质、目的及规律的科学思考和正确认识，理性使大学冷静思考、自主慎行、坚定使命、守持价值，这样大学的行为选择才会符合大学发展之规律并遵循其规律。

经济学界对理性有不同的看法，认为经济实体的发展只能是部分理性而不能绝对理性。比如风险意识对寻求发展尤其是突破的企业是难以回避的选择，而风险意识不属于理性的范畴。但大学毕竟不同于以利益最大化为目的的经济组织。再比如组织和个人的激情问题，大学当然也需要激情，可是大学的激情是在理性驾驭之下的激情。没有理性的驾驭大学的激情会出现什么问题呢？我一直批评1998年来很多大学充满扩大招生规模的激情，却缺乏注重人才培养质量的理性；扩招之后又充满不惜借贷巨款修建硕大无边、奢华无比新校区的激情，却缺乏按大学规律办学、按经济规律管理治校的冷静和理性。由此不仅人才培养质量下滑的问题已经产生而且呈日益严重之势，以至于2006年4月国务院不得不召开专门会议讨论高等教育规模的控制和质量提高问题，以至于时任总书记胡锦涛在清华大学的百年庆典大会的讲话主题就是强调高等教育质量的提高，而且由于负债累累使得诸多大学疲于奔命于建楼和发愁于还贷，无心于人才培养和知识创新。

若按是否遵循大学规律办学审视大学，我们则不能无视一些大学已经存在，并且渐趋严重的非理性办学的行为。大家知道，正是大学之社会作用的大而又大，大学的社会责任也随之重而又重，社会对大学的要求也高之又高。当我们用这样的视角去审视当前的大学在关注和追求什么，以及这种关注和追求又会对大学产生如何的影响时，我们不得不面对有不少大学已经有失大学风范、有违大学属性不能自觉抵御各种利益和权利的诱惑和干扰，做了不少大学不该做的事，同时又放弃了不少大学本应坚持去做的事而令人忧虑的事实。

曾经有位颇有影响的高等教育研究的资深学者告诉我，他在一篇高教随笔中发过这样的感叹：大学大了，大学累了，大学的学生认不得自己的校长，老师认不出自己的学生了。其实，我以为这只是大学问题的表面，更严重的问题是现在的大学究竟是学术“象牙塔”还是社会“大观园”？随着大学的社会性越来越强，大学不是也不能再是与世隔绝的“象牙塔”已成不争的事实，因为大学由于自己知识和人才培养之使命崇高而需要社会特别关照的那个时代已一去不复返了。但是，大学应当走出“象牙塔”是否就要变为谁都可以进去到处叫卖，谁都可以进去随处嬉戏玩乐闹哄哄的“大观园”呢？一些大学成了贩卖文凭的机构，有些大学收了人家的钱不给人家提供必要的教育，甚至把人家骗进来又无法给人家名副其实的学历文凭。君不见过去那些曾经激烈批评大学出售真的假文凭的著名大学的学者和大学领导人,现在自己也干起这种教育牟利的营生了。

说实话我真的不喜欢也不希望看到大学尤其是著名大学在各种小报包括电视、网络的缝隙边角去做各种招生办班广告,我以为那有失大学的风范和学者的风骨,不亚于沿街摆小摊叫卖的小贩。2003 年《北大教育评论》创刊时时任主编汪永銓前辈向我约稿,我提交的论文就是对大学的官本位、市侩作风、学术不端和大学的犬儒现象等等予以批评的《大学庸俗化批判》。我有一个观点:大学必须融入社会,因为大学存在和发展的唯一理由就是社会需要,但是大学绝不能被社会世俗所同化。为什么?20 世纪 90 年代初美国一个著名的未来学家托夫勒写过一本书《权力的转移》,那本书把权力划分为暴力、财富和知识权力三种形式。农耕时代以暴力为权力手段,工业革命后以财富为权力手段,现在是以知识为权力手段的时代。如果把暴力改为行政权力或政府权力,那么我们正处在政府权力、财富权力和知识权力三种权力混合存在并同时影响支配社会发生变化的时代。然而,在科学技术成为第一生产力的知识经济时代,无论是政府权力还是财富权力其行使方向和运行质量都是知识权力驾驭的结果。所以,知识权力在现时代及其未来都是最重要的权力形态。

大学是以储存知识、传播知识、创新知识、运用知识以及培养掌握知识的高层次专门人才为己任的教育和学术组织,从这个意义上说大学决定国家乃至人类的未来。所以我同意这种观点:大学教育是塑造民族精神的摇篮,支撑民族发展的脊梁,大学教育的失败,必然意味着一个民族的失败。因此,党中央、国务院在加强和改进大学生思想政治教育的文件中,把大学及其人才培养与党和国家的命运联系在一起了。

如果按大学应有的理性观照大学,大学存在的诸多问题是不能原谅的,因为大学是有理性的组织。因此,大学要回归本真的大学,首先就要回归科学理性的组织,这是大学自觉于科学发展的基础。这个立论的假设前提是:大学及其产品应是理性的结果,但由于外力和利益的驱使,大学并非都是理性的组织,从而导致其行为过程存在不少非理性问题。当大学忘记了急功近利、远离了浮华喧噪,就接近它原本的崇真求美向善务实(社会担当)的目标。由于观念决定大学的方向、文化是大学的灵魂、学术是大学的立身之本、管理是大学的效率保证,因此,大学的观念、文化、学术和管理理性更显重要。

在上面看似信马由缰的文字中，我实际已经回答了两个问题：一是“理性和大学理性”这两个概念的界定，其次是为什么要讨论大学理性。下面谈第三个问题也是本文的主题所在，大学需要哪些理性？

一、大学的观念理性

作为社会的一类组织，大学的行为并非自发，而是办学者意志的结果。因此，大学能否按其内在规律办学，首先取决于大学办学者、教育者怎样看待大学，即怎样看待大学的本质属性、大学的核心使命、大学的根本任务。如果连这些基本问题都不清楚或不想清楚，我们则无法真正把握大学的基本规律，更无法把大学导向科学发展的正轨？美国当代教育哲学家乔治·泰勒认为：个人的哲学信念是认清自己生活方向的唯一有效的手段。大学亦然。大学的观念理性是办学者对大学及其规律全面、具体、深刻的把握和对大学基本价值的认定，如果办学者对大学缺乏科学的认识，就不可能建立起符合大学发展规律的基本办学立场和方向。

大学的观念理性要解决两个层面的问题：一是正确回答大学是什么应该是什么？二是在此基础上回答大学应该做什么如何去做。坦率说，当前谁都在谈大学也在办大学，但我们谁又真正理解了大学并按大学的本真意义在办学？尤其是那些如雨后春笋般出现的民办院校。湖南师大前校长张楚廷先生在他的《高等教育哲学》中说到他一个熟悉的私营企业家由于挣到了许多钱不知道如何用这些钱去挣更多的钱，于是在朋友们的劝导下投资办了一所民办大学。这种办学的初衷就大错特错了。但是，这所民办大学后来办得非常好，因为他们把既是大学教育家又是大学领导者的张楚廷先生请去担任了 10 年之久的校长。江西有所民办高职院校因为侵害了学生的利益而引起学生集体抗议，该学院的董事长在做学生工作时赤裸裸地说：我们民办大学办学的目的就是挣钱，不挣钱我们为什么要办学？持这种远离大学本真的办学理念，根本就缺乏对大学使命及其责任的正确认识，连大学是什么以及自己的大学应该干什么都不明白，大学如何能办好？更岂能期待他办好以人才培养为己任的大学？

美国的私立大学系统一直以来整体强于公立大学体系，并非在于这些私立大学早于公立大学诞生，而是其投资人创办者如哈佛大学、斯坦福大学、耶鲁大学、麻省理工学院的投资办学者自始至终都未把创立大学视为自己未来牟利的手段。这是中美私立大学的根本不同。把大学视为以经济利益最大化为目的的企业，这是对大学的误识，由此大学也当然难免不误入歧途。

如果办学者对大学缺乏一种基本的信念和理性的把握，其就不会建立起符合大学发展规律的办学立场和办学方向。由于对大学基本属性认识的模糊，许多大学的发展方向和办学定位发生了迷失。譬如，大学普遍出现以经济利益最大化为目的的商业组织的急功近利倾向，从而不能正确处理数量发展和质量保证的关系；又如当前大学出现了比较严重的官依附和官本位倾向，以官的利益需要、官的价值诉求为行为取向，惟官是重，惟官是奉，惟官是从，惟官是大；再如，大学的高度趋同化和个性缺乏等等，均源于这些大学并不清楚或不想搞清楚大学是什么，甚至根本就不明确自己的使命和目标。

哈佛大学前校长洛韦尔说，在人类的种种创造中没有任何东西比大学更经得起漫长的、吞没一切时间和历史的考验。大学存在的时间超过了任何形式的政府、任何传统，以及法律的变革和科学的思想，因为大学满足了人们永恒的需要。大学何以具有如此超凡的稳定性？循着大学发展的历史轨迹探寻，中外学者获得如下的研究结论：大学始终坚持了自己"保存、传播和探索知识和真理；追求为人类之文明进步服务；无害人类并从未犯危害人类社会的致命的错误；主动适应和满足社会发展的需要"的使命和特征。前加州大学校长克拉克·克尔曾用三个"无与伦比"解说大学何以经久不衰：它在维护、传播和研究永恒真理方面的作用简直是无与伦比的；在探索新知识方面的能力是无与伦比的；纵观整个高等院校史，它在服务先进文明社会的众多领域方面所做的贡献是无与伦比的。

总体而言，大学的观念理性要解决如下几个问题。

1. *大学应该是什么？*

即大学的理念问题。有学者说大学之"大"，是大学之全面、普遍、高深、超越之意；大学之"学"，乃是精神、思想、探索、创造力之旨。如前所述,我对大学是什么有如下认识和坚持:大学是以追求、探索、捍卫、传播真理和知识为目的,继而负有引导社会价值观、规范社会行为之使命,对人类素质改善和提高、社会文明发展和进步具有不可替代之重大公共影响力、推动力的教育机构和学术组织,是"研究和传授科学的殿堂,教育新人成长的世界";大学是社会文明的一面旗帜,是人类社会的科学脊梁,人类社会的道德良心,人类社会的文化希望。大学的这一使命和功能本身就决定了大学这样的基本逻辑:它必须是一个充满理想主义的所在,在这里师生享有可以充分追求真理、激发思想、探索知识、发展能力的自由和空间;在这里,大学以自己天然的庄重、理性、自律、智慧和社会担当教人以庄重、理性、自律、智慧和社会担当;在这里,大学以理想主义的崇真、向善、求美、务实,教人并引导社会崇真、向善、求美、务实。大学之所以为大学,就是它代表着社会人文精神的高度,这个高度就是大学的理想主义,这使得大学与众不同。正因如此,大学才能成为胡适等大师所说的"心灵中的圣殿"。

2. 坚定育人为本的核心使命

近千年来,大学从教学这一传统职能,继而发展具有科学研究、社会服务的职能,可以相信随着时间的推移大学的社会职能还将有所发展,因为作为一个高度复杂的自适应组织,大学必须不断满足社会对它的需要,体现出它与时俱进的动态发展性。社会需要是大学存在和发展的唯一理由,满足社会的需要大学才得以永恒。无论大学的社会职能怎样发展,大学一个不变也永远不能变的基本属性就是育人,这是大学的统一性和特征不变量。从形式和条件言,现代大学当然已经不是钱钟书先生所说的那种"荒江野老屋中二三素心人商量培养之事"的地方,但人才培养依旧是大学永不能变的本质。放弃或不关心人才培养,大学就不再是本真意义上的大学。大学教育也应当以人为目的为人服务,这一基本属性决定了大学既不能是以权力架构及其行使为核心的官僚机构或其附庸,也不能是以经济利益最大化为目的的商业组织,而是以知识追求和人力资源开发为使命的学术和教育组织,决定了大学更应该体现以人为本、以培养学生为己任的核心使命。

然而遗憾的是,我们确实不难看到:大学对权势对金钱包括对政绩的兴趣远远浓于对人才培养之大学本分的坚守。如果大学受制于官僚和经济利益集团并且甘愿成为它们的附庸而不能坚持大学应有的风范和使命,那么大学不仅很难自觉承载推动人类文明和社会进步的责任,更不可能自觉于和执著于超越功利和世俗的有理想、激情、个性、道德,有想象力、创造力、负责任的社会新人的培养。大学的尊严和地位既来自立足社会满足社会的适应性,更来自于它自觉超越社会,成为社会前进之动力、之向导、之先锋的引领性。大学促进社会文明和引导社会发展方向,成为社会生活方式进化和民主改进之推动力量的作用,主要是通过一代又一代人的教育和培养产生的。现代大学的重建必须把人的全面发展放在首位。培养具有创新能力的人才,这也是大学落实科学发展观的首要意义。

3. 大学的科学定位

观念理性不仅反映在我们如何认识大学,也反映在我们如何为自己的大学定位。大学定位包括学校类型定位,水平层次定位,办学规模定位,特色定位。大学定位的基础首先是大学的历史和条件;其次是大学所处社会环境和社会需要,尤其是大学所处的区域经济社会的环境和需要;第三才是大学自身未来发展的目标。当前大学定位普遍存在趋同化的现象,无疑有社会和政府的原因,比如政府部门的评价体系单一,社会上的大学排行榜等都具有很强的导向作用。但就大学而言存在的问题是:不自信,很多大学没有信心就在现有的条件和基础下办出自己的水平;很盲目,不知道自己的方向和未来在哪里? 不知道什么应该有所为,什么应该有所不为;再就是急功近利,政绩意识不仅在官场有,在大学同样严重。一切“以大为荣”:大校名、大规模、大校园、大楼宇、大校门、大排场、大宣传等等,不一而足。最典型者就是大学的圈地运动,唯恐自己的新校园不够大,大楼不够宏伟壮观。不少大学假扩大大学规模使之形成规模效益之名,从而为圈大地举巨债修建超大新校区找借口。然而,大学的学生规模大并不等于就能形成规模效益,因为大学的“产品”是人,而人的培养“绩效”是以质量品质为最要而非以规模数量为目的。因此,大学的产出增加并不能完全以学生的人数多寡为唯一指标。更何况,如果真的用产出增加比例与成本增加的比例进行比较,我们的成本增加比例远远大于产出增加的比例是毋庸怀疑的。

美国高等教育系统不仅发达而且社会作为凸显,一个不能忽视的原因就是他们的大学分工及其责任界定非常清楚。美国高校分四大层次 7 类,其各个层次的大学都安于本分并坚持自己的特色办学。如霍普金斯大学坚持自己的学术优势,始终把目光瞄准世界科技前沿;加州大学伯克利分校坚持科研第一,教学第二;一些教学型大学如圣荷西大学始终把提高本科生质量、向当地社区开放为其服务,确定为自己的主要使命和办学方向。美国虽有3000多所高等院校,但提供本科以上教育的大学仅占1/3左右,余者均为社区学院。这些社区学院把自己生存发展的基础建立在社区服务之上,在学院发展、人才培养、办学特色等方面,无不充分考虑自己的办学层次、条件以及为当地社区服务的责任。美国高校同样面临资源竞争的严峻挑战,但所不同的是他们在市场激烈竞争中,并不是选择大而全、高而尖,而是持“不同的学校具有不同的基础、条件,必须从自身特点和条件出发,如此才能在激烈的市场竞争中占有一席之地,盲目攀高只能导致高不成低不就,终而被市场淘汰”的办学理念,这样一种共识使他们都能找到自己应有的位置,非常清楚自己大学的责任和位置也许正是美国高等教育得以发达的原因之一。

大学没有科学的定位会有什么问题呢?管理始于目标,没有科学定位就没有目标。最后的结果是大大学目光向下,小学校眼光朝上。似乎大家都昏头了,该努力于一流大学的不去努力于一流大学的目标追求,越办越大甚至连专科教育也不肯放过;低层次的“小大学”包括新成立或新升格的小学校,则不安于培养应用型人才现状,雄心勃勃拼争上层次上规模。这不是办学的本末倒置又是什么?不找准适合自己发展的目标,大学的社会作用不仅会大打折扣而且自己也会疲于奔命无功而返。

二、大学的文化理性

何谓大学的文化理性?大学有文化自识、文化自律、文化自觉是也。1936年哈佛中国同学会在哈佛大学建校300周年的一块纪念碑文中写道:文化为国家之命脉,国家之所以兴,由于文化。在20世纪90年代中期著名社会学家费孝通先生就提出了“文化自觉”命题,他指出:一个国家一个民族应当对生活其中的文化要有“自知之明”,明白它的来历、形成的过程,所具有的特色和它发展的趋向,以取得适应新环境、新时代文化选择的自主定位。国家如此,大学何不如是?大学文化有什么用?它使大学及其成员有历史感、使命感、归属感、责任感,它会告诉大学成员自己角色的意义及如何扮演好角色。遗憾的是,如果用大学文化本位的视角反省大学,我们不得不承认,除了如北大、清华、南京大学等历史名校,我们真的缺乏欧美大学那种让人感动、激越、震撼、升华的大学文化。为什么要强调大学的文化理性?

其一,大学本身就是负有传承和创造人类文化职能的,具有强烈的文化组织属性和特征的社会组织。我们不否认大学还有一定的政治属性、经济属性,尤其是当大学走进社会的中心后。但是整体而言,在大学体内流淌着的还是文化的血液。因此,大学的最重要使命是:做先进文化的研究者、创造者和传播者,代表一个国家一个民族先进文化发展的方向。文化是大学区别于其他社会组织的身份,是大学的灵魂。如果缺乏有生命活力的文化支撑,大学就只有外壳而无灵魂,没有灵魂的大学是大学吗?大学的恒久性就在于大学一直在以创造文化、传播文化满足着人们永恒的需要,并以文化影响和改造社会为己任。

金耀基先生在他的《剑桥语丝》中有一个感悟:大学是成长的而不是创造的。我坚持这个观点:大学是历史文化的积淀,绝非是一时一刻的一蹴而就。没有文化底蕴,大学就不再是真正意义上的大学。同时,文化也是大学赖以生存和发展不竭的精神源泉和精神动力。由此我们进一步推论:追求卓越的大学,如果缺乏卓越的大学文化,其永远不可能成为卓越的大学。我们不敢想象如果北大失去了“思想自由,兼容并包”的学术民主、学术自由的文化,她还是不是人们心目中的北大?清华大学放弃了“行胜于言”、“自强不息,厚德载物”的文化传统,清华就会是一个面目全非的清华。文化是赋予了大学独特个性的特征不变量,离开文化大学就不再有教育的发生,离开文化大学就不再有学术的生产,离开了文化大学就会千校一面毫无生气。所以,离开文化大学就不再是大学。

在欧美等世界著名学府徜徉,让人产生的一个很强烈的感受就是:若想知道大学的历史是否久远,你只要去看这所学校风格古朴的旧楼和伟拔不抱的树木。大学有两样东西是不能缺乏的,一是她的历史感,二是她的生命感。我们为什么喜欢北大、清华,就是因为她们有历史感和生命感。而这两样东西又不是独立存在的,有历史才有生命,有生命才有生气。同样是建筑,新大楼就不如旧楼屋更让人感到文化的亲切和厚重,新楼虽有现代气派却不有历史文化的沉淀,新楼虽豪华却难掩文化精神的苍白。而旧楼的生命是大学历史承接中一代一代师生的故事赋予的,尽管物是人非他们中的许多历史人物已不在人间,他们的轶事已经久远,但是他们的情感和精神以及他们的足迹和身影就像附着在煎煮了数十上百年浓茶的陶壶上的茶垢发出的茶香那样,已经浸透在这些楼屋家设之上并弥久不散,那是大学及其师生永远不能遗忘并能激励后来者的忆事。

大学的历史感、生命感不仅从旧大楼可以感悟,那些伴随大学一起成长的树木同样能让人感悟。加州大学伯克利分校最让我激动的景观是大学校园西入口处一片直冲云天的常绿巨木树林和一条流水不断依山势而下的"草莓溪",它们伴着大学一起走过了一个半世纪的风风雨雨,是大学悠久历史的记录也是大学生命活力的象征。在该校由克拉克·克尔创建的高等教育研究中心从事访问研究的一年间,每当我横穿过一条南北向的牛津街进入大学校园的西入口处,然后听着草莓溪的流水欢歌通过一座十分亲人的小木桥,顺着一条叫弗兰克·斯卡勒辛格的林荫小道进入这片称之为格林那尔自然生态区的森林时,我都会生出一种被这所大学无限强大生命力量拥抱的感动,在这里你会不由自主地放慢脚步去追忆去感悟这所大学的历史,去遐思想象这所大学的成长历程。我曾多次不由自主地踏入落满厚厚绵软树皮的树林间,选一段富有历史感的似腐未腐的粗大横木静静而坐,或抬眼仰望耸入蓝天的树木,或低眉与自由自在绕膝讨欢的小松鼠友好对视,其境其情无不让人心旷神怡,生出许许多多对生命的感动。在斯坦福大学的胡佛塔附近也有一片立有印第安人图腾的树林,置身其间你会感到一种充满哲学智慧的气氛。

大楼可以数月间平地而起,但擎天而立的森林则不是数年之功,它们与大学一起成长、成熟。念想于此,我对一些大学把几十年上百年历史的老校园变卖换钱置换新校区的选择实在无法接受,甚至为这些大学的文化无知、文化漠视感到耻辱。他们殊不知老校园岂止是可值一些钱的土地和楼座,它们还有从大学创生起就开始积淀起来的大学全部的历史、文化和精神,大学的生命和灵魂都是附着在与大学一起成长的校园里面的,校园是大学有生命的精神遗产,其价无比怎能如同商品一样定价出售?连老校园都卖了,大学还有什么历史的凝重和文化精神的继承?

说到此,不禁让人想起一个在网上传诵已久的关于英国牛津大学礼堂换梁的故事。1985年人们发现,牛津大学有350年历史的大礼堂有了安全隐患,20根巨大的橡木横梁已经风化腐朽急需更换。为了保持大礼堂的历史风貌,必须用同等粗细的橡木更换。经预算20根大梁需要500万美元,而问题是去哪里找如此巨大的橡木?在牛津大学一筹莫展为之焦虑时,学校园林管理处报告在牛津校园内有一片数百年历史的橡树林。那是350年前大礼堂建好时,建筑师就预见到了大礼堂未来维修需要同样粗细的橡木,于是嘱人种植了这片橡树林。在这个几世纪前就已作古的、在造楼之初就想到数百年后如何保存大学历史原貌的牛津建筑师面前,我们那些念念不忘要把前人创建的凝聚了多少代学人精神寄托和文化沉淀的大学校园卖掉换钱的校长,难道不感到汗颜和羞赧?

其二,教育是最充分、最有效的培养人的力量,而大学内在的不可替代的教育力量就是它文化的影响。大学文化具有神示、启迪、感化学生的作用,是一种以文化的形态或潜在的课程参与教育全过程,花力最小、成效最好的非强制性教育手段,是通过教育环境的营造,以一种不知不觉的、潜移默化的、润物无声的情感陶冶、思想感化、价值认同、行为养成的方式实现教育目的并影响教育的。

感受过历史名校浓郁文化氛围影响的人无不赞同,对学生真正有价值的东西,是这些学校周围的文化生活和环境。这就使我们获得一个结论:大学生是靠自己在所处的文化环境中积极主动的思维和感悟中学到东西的,而并非作为被动的被迫的听讲者学到东西。大学文化的价值就在于把具有强制性特征的教育外化为虽带有教育意图但却以学生自我教育的形式完成的大学环境,从而达到"蓬生麻中不扶自直"、"入芝兰之室久而自芳"的"不教之教"惠泽青年的教育效果。

作为教育者我们必须承认这样的事实:学校教育目的的达成与否及质量好坏,很大程度上取决于学校创设的教育环境,教育环境的品位极大地影响到学校造就的人的品质。杜威认为:成年人有意识地控制未成熟者所受的教育,唯一的方法是控制他们的环境,让他们在这个环境中行动、思考和感受。话虽有些绝对,但说明了环境对教育的作用。

教育存在的理由在于,青少年包括大学生的素质改善、发展、提高是不能完全靠自发完成即完全自我实现的。但是我们还必须认识到:教育能否产生预期结果不仅取决于教育者的外加作用,更取决于或最终取决于受教育者自身的内部接受。就是说,外来教育的效果取决于受教育者内化过程的质量。

其三,大学既是青年人追求真理的知识殿堂,又是青年人涵养精神的文化教堂,大学不仅传播科学知识和真理,而且培养文化精神和文化信仰。

其四,当前大学的发展和完善有三大内部问题必须认真研究:质量提高,文化建设,制度创新。如果说质量提高是大学的目标所在,制度创新是大学目标实现的法规保障,而文化建设则是大学质量提高和制度创新不可或缺的基础。在大学的自省中,我们已经认识到,大学应当有道德自觉、理性自觉和文化自觉。但是文化自觉无疑是道德自觉、理性自觉的基础,因为文化赋予了道德和理性应有的价值判断,只有文化自觉的大学才能觉他。

大学者,非谓有大楼之谓也,有学府文化之谓也!《易经·系传》亦曰:形而下者谓之器,形而上者谓之道。所谓形而下,指物理世界、物质环境即有形有相有术之物。就大学而言,大楼是什么?器也,形而下者是也!有钱便可建无钱可以借贷建。大楼不是不重要,但绝非大学的全部,更非大学的目的。大学之形而上即文化也。一所大学如果长期在器物层面上务实,在文化层面上务虚,仅有现代的大楼而没有大学文化应有的浸润,这样的大学不免浅薄,既不可能担负起培植全民族科学民主道德精神的使命,也不可能远离与学术追求和人才培育格格不入的急功近利、浮华喧嚣,从而接近它原本应当有的崇真向善求美务实的目标。没有文化的滋润养护,大学就不会安然于育人的本分并注重育人的质量。

曾子在《大学》一文开篇即道:大学之道,在明明德,在亲民,在止于至善。知止而后有定,定而后能静,静而后能安,安而后能虑,虑而后能得。大学之形而上即文化也。无文化之护养,大学何以明德、亲民、至善?无文化之滋润,大学何以能知、止、定、静、安、虑而后能得。哈佛、牛津、北大、清华何以魅力无穷、人才辈出?不就是它的特有的深厚的学府文化所使然吗?清华大学之所以造就如此之多的脚踏实地、求真务实的治国栋梁、科学大师、兴业俊才,并成为中国大学的光辉典范,其传承不息的“厚德载物,自强不息”及“行胜于言”的大学文化功不可没。大学建设之要,重在涵养其文化的底蕴。没有深厚的文化底蕴,大学何以能以文化教育人、影响人、改造人,以及创造出新的文化?

归纳起来,文化理性的重要性在于:一方面迫使我们要反思一些大学对市场利益和政治利益的过于追求而漠视文化使命和大学文化建设的倾向。若大学都热衷于迎合社会,重权势轻气节、重物质轻精神、重操作轻思想、重外形轻内涵、重现实轻历史,大学就会失之文化的厚重,不堪为社会的文化旗帜。大学必须有认识和坚持自己使命的文化自识和文化自律,只此大学才会有文化自觉,有文化自觉的大学才能成为社会的人文精神和道德榜样。另一方面在于,要高度重视大学师生人文素质包括国学素养的养成。这亦是20世纪90年代国家教育部何以提出“提高大学生的文化素养,必须提高教师的文化修养,更要提高学校的文化品味”之办学理念的理由。

三、大学的学术理性

大学是知识和智力的源泉,是学术研究的中心,学术即意味着知识和真理的探索、创造和传播。大学之所以神圣、庄严并受到社会的尊重、崇敬,就在于大学是学术的象征,大学也因学术而区别于其他组织。学术是大学的立身之本、生命之源,大学之文明首先就是学术之文明。重视大学的学术理性,唯此大学及其办学者才能全面、具体而深刻地把握大学的学术本质,并按大学的学术规律办学,从而建立起崇尚学问、崇尚知识、尊重人才、维护学术尊严的学术环境。由于大学以弘扬和发展学术为己任,因此,大学的学术理性包括学术自由、学术公平、学术道德理性以及学术传播即教学理性等。学术理性要求大学不仅关注学术的结果,更要关注学术发展的背景和过程。

1. 学术自由

布鲁贝克在他的重要著作《高等教育哲学》引用前人的成果指出,学术自由的合理性至少有三个支点:认识的,政治的,道德的。从认识论的角度看,强调学术自由的合理性其目的主要在于:“为了保证知识的准确性，学者的活动必须只服从真理的标准，而不受任何外界的压力，如教会、国家或经济利益的影响。”①永恒主义流派的代表性人物赫钦斯认为：“如果在一所大学里听不到与众不同的意见，或者它默默无闻地隐没于社会环境中，我们就可以认为这所大学没有尽到它的职责。”②无论是布鲁贝克还是赫钦斯他们关于学术自由之合理性、重要性的表述，其实就强调了学术自由为大学一种必需的学术理性。由于忠实于高深的学问需要尽可能广泛的学术自由，所以大学作为知识创新的学术机构其应该提供的是一切理性探究所必需的先决条件，这个先决条件就是学术自由。

学术自由的认识论基础是从 19 世纪的德国大学继承而来的。哈佛大学之所以卓尔不群为世界大学的学术领袖，因为她始终坚持：探求真理和学问是大学的核心价值。剑桥大学经久不衰的原因是她从未放弃“思想和表达的自由”。反思我们大学为何缺乏原创性学术成果，必要的学术自由的缺乏不可不咎。但是，正如洪堡指出的那样：大学的相对独立和学术自由并不是特权生活的保证，不是要摆脱社会约束和责任，也不是摆脱公民责任，而是为了献身学术事业，把我们的社会引向一个健康发展的方向。哈佛大学前校长博克在哈佛大学 350 周年庆典时，出于“学术至上”的考虑，拒绝了时任总统里根期望莅会并授予哈佛荣誉博士学位的要求，至今被传为佳话。一所不能坚持大学自治和学术自由的大学，则很难避免媚上、媚钱、媚俗，因此也就很难坚持学府应有的独立的品质。

2. 学术公平

没有必要的学术公平，大学就不能培植真正的学术精神，其教师也不会安于学术本位并忠诚于学术，结果自然就是学术的衰微。大学缺乏科学至上、知识至上的学术标准，必然导致学术是非真伪的混淆和学术公平丧失的学术非理性。譬如，为学术界深恶痛绝的学术庸俗化、学术腐败、伪学术及泡沫学术的成灾为患，以及导师教授漫天飞、博士硕士遍地跑的职称泛滥、学位贬值等问题，无不是大学没有或不能坚持应有的学术标准，常常以权、以钱、以情代“学”之所为。学术不公不仅抢

---

① 〔美〕布鲁贝克. 高等教育哲学[M]. 郑继伟，等译. 杭州：浙江教育出版社，1987：42.

② 同上注，1987：48.

占了大学有限的教育资源及学术机会，使得一些本应享有这些教育资源或学术承认、学术权力者，由于“劣币驱良币”而失去公平竞争的机会。如果我们不能严格按公平公正的学术标准去选择科学探索和知识传播的人并认定他们的成就，那么发展与传播人类文化科学的使命和学术荣誉，就会落到那些对于严谨的、不带偏见的探索性研究没有兴趣、并非倾心于最严肃学术事业的人身上。其对学术的伤害必将导致学术浮躁甚至学术的巧取豪夺。大学究竟是以学术、真实、客观为标准，还是以金钱、权威、人情为准绳？大学若一切都向钱看、向权看、向情看，大学若成为贩卖文凭、学衔及近亲繁殖、学阀称霸的机构，学术还会有什么尊严和质量？大学还会有多少人潜心学问？客观的学术标准是科学的最高准则，大学若以牺牲公平方式取悦学术的急功近利，不仅会破坏了学术应有的准则，而且会严重损害大学的长远学术利益。学术公平既是一种学术精神的体现也是一种学术制度产物，建立学术公平的环境，是大学成熟的一个重要标志，更是大学不可或缺的学术理性。

3. 学术道德

如果说法规是种外来的强迫，道德则是一种内部要求。在道德不能起作用时，我们求助于法规。作为一个以知识分子群体聚集的组织，在学术活动中提倡和弘扬该组织的道德自律是必要的。学术理性不仅需要学术探索的思想自由，同时也需要学术行为的约束，这种约束就是学术道德。在大学强调学术道德尤其重要。从大学产生至今，培养新人始终都是大学的主体职能，由此决定了道德影响和专业教育是大学同样重要的使命。早期清华大学的教务长潘光旦先生指出：大学的宗旨不止是教人做人、做专家，而且要做“士”，即承当社会教化和转移风气之责任的知识分子。大学之所以伟大并且越来越受到社会的关注，一个很重要的原因就是，社会始终都期望和相信大学之神圣，大学及其师生能够严格遵循人类社会的最高道德准则并且严格履行他们道德义务和责任。因此，即便在一个物欲横流的时代，大学仍以其追求和传播科学真理、树立和严守道德规范的社会形象，被人们视为一块社会净土和道德楷模。如果我们容忍大学及其成员存有趋炎附势的价值观、玩世不恭的生活观和放弃责任的道德观，其问题之所以严重，是因为它会传播一种不良文化观并形成一种与大学组织极不相符的不良学风，会对青年大学生以及社会带来一种不良的道德导向。

在德国大学，“为谋生而求学”是受人鄙视的，欧美学术界要求学者必须建立“学问具有一种内在的正义”之信念，阿什比甚至建议在学界应当实行像医学毕业生那样的“希波克拉底宣誓”。当我发现有大学公然在媒体做与实际极不相符的虚假宣传时，我想学术诚信不仅只是对学生和学者的要求，亦是对我们大学及其领导人的要求。没有诚信的大学岂有诚信的教育，没有诚信的教育岂有诚信的学生。所以大学确实必要扪心自问：在专业上我们有资格教育学生和影响社会，在道德上我们是否有权力教育学生和影响社会？如果大学追逐虚名不能自重自律，它能培养富有修养、胸怀博大、境界高远、诚实守信、自律担当的文化精英？

4. 教学理性

学术不仅意味着知识的探究、整合、应用，而且意味着知识的传播。学术是教学的支撑，没有学术的支撑教学将难以为继。事实亦然，只有通过学术研究才能培养出最优秀的人才。但是，过于重视学术成果会导致对教学的忽视也是不争的事实。现实中，我们教师确实存在把研究视为机会，而把教学视为负担的问题。大学不仅以学术的无限增长，更以青年学生的生生不息为自己生命的源泉和生命的活力。如果大学把培养学生放在次要的地位，岂不本末倒置了。据清华大学刘西拉教授早年的一项调查，当前大学生对整个教学环节“很满意”和“满意”只有5%，“不满意”和“很不满意”达53%；认为在大学苦读几年后，“能学到一点点”和“根本学不到”有用东西占79%。[①] 大学无法回避对此负有的责任。

其实，大学在教学方面存在的问题还不仅于此。首先，一些大学还未树立以人为本、以学生为本的办学理念，从而导致学校工作不以育人为核心。其次，培养目标不明确，缺乏根据社会对人才的素质要求研究设计人才培养的规格和标准。管理始于目标，没有明确的培养目标，就无所谓人才培养的质量。其三，培养模式比较落后。我们的课程体系设计没有根据时代的要求，未体现“人文与专业的结合，理论与应用的

---

① 冀文海. 我国高等教育持续滑坡 8 成大学生对高校教育不满[EB/OL]. (2001-03-28). http://news.sohu.com/84/01/news144430184.shtml.

结合,基础与前沿的结合,职业与管理的结合”的原则,缺乏从学生人格的完整性、知识的综合性、能力的发展性以及学科体系的系统性加以综合考虑;我们的教学制度设计和改革也未很好体现“有利学生的全面发展(共性)和个性发展(创造性),有利教学质量的保障和人才培养质量的提高”的目的。譬如,据另一项由中国教育与科研网关于“你对高校现在的课程设置和教材使用满意吗”的调查,12398 人参与近八成学生对教学质量不满意。其中,认为“比较满意,能学到有用东西”的 288 人,仅占 2.33%;认为“还可以,但不理想”的 2550 人,占 20.56%;而认为“不满意,很多东西与现实脱节”的达到 9556 人,占 77.12%。①

教育产品的质量,是在教育设计阶段决定的。教育设计不仅是培养目标、教学制度的设计,更重要的是教学内容和教学方法的设计。教学内容和教学方法通过确定教什么和怎么教,从而决定学生的知识结构和能力结构。就当前的教学方法而言,比较单一,缺乏多样性、效率性;文字教材“一统天下”,以教师为中心的传统的集中授课“满堂灌”和死气沉沉地照本宣科;缺乏科学实验、社会实践和科学研究、合作参与等环节,学生在教学过程中常常处于被动学习地位,不利于培养学生的独立思维、发散思维、批判思维和创造性思维,更不利于认识能力、实践能力、研究能力、管理能力、合作能力的形成和发展。有效的教学活动并不只是教给学生以知识,关键是在知识的传授过程中帮助学生启迪智慧、习得方法、形成能力,目的在于促进学生的健康成长、社会成熟和全面发展。

四、大学的管理理性

大学是以学科专业为基本单位,以知识传播和创造为目的,以个体智力劳动为特征的学术组织,其成果不仅难以用数量的标准衡量,其智力劳动过程中的独立性、自主性和创造性,还决定了该组织及其学者有学术自由权力。这就是说,大学是一个相当复杂的组织,同时又是一个

---

① 中国近八成大学生对教学质量不满[EB/OL]. http://news.eastday.com/epublish/big5/paper 148/20010402/class 014800014/hwz 351976.htm.

高度分权的组织。为了避免大学这一个性化特征极强的组织内部无政府化,加强科学管理是唯一的选择。认真考察大学现状,不难发现大学内部的管理疲劳已经十分突显,有些大学已经成为管理问题成堆的组织。按坚持全面、协调、可持续发展观的要求,大学必须从如下方面重视管理理性。

1. 决策理性

现在的大学在比什么?比谁的面积大?比谁的大楼多和高?比谁的大学校园更豪华更有宫廷气象?不是吗?笔者熟知的一所地方大学以为自己在器物条件上有诸多的全国第一似乎就可以成为全国第一,于是有了花费两个多亿打造的图书馆。不少大学的决策严重存在不严谨、不科学、不民主的随意性,缺乏严格的科学论证和多种方案的设计比较和选择。突出表现在当前广为社会关注的超大规模、超高投资、超常发展的大学圈地运动和新区建设方面,这些决策多是在大学缺乏对未来人口发展趋势、大学间竞争程度、地区经济发展要求,以及自身发展条件、发展能力、发展前景等进行充分调研和预测分析的信息缺失前提下,做出的有悖于可持续协调发展观的"重大"决策。

在实施高等教育大众化的进程中,不少大学有必要通过新区建设以改善办学条件,但是否有必要不惜贷款十多个亿甚至更多重建一个全新的大学校区?我们是否可以通过系统分析的方法,找到少花钱或逐步花钱同样担负好高等教育大众化任务的途径?一所充其量为四流水平的地方大学,有必要耗巨资修建一座超规模的大学新区吗?管理学的"木桶理论"告诉我们,木桶的最大盛水量取决于其短板。事实上,诸如学术水平、人才实力、社会声誉、历史文化等现实短板的存在,决定了一些大学即便可以以投入巨资的方式在极短的时间建成超豪华的校园,也不可能跨越大学发展的基本阶段速成为一流大学。大学毕竟是文化历史积淀的产物,大学有其自身发展的逻辑。由于不考虑协调发展,一些大学新区的许多投资都会成为无效的沉没成本,并且成为大学现在和未来不堪负重的负担。

2. 制度理性

有学者提出疑问:法律以理性为基石,道德以信仰为基础,在一个普遍缺乏信仰和理性的国度,如何能用制度去主导社会的均衡发展?其实正是在文化传统逐渐丧失道德信仰日益衰微的情况下,我们才更需要通过理性的制度来约束人们的行为,从而通过外律达到内律的目的。目前学术界引进一个术语:治理。任何组织都存在一个治理问题,时下的大学也不能例外。治理涉及一个基本问题:用什么制度设计保证大学的理念和目标能够实现。管理依据制度,大学亦然。缺乏调动并凝聚大学内部不同学术组织及其成员积极性并规范其行为的大学制度,大学则无法围绕着统一的目标有效率的运行。再好的大学办学理念都必须转化为具有治校法规效力的制度,方可对大学之治发生根本作用。

当前,大学存在严重的制度失效或疲劳问题,如在计划体制下形成的人事制度已经严重制约了大学人才竞争和整体优秀,包括人力资源在内的资源配置和管理的随意性,重大决策的非科学性和非民主性,教学制度的陈旧落后等,不一而足。因此,大学管理制度创新迫在眉睫。由于制度设计与制度设计的假设有十分密切的关系:如从一个好人出发,会出现一个坏的制度;而从一个坏人出发,则会出现一个好的制度。据此原理,我们有必要放弃现行的大学制度中隐藏着的一个假设,即大学职能的特殊性决定了大学天然就是一个纯洁的组织。

当我们认识到大学制度的不足,大学制度的创新就应该建立在如下假设的基础之上:(1) 政治上:失去学术权力制约的行政权力对大学自治和学术自由具有破坏作用;(2) 经济上:人是自利的包括大学人尤其是大学内部持有权力的人;(3) 组织上:过度的自由或放任管理只能以失去理性和效率为代价。其实,大学的基本属性并不能保证大学天生就是一个好的理性的组织。因此,大学是一块净土的观念是极度危险的。为什么?大学已经受到来自政治、市场和社会的过度干扰;大学领导人的产生机制导致他们更多地是对上负责而不对大学自身及其师生负责,尚未改造成熟的官僚体制致使大学内部的既得利益者不能也不会自觉放弃过度的行政化,而且不会也不能放弃对上的依附奴性。大学内部只有通过规范其自身行为的诸如《大学法》、《大学章程》等制度,才能自觉于管理过程中的逻辑和理性,并抵制或尽可能减少来自外部的干扰。

3. 成本理性

大学是需要消耗足够资源才能维持和发展的事业,因此,教育经费不足成为掣肘大学发展的瓶颈,并成为世界范围内包括哈佛、牛津这样的世界一流大学也不得不面对的难题。在经费有限的情况下,各国大学即使最富有的大学都形成一个共识:一所追求质量的大学关键在于对所使用的资源负责。正是对资源来之不易的格外珍惜,欧美大学在资源的分配上有一套完整的先评估再分配的科学制度,不仅在资源配置上采取有所为与有所不为的理性选择,而且从制度上决不允许挥霍浪费资源或资源使用效率不高现象的出现。相较而言,我们大学的资源分配就随意的多了,各种财务管理松懈不说,浪费和漏洞也不少。由于缺乏成本意识和经济管理,大学已经成为在管理中最不计较成本与效率的很浪费的组织。科学发展观的一个重要特征是长期利益最大化,而大学无视成本效益计算的选择暴露出来的,恰恰是不对历史和未来负责的短期利益最大化的问题。

在所有的组织中,大学是一个开放的与外界有不断人财物和信息交换的复杂科学系统,也是最有智能优势的组织。但我们却不知道如何为大学找到既保持开放所需要的社会资源又保持学术应有的独立的运行方式。我们之所以对大学不满意,并时有大学不应该这样的感觉,事实上确实是,如果按科学发展观审视大学,大学存在的诸多问题是不能原谅的。因为,大学应该是有科学理性的组织。

高等教育强国：大学的使命与责任

2002年教育部专门成立了一个“中国教育与人力资源问题报告课题组”，这项为时6个月完成的宏大的研究报告的主题就是：从人口大国迈向人力资源大国。基于人力资源开发与高等教育的密切关系，高等教育强国的概念随后由中国高等教育学会周远清会长作为一个重大研究课题提出并引起政府高层和高教界的高度重视。毫无疑问，这是认识和观念上的一个飞跃，而中国是最需要观念突破的国家。观念有什么用？观念可以改变历史的轨迹。

如果为我国改革开放30多年来天翻地覆的巨变寻找源头的话，毫无疑问就是“实践是检验真理的标准”的提出。没有这次意识形态问题大讨论带来的思想大解放观念大突破，很难说中国的改革开放还要滞后多少年。我们每年都要纪念“五四”，因为对中华民族而言，那是一个里程碑式的日子。正是这场思想启蒙和新文化运动，带来了中国对科学对民主的崇尚追求和思想观念的彻底解放。

亦如科学发展观从价值选择和思想指引上对我国社会经济发展所带来的深远和重大影响一样，我们期待在“建设高等教育强国”观念的引领下，中国的高等教育会迎来一个新的健康发展的春天。

在参加由中国高等教育学会与浙江省政府联合举办的主题为“高等教育强国”的高等教育国际论坛中，我思考的第一个问题是：什么是“高等教育强国”？这是建设高等教育强国必须明确的一个基本概念，否则建设高等教育强国无从谈起。所以对高等教育强国之内涵、本质、特征及其指标体系等基本问题的讨论，对本届大会而言尤其必要。我以为在这种讨论中,应当对"高等教育强国"概念建立如下的认识。

其一,由于所谓强国、弱国是一个国际比较的概念,自我闭锁不做国与国的比较就无所谓强和弱,也难以判断谁强谁弱,因此"高等教育强国"概念的建立必须以世界为背景为参照系。

其二,"高等教育强国"绝非是一个高等教育数量规模的概念,而是一个高等教育质量的概念。否则,我们有不少高等教育的绝对数量指标已经处在世界的前端,据此我国之高等教育强国就已经是事实,无需再强调什么建设。比如,据教育部、卫生部联合举办的国庆60周年成果发布会上教育部郝平副部长的介绍,以SCI数据库统计按科技论文数排序,中国自2004年以来,一直排在仅次于美国、英国、德国、日本的世界第五位。由于各种媒体包括中新社都报道成了"目前中国高校科研能力世界第五",从而引起了海内外社会的广泛争议。我查了郝平副部长答记者问的原话,他只是说"创建世界一流大学计划启动以来,中国高校的科研能力不断提升",并未提"中国高校科研能力世界第五"。

据美国信息科学研究所基本科学指数(Essential Science Indicator)数据库2009年11月1日最新数据显示,中国科学院过去10年(1999年1月1日至2009年6月30日)发表SCI论文数123593篇,首次超过俄罗斯科学院(123480篇),跃居世界科研机构和大学第一名。美国哈佛大学(97011篇)、德国马普协会(70336篇)分列3、4名。总引用次数方面,中科院以775040次,在全球排21名,在全国科研机构、高等院校则高居榜首。11月2日,据汤森路透集团发布报告——《全球科研报告:中国》(*Global Research Report: China*)称,中国的科研产出量近年来发生了爆炸性增长。自2004年以来,中国的科研产出翻番,速度远远超过了其他国家。以这一速度发展下去,中国将会在下一个10年赶上美国。这份报告是汤森路透集团《全球科研报告》系列的一部分,该系列描绘了全球科研的变化图景。中国的科研产出从1998年的两万多篇论文增加到2008年的接近11.2万篇论文,自2004年以来科研产出发生了翻番。中国在2006年超越了日本、英国和德国,目前仅次于美国。

我以为一个成熟的国家是不可能把科研论文总数与科研能力划等号的,因为,如果真这样也不会有人相信。

其三,“高等教育强国”不只是“条件拥有”的概念,更是一个强调“对外输出”也即衡量贡献尤其是对世界作出贡献的概念。从一些已经为高等教育强国作出卓绝贡献的世界著名大学的使命陈述,我们也看到对高等教育贡献的强调。如剑桥大学其使命是:通过对卓越的教育、知识追求和国际最高水准的科学研究为社会作出贡献。约翰·霍普金斯大学的使命是:通过教育培养学生终身学习的能力,独立的和原创性研究的能力,并把发明发现的利益带给世界。耶鲁大学创校时的使命为:为国家和世界培养领袖。后来才修改为:保护、传授、推进和丰富知识与文化。

其四,不能将“高等教育强国”概念复杂化。在建设世界一流大学的讨论中,学界对“世界一流大学”进行了诸多的讨论,并设计了诸多的指标以确定什么是世界一流大学,以至于让人眼花缭乱而无所适从。其实世界一流大学是个十分简单明了的概念,就是由一群世界一流的教授吸引了一大批世界一流的学生,在世界一流的办学理念和办学条件下,培养着世界一流的人才并从事着世界一流的科学研究的大学。借此启发,“高等教育强国”概念可以简化,其主要强调一个国家其高等教育为人类文化生存环境的改善和人类生产和生活方式的改变作出的积极贡献。为世界作出贡献就必须为本国家本民族作出更大的贡献,这就是“高等教育强国”的基本内涵。“建设世界一流大学”成为近年许多中国大学提出的口号,中国大学离世界一流大学还有多远?世界银行高等教育主管 Jamil Salmi 2009 年 11 月 6 日在纪念清华大学教育研究机构成立三十周年暨教育研究院成立大会上所作的《建设世界一流大学的挑战》“非主流”演讲,提出的“精英集中、资源充足、管理优秀”的一流大学特征及影响因素,让许多中国高等教育研究者深思。他的这份研究报告已经在世界许多国家产生热烈反响。

其五,由于高等教育以知识积累、传承和创新,以及通过知识创新和人才培养服务社会为己任,因此,高等教育强国应该是知识创新和杰出人才培养的世界中心。

我思考的第二个问题是:为什么要“建设高等教育强国”?回答当然是“高等教育能够强国”。因此建设高等教育强国就不再是一个口号并只停留在观念的层面,而是一项必须的国家行动。作为这项行动最重要的参与者,以实施高等教育为己任的大学就不是旁观者。大学在建设高等教育强国中,肩负着其他任何组织都不能替代也无法替代的使命和不可推卸的责任。

基于这个立场,我以为大学要自觉承负起建设高等教育强国这样一个历史赋予的重大使命,有两个问题必须引起大学自身的高度重视。

首先,必须认识到大学在高等教育强国中的极端重要。科技发展史显示:世界科技中心转移与世界高等教育中心转移循着同样的路径,这说明大学对科学技术进步的作用。在过去的近千年我们看到,哪里有一流大学的兴起,这些大学所在的国家就会在不长的时间内成为世界强国。意大利的文艺复兴,英国的政治民主和工业革命,德国科学技术的飞速发展,美国经济强国地位的建立,等等,无不有其当时世界一流大学的支撑。由此见,大学对国家对社会发展的重要性,这种重要性在知识经济时代不可替代,并使大学成为国家实力的象征和国家事业的重要组成。

在知识经济时代,大学已经成为国家实力包括硬实力和软实力中不可或缺的重要组成。2005—2006 年我在加州大学伯克利分校做高访研究时有一个发现:美国如果没有大学的支撑,尤其是失去了一批研究型大学的支撑,美国就不再有人才优势,继而就不再有科技优势,没有科技优势美国就不再有经济优势,最后必将失去其大国优势。美国加州如果是一个国家,它的经济实力一直名列世界前十位,曾经一度排在世界第五位,其原因就是一批诸如斯坦福大学、加州大学伯克利分校、加州理工学院等一批世界著名大学支撑的结果。据 MIT 斯隆管理学院的统计,把其校友和教师创造的公司组合在一起,其经济实力总和在世界排名第 24 位。美国根本就是一个高科技的国度,它有太多的改变了人类生活方式和人类生产方式的发明创造,最重要原因就是美国拥有太多的世界一流大学。从美国强盛是大学造就的事实可以得到结论:“大学对国家的兴衰成败至关重要”,而且这种重要性随着科学技术进步对人类社会影响的越来越大而必将越来越大。一个不重视大学在经济社会进步发挥其作用的国家,毫无疑问是没有国际竞争力的国家,也是不有未来前途的国家。这个结论似乎很简单,但认识之并实践之并非易事。

2009 年我在柏林自由大学从事德国大学内部资源配置的研究时,认真思考了 20 世纪中叶以来德国大学何以落后于美国大学的问题,于是我又有了一个新的发现:美国的国家战略中有一个隐藏的战略,那就是利用卓绝大学吸引世界最聪明的年轻人,然后利用优越的工作条件和优厚的生活待遇把这些高智商有发明创新能力的人留在美国。随着我们民族在改革开放中的不断成熟,我们终于承认诺贝尔科学奖的客观公正性和权威性,不再有"摘不到葡萄就说葡萄是酸的"自我安慰了。于是开始了对诺贝尔科学奖的重视,这种关注使我们发现:二战后美国的诺贝尔奖获得者中很大一部分人是外国人。如迄今为止已有8个华人科学家获奖,分别是李政道、杨振宁、丁肇中、李远哲、朱棣文、崔琦、钱永健及高锟,但他们获奖时无一例外都是美籍华人。2009年生理学或医学、物理学、化学三大奖共有9名科学家获奖,8名获奖美国人中5人是美籍外国人。基于事实,2005年7月21日约翰·霍普金斯大学校长比尔·布罗迪在国家科学委员会题为《美国的竞争力:创新的挑战》的演讲中坦承:外国公民对于美国的高新技术产业是何等重要。在美国大学有关工程和计算机科学专业的在校本科生中,外国学生几乎占据了一半。超过35%的工程和计算机科学的大学教师是外国科学家,并且几乎是我们整个科学和工程劳动力的1/3。

据《中国青年报》2008年9月8日报道,据《美国大学博士学位获得者综合报告》对2006年度全美45596名研究型博士学历背景的分析,输送美国博士研究生最多的三所大学是:清华大学571人,北京大学507人,加州大学伯克利分校427人。此外,我国还有复旦大学、中国科大、南京大学、南开大学、上海交大都在150人上下。由此透露两个信号:其一,美国大学以其人才培养的高质量毫无疑问对世界杰出青年尤其是我国优秀青年具有巨大的吸引力;其二,我国的研究型大学还不具备与美国著名大学对优秀人才的竞争实力。

也许大家还清晰记得上世纪,我们常说21世纪是中国人的世纪,可是到了21世纪我们基本听不到这种话了。为什么?对此香港中文大学金耀基先生做了回答:"我不知道这句话的根据在哪里。在我看来,要想使21世纪成为中国人的世纪,中国必须要有几十所世界级的大学。"①事实上,随着知识经济时代的到来,世界各国无不把大学的强弱视为国力强弱的重要标志,把大学实力的竞争视为民族实力的竞争。

① 金耀基.大学之理念[M].生活·读书·新知三联书店,2001:154-155.

作为一个有几千年历史、人口占世界五分之一的泱泱大国,我们想当然也应该对国际社会发出有影响力的声音,但其前提是国力强盛,而国力强盛的前提是大学强盛。我们看到一个残酷的现实:在国与国的激烈竞争中,败下来的无疑是那些科技落后的国度。因此,我同意这种观点:大学及大学教育的失败,必然意味着一个民族的失败。伟大的大学,是对人类社会负责的大学,而对人类社会负责的大学,其前提是对国家对民族负责,能为自己的国家和民族作出贡献的大学,这样的大学才是对世界对人类有贡献的大学。上述讨论我们看到:大学在高等教育强国中多么的重要。

其次,建设高等教育强国大学应该自觉做些什么?大学不作为,高等教育强国就会失之大学强有力的支撑而无从谈起。大学对建设高等教育强国的不可替代决定了大学应当有如下的自觉。

(1) 自觉坚守大学的追求知识及其贡献的核心价值观尤其是对国家负责的价值观。如今我们说到大学、说到教授、说到大学校长、说到博士,还会有以往一样的肃然起敬和敬畏吗?显然今非昔比也!当然这与过速的高等教育数量增长有一定的关系,但更重要的原因是我们不少大学已经不像大学,他们偏离了大学追求知识和真理的基本属性。所以有学者批评道:大学怀抱着躁动不安的功利之心,一天到晚以非科学、非学术的心态来回折腾,既不大可能在专业上出什么大成果,也失去了大学应该守护的核心价值,成为失去灵魂的空壳。这样的大学怎能受到社会的尊敬?这使我们回到一个古老的话题:我们谁都在办大学,但有谁真正理解了大学?

我们说大学要走出象牙塔,因为社会需要是大学存在和发展的唯一理由。从社会需要这个大学发展规律来看,大学经历了从“被动满足社会需要”到“主动适应社会需要”到“引领推动社会需要”的三个阶段,但这个“社会需要”究竟是一种什么需要?大学从敬畏学问的学府到出售文凭的学店的变化是不是一种社会需要的产物?在一个物欲横流过于追求急功近利的社会,要求大学尤其是研究型大学必须一定程度地回到象牙塔是十分必要的,否则大学就非是大学,校将不校,学将不学!

现在我们有相当一些大学不仅不自觉于高等教育强国的努力,甚至缺乏对国家负责为国家分忧的意识,有些大学老是给国家添麻烦,导致国家不得不花很大的力气来处理大学不断冒出的问题。当然这不全是大学的原因,但大学自身的问题还会少吗?现在一些大学不仅过去做了而且现在还在做一些大学不该做也不能做的事情,并放弃了一些本应自己必须坚守的使命责任。原因就在于这些大学丧失了自己的核心价值观,尤其是对国家负责的使命。比如我们很多高校把大量圈地修建新校区称为"抓住了机遇"。什么叫机遇?钻政府尚未认识到一项活动其未来的危害性而未加以有效控制的空子就是"机遇"?如果该活动是正确的国家为何不继续加以鼓励和支持?这种所谓的"机遇意识",其实就是一种具有强烈理性要求的大学必须坚决杜绝的投机意识。修建新校区以改善大学的办学条件是必要的但也需要量力而行,不能盲目征地和铺张浪费,更不能从中贪腐谋取集团和个人私利。

大学的所作所为尤其是重大决策,决不能想到自身的利益尤其是急功近利,应当以国家和民族的长远发展和利益为依据。大学决不能因为可以借钱而且这些钱或许不需要自己还,就借尽可能多的钱去买一双远比自己的脚还要大的"鞋"。因为,大学决不能做"江山留与后人愁"的任何事情,因为大学是最不能仅仅代表自己和满足自己需要的、且不允许犯任何错误的理性组织,大学有着较之其他社会组织更多更强烈的国家和社会责任担当,坚持和谋求国家与社会的利益并为国家和社会服务,必须成为大学不能动摇的意志和行动。大学完整的使命价值,应该体现在注重知识发现和传播的理想与注重国家社会进步和改造的完美结合中,这是大学办学者、教育者必须持有的一个基本认识和现实态度。只有这样的大学才会自觉于在科学发展观的指引下,按大学发展的规律办学,按人才成长的规律教学,按科学管理的规律治校。

(2) 自觉正确处理好精英教育与大众教育的关系。高等教育的大众化不仅解决了国家产业结构调整和经济社会发展对更多人才的需求问题,更重要的是解决教育公平的问题。但高等教育的大众化不能以牺牲精英教育为代价。高等教育强国的特征之一,既表现在全民族成员普遍素质的提高,更依赖于精英人才、杰出人才对社会进步的引领和带动,一个缺少精英的国家对世界决不可能产生影响力感召力。所以建设高等教育强国,决不能以牺牲精英教育为代价去实现大众化教育。就目前情况看,我们已经比较好地解决了让更多人接受高等教育的问题,但在提高人才培养质量尤其是杰出人才培养方面,问题却日益严重。

在科学研究和人才培养方面,当前一个令人忧虑的问题是,我们的研究型大学缺乏向一流大学和高水平大学努力的动力,热衷于低层次的办学甚至热衷于以营利为目的的种种办班。而应以培养实践应用型人才为己任的高校则无视自己的办学历史和条件,不安于本位好高骛远,如高职院校急于升本科,一些充其量三四流的地方大学把目标锁定为世界知名、国内著名的一流大学、高水平大学、研究型大学。而哈佛大学、耶鲁大学等培养世界精英的大学却把本科生教育视为学校的立身之本。不同层次水平大学的职能、目标的如此错位,难怪有人嘲讽"教授热衷于四处赚钱越来越像商人,而商人钟情于著书立说越来越像教授",由此导致精英教育和大众教育都受到伤害,建设高等教育强国的理想自然也就会落空。加州政府认为其经济社会发展取得如此成效的最重要原因,很大程度源于自20世纪20—30年代构建的研究型大学、教学型大学和社区学院三大公立高等教育体系内的高等院校都安于本位办学所作的贡献。

由此我们得到可资借鉴的经验:建设高等教育强国,不同层次不同类型不同水平的大学都必须坚持自己办学的定位,正确处理好精英教育与大众教育的关系,担负好自己应有的使命和责任。

(3)自觉改变人才培养模式,努力培养创新人才。这是当前我们大学很紧迫的且绝不能掉以轻心的事情。然而遗憾的是,当我们的总理和诸如钱学森等大科学家都为杰出人才培养焦虑时,我们的教育部门和大学不仅没有危机感相反还以为在这方面已经不错了。而实际情况是在人才培养这个主体职能上,不少大学发挥的作用不理想,人才培养质量不高,尤其是缺乏培养杰出人才的问题严重。

纽曼在《大学的理念》一书中说:一所大学就是一个群英汇集的殿堂,天下各处各地的学子到这里来,以寻求天下各种各样的知识。可是我们的大学有招收越来越多学生的激情,却少有把他们培养好的理性和责任。有大学生自嘲道:我背了一麻袋钱上大学,换回一麻袋书,毕业了用这些书还换不回一条麻袋。这虽有些言过其实,但通过走进大学来实现"知识改变命运"的金光大道似乎已经今不如昔。如果长此下去,选择大学的青年人是否还像从前一样充满热情、充满理想?2009

年参加高考的应届毕业生首度减少且有几十万之巨，除高中应届毕业生人数自然减员的原因外，是否与大学人才培养质量下降并影响了毕业生的顺利就业多少也有一定关系？近几年来又一波出国留学热潮已经到来，与上一波留学潮不同的是，外国大学这次瞄准的不是我们考生的钱了，而是那些富有发展潜力的聪明的年轻人。教育进展国际评估组织对世界21个国家的调查显示：中国孩子的计算能力排名世界第一，而创造力却排名倒数第五。[①] 基础教育如此，大学教育亦然。可是我们什么时候认真反省过自己为什么难以培养出有创造力的学生之问题？

科学发展观其本质就是以人为本，大学是最需要坚持以人为本的组织。可是我们大学的心目中有没有学生？外国大学代表团来访问，我们的大学领导最得意的事就是把他们带到新校区去参观，并播放自己引以为自豪的从理念到制度到办学条件都充分得到展示的宣传片。可效果如何呢？人家看过了参观过了只说一句话：中国大学什么都有，唯独没有对人尤其对学生的关注。更有甚者，有所地处中部经济还相对贫困地区的省属师范大学，其党委书记自己好养鹿、养松鼠以及养各种野禽之类，把大学校园改造得如供人玩乐的皇家庭园不说，还特喜欢自我陶醉在此种"治校"成就感中，凡有来访中外贵客尤其是上级领导无不带着他们闲庭信步其山径、湖畔、渠旁欣赏其"办学治校"之杰作。为了防范"别有用心者"毒害他的爱禽宠兽，建立了一支隶属于校保卫处专门守禽护兽的队伍，并豢养数只凶猛之巨犬昼夜守护之。这位被师生颇多嘲讽的书记心中尽是"飞禽走兽"，还会有多少心思放在学生身上呢？

如果坦承我们与世界著名大学在人才培养方面存在差距的话，最大的差距就在于我们缺乏以生为本和关心学生成长成熟成才的使命责任感及其办学理念，比如我们热衷于好大喜功、轰轰烈烈的所谓政绩和急功近利却无视学生安于学习、教师安于教学的需要，我们热衷于大众化教育却淡化了培养精英的意识，我们有扩大招生规模的激情却缺乏培养质量的理性，我们似乎强调系统知识的传授却忽视青年人创新创业包括实践能力的培养，我们只有一成不变居高临下的一统性要求却

① 孙武臣.是什么束缚了想象的翅膀[N].光明日报,2009-08-20.

甚少学生个性自主发展的空间,我们的教育是教你怎样按别人想的去想,而人家的教育是叫你按自己想的去想,我们似乎重视学生培养却甚少关心是否培养好了,等等,就是这些使命责任和办学理念的差距可能导致我们输掉大学教育。考察大学教育,我们确实存在由于对学生主体地位、主体要求认识不足而导致对他们过分限制的问题,缺乏从学生身心健康出发为他们创造有利个性发展的选择自由。

在多次赴欧美著名大学访学研究的过程中,我发现一个严峻的事实,那就是有创新潜能的优秀人才一定向往并追求能培养精英型创造性人才的大学。现在的有强烈求知深造欲望的年轻人如当年的杨振宁、李政道先生到美国去追求大物理学家费米、爱因斯坦等一样,无不渴望并努力跻身于世界名校,这是"大学的马太效应"和大学的教育规律使然,在开放的世界谁也无法改变。我们不能改变规律,但可以改变自己的大学,可是如果我们不想致力去改变大学人才培养的现状,那么难以留住最有才华和发展潜能的人才的状况也就难以改变。

(4)为了切实履行建设高等教育强国的使命,大学必须自觉把更多精力放在学科建设和科学研究的责任担当上和高质量人才培养上。大学要让大学里的学者和学生安于学问、热爱学问、忠诚学问并献身学问,这既是大学的本分也是大学对国家负责的资本。即便处在社会浮躁的环境中,大学也应当有足够的清醒和理性,知道自己的使命和方向所在,不仅能自觉坚持和守护大学的学术属性和办学原则,而且有意识有力量有制度唤起和保护学者、学生对专业对学问追求的真正兴趣和热情,使他们不受学问之外种种利益的干扰和驱使,安于在实验室和书房里做淡泊名利、宁静致远的学问。否则,大学就难以承负民族科学脊梁之重。这是不言自明的事实:如果我们失去了国家科技竞争力,我们则无法与世界强国竞争;如果我们在科学技术上追不上科技强国,在经济上我们就无法与人争胜。由于国家的科技竞争力很大程度上取决于大学的科研和创新能力,而大学的科研和创新能力既来自学者自身的学术潜力,更来自他们对科学的执著和追求科学的殉道精神,以及大学为此创造的精神、制度和物质环境。为此,大学有必要认真审视自己是否真正建立和改善了尊重知识和人才并有利于吸引人才和发挥他们科研积极性、创造性的学术环境,而学者亦应当反思是否把心思和精力真正放在科学研究上而非追名逐利。

科学发展观与大学按规律办学

为什么要讨论这样一个题目？因为，科学发展观是我们各项事业的观念统领，故其亦是大学的观念统领；而所谓观念统领就是价值取向和规律遵循，就一项事业言，科学发展的核心就是按规律发展。因此，大学按科学发展观发展之实质就是按大学规律办学治校。本报告旨在联系大学实际讨论科学发展观与大学按规律办学的问题，主要提出并回答如下三个设问：我们为什么要如此强调科学发展观？大学为什么要按规律办学？大学按什么规律办学？

一、我们为什么要如此强调科学发展观？

2005—2006 年我在加州大学伯克利分校做访学研究期间，在网上看到前英国首相撒切尔夫人早年说过的一句话：中国根本不可能搞霸权主义，因为中国没有思想的输出。后来我又看到法国外长说了类似的话：中国在能够输出价值观之前，不会成为一个大国。2008 年 3 月，全国人大常委会原副委员长成思危在接受《南方周末》记者专访时，针对现在海外说中国已是金融大国的问题特别指出：我们应该居安思危警惕人家给中国戴高帽子。为什么？他认为：国家的发展通常经历如下阶段，首先是初级产品输出，然后是制成品输出，再就是资本输出，最后是知识输出。前国务院新闻办公室主任、后任南开大学滨海研究院院长的赵启正教授说：作为一个拥有 5000 多年文明史的文化发源地，只出口电视机，不出口电视机里播放的内容，也就是不出口中国的思想观念，就成了一个硬件加工厂。由此可见，知识和思想输出的重要性。

思想是什么？思想就是观念。观念有什么用？开创了经济学“凯恩斯革命”的宏观经济学创立者约翰·梅纳德·凯恩斯说观念可以改变历史的轨迹，美国甚至说自己是一个观念造就的国家。美国著名作家西奥多·怀特在《美国的观念》中写道：“美国是一个由观念产生的国家；不是这地方而是这观念，缔造了美国政府。”这个观念就是《独立宣言》阐述的原则：“我们认为下述真理是不言而喻的：人人生而平等，造物主赋予他们若干不可让与的权利，其中包括生存权、自由权和追求幸福的权利。”中国改革开放 30 多年，这 30 多年的中国可以说无论是政治、经济、社会还是文化都发生了天翻地覆的巨变。如果为这种巨变找个源头的话，我以为就是“实践是检验真理的标准”的大讨论。没有那次意识形态的大讨论带来的思想大解放观念大突破，中国改革开放的启动和进程至少要滞后很多年。这就是思想的力量观念的力量！我们为什么每年都要纪念“五四”，因为对中华民族而言这是一个里程碑式的日子。正是这场思想启蒙和新文化运动，带来了中国人民对科学对民主的崇尚、追求和观念的彻底解放。

暂且不论撒切尔夫人说我们没有思想输出是不是一个事实，但我们没有科技输出这的确是一个不争的事实。大家知道，除了古代我们引以为傲的四大发明，近现代以来我们几乎没有重大的突破性的科学技术输出，因此在科学技术方面我们少有改变人类生活方式和生产方式的发明创造，这是不争的事实。前副委员长、中科院院长宋健院士组织工程院做过一项大型的有关工程技术发明创新的调查研究，之后写了《工程技术百年颂》一文。该文统计了 20 世纪 100 年全世界包括农业、石油、气象、电力、交通、医药、核技术等一共 75 项重大工程技术方面的成就。这些具有划时代意义改变人类生活方式的原始性发明创造，比如除草剂、塑料、化纤、无线电报、广播电视、雷达、集成电路、录像机、计算机、移动电话、互联网、超音速大型客机、抗生素、脑电图、原子弹、氢弹、人造卫星、核反应堆等全部都是外国的发明创新。由于外国人至今垄断着这些发明创造的核心技术，从而也垄断了这些技术产品具有巨额利润的世界市场。

相比之下，20 世纪我国 25 项最具影响力的工程技术成就，如两弹一星、汉字处理与印刷革命、石油、农作物增产、金漆化、轻工纺织和采煤等，虽说也是非凡的值得骄傲的成就，可是与世界的 75 项工程技术成就对比，在世界范围之内能够称得上是原创性创新成果的，只有汉字处理和印刷技术以及计划生育，其余严格讲都不属于原创性创新成果。而且这些技术创造多数都是应用型、实用型的，并且只能局限在本国或本民族的应用范围，并不能形成占领世界市场的产业。比如汉字处理技术仅是为了我们自己的文字处理发明的，我们的计划生育技术也只具有中国特色，很难推广到全世界形成产业，因此也形成不了世界水平。在电脑操作系统软件、金融软件、石油探测及管道管理软件、气象软件以及机械产品的制作、辅助设计软件等等大型软件设计和创新方面，我们与国外的差距就更大了。我们现在使用的绝大多数重要软件都是外国的原创性成果，任何时候人家升级我们还得花钱买。据王码发明者称，我们要卖 5 头猪才能换到一个价值几千元的 XP 换代产品。

上述既残酷又客观的现实让我们认识到：在国与国的激烈竞争中，败下来的无疑是那些科技落后的国度，但科技落后的致因是思想的落后、文化的落后。这亦是德国这个创新型、创造性国家为自己的知识精英、思想精英及其创造的思想和文化而自豪的原因。

回到称霸世界的问题，其实这是外国对中国历史及其民族性的一种误识。在美国沉潜学问时，我浅浅地旁触了一下中国的历史。发现中华民族是一个最没有称霸意识和意志的民族，换句话说我们是最不会也不想称霸世界的国家。成吉思汗在 1206 年被推举为蒙古帝国大汗（后被尊为元朝的开国皇帝），在统一蒙古各部落后，在位期间多次发动征服战争，征服的地域西达黑海海滨，东括几乎整个东亚，建立了世界历史著名的横跨欧亚两大洲的大帝国之一。但是，成吉思汗在经过 7 年西征且势力最强盛时选择了收兵回国，回到了蒙古草原。途中受到中国北方道教全真派首领长春真人丘处机"人是不能长生不老的，只能养生"观点的影响，并接受了"清静无为，不要滥杀无辜"的治国之道。

中国地域之大人口之多，我们把自己家里事做好了就是对世界的巨大贡献。但作为一个对世界负责的泱泱大国，我们当然应该发出自己的声音并对世界产生举足轻重的影响。然而，一个既没有科技输出又没有思想输出的民族你可以影响世界吗？

作为一个有五千年文明史的文化思想大国，历史上我们曾经有过许多思想是被国际社会所认可的，诸子百家我们有很多家在世界上都有其地位和影响尤其是儒家思想。我国古代伟大的思想家、教育家孔子被联合国教科文组织评为最有影响力的十大世界文化名人后，孔子的地位及其影响被世界各国进一步高度认同：1984 年美国出版的《世界名人大词典》和英国出版的《人民年鉴手册》均把孔子列为世界十大思想家的首位。1982 年 8 月 27 日，为纪念孔子诞辰 2533 周年，美国各界人士在旧金山举行祭孔大典，时任美国总统的里根先生致函道："孔子的高贵行谊与伟大的伦理道德思想不仅影响了他的国人，也影响了全人类。孔子的学说世代相传，为全世界人民提示了丰富的为人处世原则。"①1988 年 1 月，75 位诺贝尔奖获得者在巴黎聚会，诺贝尔物理学奖得主、瑞典科学家汉内斯·阿尔文博士指出："人类要生存下去，就必须回到 25 个世纪之前，去汲取孔子的智慧。"②1998 年，全世界 100 多个宗教组织代表集会发表"普世伦理宣言"，将中国儒家"己所不欲，勿施于人"思想写进宣言。2001 年，美国加利福尼亚州议会通过决议，将孔子的诞辰日 9 月 28 日定为"孔子日"，以纪念这位对人类教育事业作出杰出贡献的先贤。负责起草议案的议员称：中华民族悠远、灿烂的文化极大地丰富了美国多元文化的内涵，孔子完善的教学思想是世界文明的宝贵财富。2005 年 9 月 29 日，联合国教科文组织第 172 届执行局会议作出决定，正式批准设立国际"孔子教育奖"，奖励在全民教育领域取得突出成就的政府机构、非政府组织和有突出贡献的个人。并于次年 9 月 23 日在孔子故里山东省曲阜市，联合国教科文组织和中国共同把"孔子教育奖"首次授予了印度和摩洛哥教育部门的官员，以表彰印度拉贾斯坦邦扫盲和继续教育办公室和摩洛哥教育部在普及全民教育方面作出的卓著贡献。国际组织和国际社会上述行为，无不显示了对中华民族传统文化的尊重，以及对孔子及儒家思想超越了时空界限所作出的世界贡献的首肯。

可是近现代以来的很长、很长一段时间里，很遗憾我们没有什么影响世界的思想问世。然而科学发展观的提出，我坚信中国又有了思想

---

① 联合国教科文组织评选为"世界十大文化名人"之首的中国人[EB/OL]. http://tieba.baidu.com/p/1932416018.

② 孔子：联合国教科文组织评选为"世界十大文化名人"之首的中国人[EB/OL]. http://bbs.cntv.cn/thread-26059667-1-1.html.

的输出。因为科学发展不仅是中国应该努力的目标也是国际社会发展的方向。什么是科学发展观？党的十六届三中全会明确而全面的表述是：坚持以人为本，在坚持全面、协调和可持续发展的原则下，按照统筹城乡发展、统筹区域发展、统筹经济社会发展、统筹人与自然和谐发展、统筹国内发展和对外开放的要求，促进经济、社会和人的全面、协调、可持续的发展。简言之，科学发展观就是一种关于经济、社会、人和自然等全面、协调、可持续发展的新思维、新观念。

据此，科学发展观的内涵可以概括如下："以人为本"的本质核心，强调人是社会的价值核心，把人的生存和发展作为最高的价值目标，一切为了人和服务于人；"全面协调发展"的基本要求，强调经济、社会、政治、文化、生态等各个方面相互衔接、相互促进、良性互动的发展；"可持续发展"的根本目的，强调既要重视近期发展满足当代人的需要，又要考虑未来发展满足子孙后代的需要；"统筹兼顾"的发展原则，强调城乡发展、区域发展、经济社会发展、人与自然和谐发展，国内发展和对外开放的统筹结合。为进一步把握科学发展观，我们可以提炼科学发展观的特征如下：以人为本的价值选择；长期和整体利益最大化；数量与质量的统一；成本与效益的计算；人与自然的和谐及社会的可持续发展。

有什么样的发展观，就会有什么样的发展战略、发展模式和发展道路。没有科学发展观的指导，我们就会把发展与增长混淆，把以经济建设为中心与以速度发展为中心混淆，从而难以避免不惜以牺牲资源、环境为代价追求产值，甚至弄虚作假、贪大求洋热衷于大搞政绩工程、形象工程问题的发生。譬如，单一追求 GDP 的经济发展模式，不仅导致经济增长方式和经济结构的不科学、不合理和效率低下，而且带来了大量的资源浪费、环境破坏的问题。

其实，我们的 GDP 有两个很大的问题。一是由经济增长方式和经济结构不甚科学合理导致 GDP 的结构和质量问题。曾经看过一个材料，其举例 GDP 是如何产生和计算的：高速公路上的一场重大车祸会带来一大笔的 GDP，然而遗憾的是这种 GDP 并不是造福社会造福人民的。一次重大的流行性公共卫生事件，也会产生大量的 GDP。治污以及环境破坏导致的人健康恶化和大量疾病的发生，借贷大修大建楼堂馆所搞政绩工程，等等，都会增加 GDP。另外我们有大量的 GDP，是由并不创造财富的流通过程产生的。据统计,房地产产生的 GDP 占了很大的部分。我们喜欢用国内生产总值 GDP 而不是国民生产总值 GNP, GDP 总量虽大但其中外国公司产生的效益人家是要拿走的。

在劳动密集型、资源密集型、资本密集型、技术密集型、知识密集型的产业链中,我们还处在产业链的最低端,科技贡献度仅占 30%。郎咸平教授在《产业链阴谋——一场没有硝烟的战争》直言道:中国经济发展速度极快,每年以 10% 以上的速度高速增长,这是因为我国这十余年来的经济发展的思维是扭曲畸形的。也就是说地方政府以推动 GDP 的方式(也就是以 GDP 为纲的理念)拉动了中国经济增长。以 GDP 的组成为例,欧美日本的 GDP 当中 70% 是消费,也就是社会需要什么物品,就生产什么物品,因此是正常的经济成长。我国 GDP 当中消费只有 35%,是欧美、日本的一半,这种消费不足的现象主要还是我国的社会保障体系不健全所导致,老百姓必须存钱上学、住房和看病,因此不敢消费。那么我国 GDP 其余部分是怎么构成的呢,也就是超过一半的 GDP 都是固定资产投资,而欧美、日本的固定资产投资只有我们的一半。什么是固定资产投资?就是到处可以看到的高架、桥梁、地铁、地产等等,正是这些过度的投资带动了经济的成长。为此,郎咸平先生尖锐地指出:我国经济就是一个畸形扭曲的"二元经济",一方面是由于产业链定位错误苦苦挣扎的制造业,另外一方面是极其火爆以拉动 GDP 为主导的建设工程包括了钢铁、水泥、政绩工程、形象工程、大型国企、替他们融资的银行等等。前者占了经济总量的七成,而后者占了三成。这种二元经济成了中国的经济特色。①

其次是 GDP 产生的代价即成本问题。我们不但经济增长方式和经济结构不甚科学合理,而且全民族缺乏资源忧患意识和节约意识。在加速所谓城市化建设和工业化发展的过程中,我们曾经历了"先破坏,后保护;先污染,后治理;先耗竭,后节约;先砍林,后种树"的经济发展弯路,所付出的代价是沉重的。据国情研究专家胡鞍钢教授透露:中国各类人均资源占有量不同程度低于世界人均水平,但却是世界自然资产损失最大的国家之一,是世界耗水量第一大国占世界用水总量

① 郎咸平:《产业链阴谋——一场没有硝烟的战争》[EB/OL].(2008-07-24). http://www.fx998.com/read.php? tid-41528.html.

的15.5%,污水排放量世界第一相当美国的3倍,能源消耗和二氧化碳排放居世界第二,2020年可能超过美国。尽管我们的GDP增长速度令世界惊讶,但我们的高GDP增长中,至少18%是依靠资源和生态环境的透支,以高能耗、高污染、高投入、低效率为代价获得的。[①] 据《中国绿色国民经济核算研究报告2004》,当年全国因环境污染造成的经济损失为5118亿元,占当年GDP的3.05%。另据中科院测算:2003年中国分别消耗了全球31%、30%、27%和40%的原煤、铁矿石、钢材、水泥,而创造出的GDP却不足全球的4%。据报道,我们一个单位的GDP所消耗的能源是世界平均量的3倍,美国的4.7倍,德国的7.7倍,日本的11.5倍。[②]

过去我们常沉醉在地大物博、资源充沛的民族自豪感中,然而如温家宝总理所指出的,把我们的任何数字除以13亿,我们就没有这个优势了。经济规模的情况亦然,我们虽然在总量上占有绝对优势但人均一下地位则一落千丈。据世界银行,2005年我国的国民总收入(GNI)22638.25亿美元略高于英国,仅排在美国、日本、德国之后。但我们的人均国民收入(GNIPC)仅有1740美元,而美国为43740美元,日本38980美元,德国34580美元,英国37600美元,分别是我国的25.14倍、22.40倍、19.88倍和21.61倍。2012年我们GDP总量位居世界第二,但我们的人均GDP却处在世界第87的位置。我们的国民总收入虽然高速增长至2010年达到4.9万亿美元之巨,但我们的人均国民收入依旧处在全球的100位之后。究其原因,就在于我们生产力水平和经济结构的极度落后。

我们还可以从可持续发展和人与自然的和谐发展来理解科学发展观的重要性。国家环保官员曲格平先生指出:中国的生态环境为什么这么差?很大的原因是重大的决策造成的。比如说毁林开垦,我们开垦了16万公顷的森林以及更大面积的草原,原来的目的是发展生产力,结果没几年都变成了荒漠。生态价值应该如何测算?有位印度专家计算一棵成年树的生态价值为20万美金。在西方发达国家几百年

① 胡鞍钢.绿色转型的中国图景[EB/OL].(2009-10-15).http://theory.people.com.cn/GB/10196881.html.

② 静脉产业[EB/OL].http://baike.baidu.com/view/1511385.htm.

内至少在50年到100年发展当中遇到的环境问题,却在中国20年改革开放的时间内就集中暴露出来了。有一些地方根本不顾一切后果,认为只有GDP的增长才是硬道理。

《中国应对气候变化国家方案》政府间气候变化专门委员会(IPCC)第三次评估报告指出:近50年的全球气候变暖主要是由人类活动大量排放的二氧化碳、甲烷、氧化亚氮等温室气体的增温效应造成的。在全球变暖的大背景下,中国近百年的气候也发生了明显变化。有关中国气候变化的主要观测事实包括:(1)近百年来,中国年平均气温升高了0.5℃—0.8℃,略高于同期全球增温平均值,近50年变暖尤其明显。从1986年到2005年,中国连续出现了20个全国性暖冬。(2)近百年来,中国年均降水量变化趋势不显著,但区域降水变化波动较大。中国年平均降水量在20世纪50年代以后开始逐渐减少,平均每10年减少2.9毫米。从地域分布看,华北大部分地区、西北东部和东北地区降水量明显减少,平均每10年减少20—40毫米。(3)近50年来,中国主要极端天气与气候事件的频率和强度出现了明显变化。华北和东北地区干旱趋重,长江中下游地区和东南地区洪涝加重。1990年以来,多数年份全国年降水量高于常年,出现南涝北旱的雨型,干旱和洪水灾害频繁发生。(4)近50年来,中国沿海海平面年平均上升速率为2.5毫米,略高于全球平均水平。(5)中国山地冰川快速退缩,并有加速趋势。中国未来的气候变暖趋势将进一步加剧。①

另据中国科学家的预测结果表明:(1)与2000年相比,2020年中国年平均气温将升高1.3℃—2.1℃,2050年将升高2.3℃—3.3℃。全国温度升高的幅度由南向北递增,西北和东北地区温度上升明显。预测到2030年,西北地区气温可能上升1.9℃—2.3℃,西南地区可能上升1.6℃—2.0℃,青藏高原可能上升2.2℃—2.6℃。(2)未来50年中国年平均降水量将呈增加趋势,预计到2020年,全国年平均降水量将增加2%—3%,到2050年可能增加5%—7%。其中东南沿海增幅最大。(3)未来100年中国境内的极端天气与气候事件发生的频率可能性增大,将对经济社会发展和人们的生活产生很大影响。(4)中国干旱区范围可能扩大、荒漠化可能性加重。(5)中国沿海海平面仍

---

① 中国应对气候变化国家方案[EB/OL]. http://baike.baidu.com/view/1336873.htm.

将继续上升。(6) 青藏高原和天山冰川将加速退缩,一些小型冰川将消失。

由于先污染后治理的经济发展模式,全国七大水系地表水已经严重污染。据《2005 中国环境状况公报》:由国家环境监测网监测的七大水系的 411 个地表水监测断面中,一至三类、四至五类和劣五类水质的断面比例分别为 41%、32% 和 27%,其中珠江、长江水质较好,辽河、淮河、黄河、松花江水质较差,海河污染严重。同样由国家环境监测网监测的 28 个重点湖(水库),被污染者高达 72%。满足二类水质的湖库只有两个占 7%,满足三类水质的湖库 6 个占 21%,四类水质的湖库 3 个占 11%,余下者均为五类水质的湖库占 61%。2006 年全国投入 2400 多亿治理环境污染可是成效不显。①

太湖不仅曾是吴越文明的摇篮,而且至今是维系上海、苏锡常和杭嘉湖 7 个地区的生命之水。太湖总面积 2400 平方公里,流域面积 36900 平方公里,平均水深只有 2.1 米,最深 3.3 米,容积 50 亿立方米。与世界几百米深、面积几万平方公里的大湖相比,太湖就像一个水量极为有限的很浅的碟子。据太湖网,就是这个“碟子”,以流域不到全国 0.4% 的土地面积和 3.5% 的人口,2005 年创造了占当年全国 11.6% 的国内生产总值,以及占全国 22.1% 的财政收入,单位国土面积经济收益约为全国平均的 57 倍,为我国经济社会最发达的地区之一。然而从 20 世纪起,它与滇池、巢湖以及淮河、海河、辽河一样,由于水体污染极为严重,属于劣五类水质,其总氮和总磷严重超标导致蓝藻暴发并且泛滥。正因为水污染问题极其严重,导致温家宝总理无论走到哪里都十分关心水的质量。当他来到江西武宁看到柘林水库的一湖清水后,高兴之余甚少题字的他信笔写下:山水武宁。走到广西柳州看到柳江水很好,高度赞扬“山清水秀地干净”。

中央党校周天勇先生所收集的数据显示,制造业对中国资源的浪费,环境的破坏等已到达不可想象的地步。以资源浪费为例,中国百分之八十的江河湖泊断流枯竭,三分之二的草原沙化,绝大部分森林消失,近乎百分之百的土壤板结。而且这 10 年来中国出口日本的方便筷子总计约 2243 亿双,而为生产这些筷子毁灭的山林面积占中国的国土

① 国家环境保护总局. 2005 年中国环境状况公报[N]. 中国环境报,2006-06-15.

面积的20%以上。以环境破坏为例,中国三分之一的国土已被酸雨污染,主要水系的五分之二已成为劣五类水,3亿多农村人口喝不到安全的水,4亿多城市居民呼吸着严重污染的空气,1500万人因此得上支气管炎和呼吸道癌症,世界银行报告列举的世界污染最严重的20个城市中,中国占了16个。[①]

再说耕地问题,我国耕地面积仅次于美国、俄罗斯和印度排世界第4,但人均耕地面积还不到世界的一半仅为1.39亩排在126位。据国土资源部公布的2006年度全国土地利用变更调查结果报告显示,至2006年10月31日,全国耕地面积为18.27亿亩,比上年度末净减少460.2万亩,逼近18亿亩的红线。[②] 美籍华人农业科学家左天觉预测,中国的耕地面积以每年大约2%的速度递减,到2050年,现有耕地总数估计将减少至少20%。我们的大学不仅对上述民族未来命运的问题不仅关心甚少缺乏责任担当,更令人痛心的是自己也成了热衷于毁田圈地造楼的积极分子,在超豪华大楼、广场的大学新区内,我们看到本应富有批判精神和自省意识的大学,表现出的竟然是一种没有教养的投机逐利暴富、对环境和资源保护极度漠然的心态。

说到这里我想起哲学上有名的"秃头论证"理论,它含有这样的问题:一个人少一根头发能否造成秃头?回答说不能。再少一根怎么样?回答说还是不会。这个问题一直重复下去,到最后已经不需要回答了,因为那人的秃头已经成为事实。成为秃头的依据是一万根头发还是一千根、一百根、十根、一根、一根也没有?并没有确定的界定,但可以肯定的是,当头发还剩下稀稀拉拉看见人之头皮时,人们早已毫不迟疑地公认其就是秃头了。一个在开始遭到否定的假设,在我们的不经意中往往就会变成事实。突变是在人们不知不觉的渐变中发生的,当你惊觉时事物的性质早已走到了反面。我们需要用这样一种哲学的智慧反思环境恶化和资源破坏的问题。森林正在减少,能在旷野见到零星的树木却再也见不到森林的情景即将发生;动物正在消亡,能在动物园中见到狮虎豹象,却再也见不到野兽的情景悄然来临;空气、水质正在受

---

① 郎咸平. 中国根本不是制造业大国[EB/OL]. (2008-07-24). http://www.022net.com/2008/7-24/435769342869599.html.

② 国土资源部:土地利用变更调查结果发布[EB/OL]. (2007-04-17). http://politics.people.com.cn/GB/1027/5623267.html.

到工业垃圾的污染，臭氧层空洞正在扩大，全世界的天气都越来越暖……这不是危言耸听，这就是"秃头论证"给我们敲响的警钟，亦是科学发展观旨在战胜的危机。

恩格斯早在他的《自然辩证法》中说过："我们不要过分陶醉于我们对自然界的胜利。对于每一次这样的胜利，自然界都报复了我们。每一次胜利，在第一步都确实取得了我们预期的结果，但是在第二步和第三步却有了完全不同的、出乎预料的影响，常常把第一个结果又取消了。"①科学发展观要求我们不仅要有发展意识，同时还要有忧患意识。有人这样嘲讽哲学家思考半杯水的意义：哲学家把回答还有半杯水者称之为乐观主义者，回答只剩下半杯水者则称之为悲观主义者，可是一个口渴的小孩走过来一口把它喝尽了，半杯水于是没有了思考的意义。我们现在正面对着不可再生资源的"半杯水"问题，如果我们不去思考并加以控制，当这"半杯水"逐渐消失时或许人类未来也就结束了。

2007 年法国前总统萨科齐访问中国时到清华大学做报告，在那次报告中他没有炫耀成功卖给了中国 160 架空中客车，也没有谈自己此行富有成效的中法合作项目，甚至没有议论当时欧洲人十分关注的人民币汇率问题、贸易顺差等诸多敏感问题。他的报告主题就是气候，他反复告诫中国大学生的是，人类正面临着全球气候变暖的共同威胁，如果现在还不采取行动，那就是犯罪的行为。他强调在节能减排这个战线上，法国愿意与中国并肩作战。近些年来许多国家的元首在我国进行正式访问时都发表类似的演讲，阐述环境清洁、空气净化、资源再生、节能降耗对人类发展的重大意义，以及作为发达国家和发展中国家如何来承担起自己的责任，为保护全球环境多做工作。毫无疑问，实现减排目标防止全球变暖已经成为国际共识。联合国秘书长潘基文先生上任后登上了南极大陆，去考察了当地由于臭氧层破坏而面临紫外线辐射威胁的情况。潘基文是第一个到达南极的联合国秘书长，因为那里已经存在了上亿吨的冰山正在融化，如果人类按照这种状况发展下去，若干年以后，南极将会因为冰川的消失而融化，而不再有冰城，我们很多地方将会因为海平面升高而变成汪洋一片。如果我们不现在采取行动，这场灾难就有可能发生，而且发生的程度将远远超过我们的想象。

---

① 马克思恩格斯选集[M].第三卷.北京：人民出版社，1973：517.

党中央在2007年12月召开中央经济工作会议上特别强调我们的经济工作要深入落实科学发展观,紧紧围绕转变经济发展方式和完善社会主义市场经济体制,继续加强和改善宏观调控,积极推进改革开放和自主创新,着力优化经济结构和提高经济增长质量,切实加强节能减排和生态保护,必须坚持以人为本,更加重视改善民生和促进社会和谐。必须节约资源、保护环境,把推进现代化与建设生态文明有机统一起来,建设资源节约型、环境友好型社会。

不敢想象如果没有科学发展观对国家改革发展建设的及时引导,中国的发展会是一种什么景象?中国的未来会是一个什么样的未来?我们现在抓科学发展实际上已经晚了,但如果晚了我们还不重视,那么我们就会完了。这绝不是危言耸听!

美国教育家赫钦斯认为:大学具有一种强烈而严肃的使命,这就是思考。为此,我以为当前大学必须思考这样一个问题:教人如何理解和思考?是个体还是整体?是有限还是无限?是远景还是近利?马斯洛指出:人们用不同的方式理解世界,主要的差别就表现在,某些人是较为抽象的思考,因此他们很自然首先会想到统一性,想到整体性、无限性等,而其他的人往往考虑眼前的利益、缺乏远见卓识。大学如果缺乏为国家为社会负责的科学发展观,其就难以培养思维具有整体性、长远性以及自觉为国家长谋远虑、为社会责任担当的人才。

二、大学为什么要按规律办学

落实科学发展观大学不能例外,因为如按科学发展观审视大学,大学存在的不讲科学发展、科学管理的诸多问题不能原谅更不能容忍。由于外部权势和利益的驱使,大学并非都是理性的组织,从而导致其行为存在不少非理性的问题,有些大学做了不少不应该做的事,同时又放弃不少应该坚持做的事。比如,很多大学并没有建立以人为本尤其以生为本的办学理念,缺乏可持续发展意识、成本意识、质量效益意识,甚至缺乏对国家对社会对民族长远利益以及对学生负责的精神,不少大学急功近利、浮华喧嚷。

什么是大学的科学发展观?或者大学按科学发展观办学的最低要

求是什么？就是遵循高等教育和大学自身的规律办学治校。用科学发展观的上述特征考察大学,如果还以为科学发展观与大学无关那就大错特错了。现在不少大学有一个错误的假设推论,以为大学天然就是以传播科学和探索科学为己任的组织,因此它自然就是按科学规律运行和发展的组织,于是也就可以在科学发展观的讨论中,以旁观者自居不必按科学发展观的要求作自我检视。大学发展也是一个由数量、结构、质量、效益等组成的相互依存、相互协调的概念,既要有数量的增长,结构的优化,效益的保证,更要有质量的提高,全面协调持续的发展。从高等教育发展要素的关系来看,其中质量是核心。没有教育质量的提高,规模越大、速度越快,造成的教育危害或许就会越大;人才培养的数量与质量是检验教育的两个基本指标,如果失去了教育质量根本就谈不上教育的效益。正是大学具有传播和探索科学文化并以此影响和推动社会文明进步的组织属性,从而决定了大学更应自觉用科学发展观指导自己的改革、发展和建设,必须按自身的规律办学。大学按规律办学的理由可以概括为如下四个方面。

其一,大学的组织属性所决定。大学探索、追求、捍卫、传播真理的组织属性,决定了大学应当有这样一种强烈而严肃的对国家对社会负责的使命高度。因为,大学不仅是人类社会的科学脊梁,还是人类社会的道德良心、推动人类社会文明进步的力量和国家民族发展的希望。大学必须有国家意识、民族意识和人类意识,自觉对国家、民族乃至人类负责,并致力培养有国家责任感和世界责任感的新人。大学不仅不能做“江山留与后人愁”的事,也不能对“江山留与后人愁”的社会现象无动于衷。大学如同政府、军队等国家机器一样,是最不能仅仅只代表大学自己的一类组织。

欧美国家虽然强调学术自由、大学自治,可是它们所有大学都有很强烈的国家和民族意识,无不重视自己在所处社区、属州、国家乃至人类的责任并将之写进大学的使命陈述。自觉地把国家的利益放在第一,急国家所急,这是美国大学普遍具有的特征。麻省理工学院之所以能如此之快的崛起,就在于它在“二战”期间积极投入于反法西斯的重大科学研究。美国刚发现炭疽菌时,美国最好的医学院约翰·霍普金斯医学院在无政府命令、无任何组织提供经费的情况下,立即组织力量进行研究。相较而言,我们的大学在非典时期就缺乏这样一种高度自觉的责任意识和主动性。非典病毒真相的大白,亦即非典型肺炎的冠状病毒基因排列的破解及其确定是一种由动物传给人的全新病毒,是香港大学医学院主动出击、全力以赴所作出的贡献。

有理想主义的大学是把国家和人民的利益置于第一的大学,这是一流大学的标志。在加州大学伯克利分校访问研究期间,我在研究美国研究型大学协会(AAU)的成员大学后得出一个结论:如果美国失去了大学的支撑尤其是研究型大学的支撑,美国将全面失去人才优势、科技优势,随之也失去经济优势和军事优势,而不再是人才大国、科技大国和经济强国和军事强国。在有了这样一种发现后,我立即写了一篇《对国家负责:大学不能放弃的使命》论文,提醒并寄望我们的大学切莫不要忽视自己国家和社会责任的担当。正是大学既要体现崇尚科学、追求真理、学术自由精神,以保持它集中精力于探索真理的求知使命,又要承担起改造和促进社会发展、服务社会和国家使命的双重组织属性,决定了大学必须按自身规律办学。

其二,高等教育的规律所决定。大学作为隶属于国家高等教育体系中实施高等教育的子系统,其办学自然也要遵从高等教育作为整体存在的发展规律。高等教育必须满足经济社会发展的需要,适应社会为高等教育提供的物资条件,这是高等教育必须遵循的不能逾越的经济规律。人均 GDP 的高等教育经济学意义,不仅说明一个国家能为高等教育发展及国民为接受高等教育的投入水平,同时也反映了国家吸纳大学毕业生适当就业的水平。我国的 GDP 总值虽然已经进入世界经济大国方阵,但人均 GDP 离 3000 美元的小康水平还有相当的距离。人均 GDP 的不足,一方面会通过国家对高等教育投入的不足和国民较普遍缺乏承受大学教育收费的经济基础从而制约高等教育规模的快速增长;另一方面超越经济发展阶段的高等教育必将导致大学毕业生就业市场紧张。为此,即便是经济发达国家其高等教育发展走的也是循序渐进的道路。

比较发达国家,我国只用了不到 10 年的时间实现了高等教育从精英教育向大众教育的过渡,而且还是在一个适龄青年人口基数远比发达国家大,人均 GDP 远比人家少的国情下实现这一跨越的。尽管不能说因此我们已经存在高等教育发展过度的问题,但是精英高等教育向大众高等教育的转变是一个随社会经济发展而发展的历史渐进过程,而非一蹴而就的跨越,这是世界的经验也是高等教育发展的规律。具体到实施高等教育的大学而言,经济困窘条件下过大规模的办学必然使大学面临如下问题:(1) 由于缺乏足够资源开设市场需要的新专业,只能在原来有限专业的基础上过度招生从而导致一些常规专业的学生人满为患;(2)由于缺乏必要的办学经费,整体办学条件得不到较大改善,导致不少大学客观上不得不以牺牲教育和学术质量为代价勉强维持大学超负荷的运转。同时另有一些大学则以所谓的改善办学条件为由,违反经济规律和科学发展要求背起几乎没有还贷可能的沉重负债。

为适应和满足社会为大学毕业生适当就业所能提供的就业市场需要培养有用的人才,这亦是大学按经济规律办学的重要理由。然而大学毕业生就业难并不是一个抽象的数字概念,它是一所所大学毕业生供大于需的叠加结果,缓解大学毕业生的就业压力既是政府不能忽视的工作亦是大学必须担负的责任,故此,大学绝不能把就业率不高这样一个严峻问题全推给政府、推向社会。

其三,大学人才培养和科学研究的使命所决定。目前很多大学有扩大招生规模的激情,但缺乏注重教育和学术质量的理性。关于人才培养笔者持如下观点:我们培养了大学生并不等于社会需要这些大学生,社会需要大学生并不等于我们培养好了这些大学生。前者是社会需要的问题,后者则属于大学的教育质量问题。坦陈言,近几年来大学毕业生的就业率不高徘徊在 80% 左右甚至更低,一方面原因在于社会经济的发展水平还一时难于吸纳大众化教育发展过速的大学毕业生,另一方面也不能排除毕业生的学科专业过于集中和人才培养质量不高的问题。如果置之不顾,大学的问题便会积淀并延伸为严峻的社会问题。此外,有相当数量的大学还担负着科学研究和知识创新的职能。据资料,创新型国家经济增长中的科技贡献率高于 70%,而我国目前只有 40% 左右。我们对国外技术的依赖程度高达 50% 以上,而美国还不到 10%,日本仅为 5%。

在创新型国家建设中,大学扮演着十分重要的角色。我国科技创新能力的落后,其很大程度上是大学科技创新能力不足的结果。基于人才培养和科学研究的使命,大学按规律办学的一个必须选择就是在教育资源有限的条件下,应当安于教育和科研的本位,在相对稳定招生规模的基础上,集中必要的财力、人力和精力改善办学条件和优化育人环境,加快学科专业结构调整,深化人才培养方式改革,同时重视加强科学研究的资源和人才投入,集中实力在创新型人才培养和科学创新创造上有所突破。否则,我们人才和科技的落后并由此导致的经济落后就难以改变。

其四,科学管理的需要所决定。大学是一个最复杂的社会组织,具有活动复杂、结构复杂、成员复杂、劳动特点复杂、环境复杂等诸多复杂性,具有目标多样、职能多样、办学模式多样等多样性,具有大学理想与社会现实的矛盾、大学统一性与多样性的矛盾、精英教育与大众教育的矛盾、教学与科研的矛盾、学术权力与行政权力的矛盾、开放与独立的矛盾、大学自治与社会约束的矛盾等诸多矛盾性,由此决定了其内部管理必须遵循其特有规律。大学本质上应该是一个按科学发展观办学的理性组织,因此科学管理按规律办学是大学应有的逻辑。

大学的科学管理具有丰富的内涵和具体的外延,其中最为重要者乃依法治校、民主治校以及按经济规律加强大学内部的经济管理。尤其是对后者而言,一方面,在国家还不能充分投入的阶段,理论上大学更应该珍惜并对国家投入资源高度负责,保证其用之得当、用之高效;另一方面,现实中超大量的经济发生要求大学必须重视经济管理,自觉运用经济学的一些基本原理作为思考分析经济问题和决策大学资源配置的工具。相较欧美大学,我们缺乏科学的严格的经济管理制度,从而导致在资源配置使用上过于随意,缺少成本效益分析以及财务管理松懈,资源使用中的浪费和漏洞不少。对此,国家审计总署已审计发现并指出了大学所存在的问题。大学组织的宏大和复杂性以及经济流量的庞大性,决定了大学必须根据大学组织的属性和特征按科学管理的规律办学治校,大学能否坚持科学管理决定了大学的兴衰成败。

三、大学按什么规律办学

作为对社会变迁和进步具有高敏感性和高强作用的自适应组织,大学的办学活动应当遵循社会和经济、教育和学术制约的规律,前者反映大学与经济社会互为需要、互为促进的关系,是适应、满足和推动社会和经济发展的需要;而后者要求大学必须适应人才培养和科学研究的规律;此外,大学作为一个高度复杂的社会组织,还有该组织自身的管理规律。概括起来大学必须:按大学发展的规律办学,按人才培养的规律教学,按科学管理的规律治校。

(一)按大学发展的规律办学

按大学发展的规律办学是对大学发展的总体要求,有三方面问题必须加以重视。

1. 明确并坚守大学的基本属性

大学属性是对大学价值和大学组织性质的反映,其一方面正确回答大学是什么应该是什么,另就是在此基础上回答大学应该做什么如何去做。认识和确定大学的基本属性是按大学发展规律办学的基本前提。大学当前出现的诸如官本位、商业化、急功近利,不能正确处理整体和长期利益最大化,以及数量与质量、公平与效率、成本与效益、人与物等协调统一发展的矛盾等日益严重的问题,这与我们忽视甚至无视大学组织的基本属性关系甚密。大学本质上是一个集中储存、创造和传播高深知识的,以追求人力资源开发和积累为目的的学术和教育机构,根本不同于以追求行政效率最大化的政府机构和追求物质利益最大化的商业实体。大学的核心使命是传播和发展科学,这就要求大学必须有坚定的崇尚科学、追求真理的科学信仰,否则,大学就不会有敬畏科学、忠诚科学、探索科学、发展科学、维护科学的定守。

大学属性是大学及其成员据此采取行动的基本信念、基本态度和基本准则,明确并坚守大学基本属性的意义就在于,为大学的办学和发展、大学的教育者和被教育者提供一种美好的、纯洁的、积极的、向上的价值确定和追求,并以此防范和抵制来自大学外部的权势和物欲的诱惑和干扰。随着资源竞争的日益激烈,大学因自己使命崇高受到社会照顾的时代不再复存。依据组织生存需要从周围环境中汲取资源与周围环境相互依存的资源依赖理论,大学当然可以利用自己的智力资源优势获取更多的物质资源。但大学的基本属性决定了大学并不能为牟利,而庸俗地与社会完全融为一体成为贩卖文凭的“学店”而非学府。大学的尊严和地位既来自立足社会满足社会的适应性,更来自于它能超越社会,成为社会前进之动力、之向导、之先锋的引领性。

2. 适应、满足、促进社会经济的发展需要

大学存在和发展的唯一理由及唯一条件就是社会需要。因此,大学办学一方面要受社会经济发展规律的制约,另一方面大学又必须适应、满足和促进社会经济发展的需要,按社会经济发展的需要及所提供的条件办学,这就是大学发展不能逾越的经济社会规律。国内外对社会生产力与其他社会变量的关系研究表明:社会生产力与大学入学率和大学毕业生就业率的关系均呈较高的正相关,此即经济发展阶段决定高等教育发展阶段,大学的发展必须依赖经济发展并适应经济发展的需要。当然,基于高等教育对促进社会经济发展具有强作用能力,因此高等教育可以适度超前于、但决不能过度超前于社会经济的发展阶段。就办学而言,大学应当有一定的自主性。但是大学的自主性是建立在大学必须遵循应有办学规律的基础之上的理性自主,而非仅凭激情所至的随性自为。因为大学并不是与社会隔绝的"象牙塔",在满足社会经济发展需要的基础之上满足自我发展的需要,是大学发展的基本逻辑。否则,大学的选择就可能无益于社会并最终伤害自己。

3. 确定大学办学的科学定位

目的及目标性是任何社会组织存在与发展的基础,而所谓科学定位是社会组织确定目的及目标的价值前提和方向引领。就大学而言,由于其发展的可塑性、多样性以及可行性,故具有顶层设计作用的科学定位,不仅对大学发展的得与失至关重要,而且是大学能否遵循其自身规律办学治校的具体反映,其通过既符合大学长远发展要求又遵循大学发展规律的方向选择和目标设计,决定大学的未来。大学的科学定位必须综合考虑如下要素:自己办学的历史基础和现实条件,所处社会的发展需要及其提供的资源支持,以及大学自己的理想追求。美国大学之所以世界名校云集,其原因在于这些大学的战略选择是在自己的强势学科领域集中精力财力以保持独领风骚。特别需要指出的是,一流大学的定位选择必须谨慎。高等教育及其机构的社会职能的多样化决定了它们本身的多层次、多样化,过多强调一流大学的目标不仅可能导致不少大学失去对所处社会的热切关注并自觉为其服务,从而影响社会的发展进步;而且过于强调追求一流大学的地位,可能使大学精力和资源偏离更重要更实际的目标,导致大学偏离应有方向终而欲速不达。

（二）按人才培养的规律教学

人才培养即育人是大学的基本价值，凡大学都必须抓好人才培养工作，将学生的全面发展视为自己必须集中精力的社会责任，这既是大学的立身之本，亦是大学落实科学发展观之首要。按人才培养的规律教学，这是抓好育人工作并确保人才培养质量的关键。

1. 牢固树立以人为本的办学理念

科学发展观的本质是以人为本，而育人的基本属性决定了大学必须牢固树立以人为本的办学理念。由于学生和教师是构成大学人才培养活动不可或缺的两类性质和任务均有所不同的主体，学生是学的主体，教师是教授的主体，离开其一大学都不再是真正意义上的大学。因此，大学的以人为本包括以生为本、以师为尊。然而遗憾的是有些大学偏离了大学的育人属性，不少大学对权势对金钱对虚荣政绩的兴趣远远浓于对大学育人的本分。如果大学受制于权势和功利诱惑并甘为它们的附庸，不能坚持大学应有的学术风骨和核心使命，就不会把更多的精力放在学生培养的责任承担上，也就不可能培养超越功利和世俗的德才兼备的社会新人。按学生培养的规律教学，要求大学必须关注并解决以下两个问题。

其一，牢固树立以生为本的办学理念，把改善育人环境，营造尊重学生、关心学生、爱护学生、有利学生个性发展、身心健康成长的教育环境视为首要。没有对学生主体地位的认识、对学生主体要求的重视，学校就根本不可能关心学生，更不要奢谈按学生成长的规律去教学了。实现以人为本的教育理念，必须把教育建立在这样的观念基础上：每个人都是重要的。只有让学生认识到自己在社会中的重要性，才能使他们既认识到自己的尊严和价值，也认识到做一个热爱祖国、服务国家、奉献社会的好公民的责任，对自己所做的事负责，为国家的命运和民族的未来负责。国际社会认为，21 世纪成功的大学必须以学生为中心，并且满足大学生成长成熟成才的需求和愿望。

其二，牢固树立以师为尊的办学理念。社会学家埃米尔·涂尔干指出，教育的成功取决于教师，然而教育的不成功也取决于教师。教师不仅是按学生成长规律教学的主体，更是人才培养质量的决定者。一所好的大学,它通过满足师生的所有需要,而使他们形成并实现自己的最高理想。大学是最应体现以人为本的组织,没有对人的重视,大学按人才成长的规律教学则由于无视人的存在而毫无可能。

2. 制定科学的人才培养目标

培养目标是人才培养的依据,是大学培养什么人的价值主张和具体要求。管理始于目标也终于目标的实现,培养目标是大学人才培养工作的出发点和归宿,人才培养的质量也首先取决于培养目标设计的质量。明确科学的人才培养目标,是确保大学按人才成长的规律教学的前提。培养目标的确定,首先受到社会政治、经济、科技、文化等诸多社会因素的影响,因为大学的人才培养必须适应社会的需要;其次是大学的定位,因为大学的定位本身既要反映社会对大学的期望,也反映了大学自身的属性特点、历史基础、现实条件和发展目标。由于大学存在统一性和多样性并存的原因,因此在人才培养目标问题上既要强调大学自身的特色及个性,亦须重视大学人才培养应有的共性。

培养目标的共性包括:具有强烈的爱国主义精神和对人类、国家、社会、环境负责的精神;具有坚定的科学信仰、高雅的文化修养、高尚的道德操守;具有国际文化视野、世界胸怀和国际社会适应能力;有自我发展和创业、创新的能力;精神健康并有职业道德等。然而,就目标个性而言,则必须体现大学自身的历史、传统、定位和条件,以及本专业人才的知识能力要求。譬如,斯坦福大学的目标是"造就有文化教养、有实用价值的公民",法国巴黎高师的目标是"培养能改变世界的人",牛津大学立足于培养各行各界的领袖人物,而辛辛那提州立学院院长则这样阐释自己的目标:MIT 培养经理,我们为这些经理培训雇员,我们的学生可以理解抽象的概念并使它成为事实。诸如此类,既体现了社会对这些大学的要求,也反映了这些大学办学的历史条件和传统。

在培养目标上我国大学普遍存在的问题是,培养目标不仅模糊粗糙不好操作,更重要的是脱离社会现实和时代的要求,不少大学不调查不研究不了解社会对各学科专业人才的素质要求。譬如,不少师范院校并不清楚或不关心基础教育需要怎样的教师,却在为基础教育培养师资。又如新时代需要什么样的工程师?很多理工大学并不是很清楚,然而它们却做着培养工程师的工作。美国大学的不一样在于,他们不仅关心人才培养目标并且能与时俱进地确定人才培养标准。比如,他们依据现代工程师应具备“能正确判断和解决工程实际问题的多面手；具有更好的交流能力、合作精神以及一定的商业和行政领导能力；懂得如何去设计和开发复杂的技术系统；了解工程与社会间的复杂关系；能胜任跨学科的合作；养成终生学习的能力与习惯以适应和胜任多变的职业领域”等能力要求，制定工程师培养目标。

3. 教学要素的科学设计

教学要素主要含教学内容、教学方式和教学制度，它们在很大程度上决定受教育者的情感结构、知识结构、能力结构进而整体的素质结构，关系到培养目标能否顺利实现。教学要素的设计必须在适应大学生身心发展规律的基本前提下，总体上应该有利于学科知识的交叉、系统思维的训练、实践环节的加强、创新能力的培养等。教育质量是在教育设计阶段决定的，教学内容、教学方法以及教学制度的设计与培养目标的设计同样重要不能忽视。

（1）教学内容包括课程体系和课程内容，决定学生的知识结构，是实现大学培养目标的物质基础。由于教学内容必须与时俱进地最直接反映社会对人才培养的要求和科技发展的最新成果，因此教学内容设计一方面必须依据培养目标，另一方面必须针对国际社会专业发展背景和国情的要求，根本改变课程体系和教学内容十几年一贯制既脱离培养目标又脱离社会实际的状况，以适应社会变化对专业人才提出的要求。课程体系的科学设计要强调“人文与科技结合，理论与应用结合，基础与专业结合”的原则，必须体现整体性不能就专业论专业，要从学生人格的完整性、知识的综合性、能力的发展性加以综合考虑。教学内容则应当由素质教育、学科教育和职业教育三大知识体系构成。素质教育是促进学生智能、情感和社会化发展的教育，必须在促进学生的健康成长、社会成熟、全面发展以及专业发展和社会化等方面，发挥确定方向、精神动力、人生引导的基础作用；学科教育和职业教育是学生获得立身之本所需的真才实学的专门教育，学科教育设计应当体现：① 针对性，即课程体系和课程内容的设计必须针对学科性质和专业特点；② 基础性，即课程体系和课程内容的设计必须强调知识的学术性、逻辑性、合理性和稳定性；③ 时代性，即课程体系和课程内容的设计要充分反映学科专业发展的最新成果和前沿研究状况。而职业教育设计则应强调实用性、技术性、实践性，重在职业技能的提高和职业道德的培养，特别要加强经济和管理科学的训练。当前人才培养的最大问题，就是课程体系和课程内容的设计并未很好吻合根据培养目标的要求。

（2）教学方法是为实现培养目标而采取的引导和指导学生掌握知识、发展能力的具体手段和途径。培养目标和教学内容确定之后，人才培养质量或教学效果的好坏在很大程度上取决于教师及其采用的教学方法是否得当。有效的教学活动目的并不只是教给学生以知识，关键是在知识的传授过程中帮助学生形成各方面的能力。故此，教学方法要有利于如下能力的训练和培养：认识能力的训练（思考问题，学会学习）；实践能力的训练（解决问题，学会做事）；研究能力的训练（研究问题，学会创造）；管理能力的训练（成本核算，学会管理）；合作能力的训练。当前我们教学方法主要存在的问题是：方法比较单一，缺乏多样性，效率低下；方法比较传统，文字教材“一统天下”，以教师为中心的传统的“满堂灌”集中授课；缺乏科学实验、社会实践和科学研究、合作参与等环节，学生在教学过程中常常处于被动学习地位，学生的独立思维、发散思维、批判思维和创造思维得不到充分培养，因此也就不利于具有创新精神、创新能力人才的成长。教学方法主要受制于教学制度、教学条件和教师能力。

（3）教学制度是组织、管理、规范教学行为并且对学制以及教学内容和教学方法做出规定的制度。教学制度既关系到“学习主体学的规定”，又关系到教学主体“教的要求”，对人才培养还具有教育方法的价值。哈佛大学在人才培养方面具有世界领袖地位并经久不衰，就在于近 140 多年来其七任校长从未停止过教学制度的改革。教学制度设计要体现两个目的：一是有利学生的全面发展（共性要求）和个性发展（创造性等），如学分制、多学期制、辅修制、低年级不分科实施素质教育、跨系跨院校辅修第二专业及选课等；二是有利教学质量的保障和人才培养质量的提高，这又涉及教师聘用、教学评价、教学资源配置等制度。教学制度有几个重要问题有待解决：如学分制不仅只是一种教学管理的制度，它还集中体现了“以学生为中心”给学生以充分学习自由的办学理念。要发挥其在人才培养上特有的作用，不仅必须解决好课程体系如何科学建构，学分如何积累和互换，课程、学时、学分如何结构等问题，更要在制度上解决学生在教学过程中学习热情和内在学习动力不高，学习中的独立性、积极性、主动性、批判性和创造性不能充分发挥,缺乏充分发展的个人空间的参与问题。关于学制问题,学时多长、课程多少为宜,能否实施暑期学制,为学生开设一些素质拓展教育、发展性教育、工程实践教育或职业培训教育等,我们至今都没有很好地研究。再就是教师聘用制度和评价制度问题,目前的教师评聘制度和教学评价制度缺乏竞争和激励作用,难以保证教师的整体优秀和必需的责任自觉。

4. 营造良好的人文环境

大学人才培养质量的好坏,很大程度上取决于大学创设的人文环境,大学人文环境的品位极大地影响到大学所造就的人的品位。人文环境是一种不可替代的教育影响和教育力量。基于此因,当前大学要注重大学文化对学生的影响,要自觉地把文化营造和文化影响纳入人才培养体系。当前,大学尤其需要营造如下文化。

其一,"追求科学、崇尚真理"和"对国家负责"的大学使命文化。没有这样一种坚定的使命选择,大学就难以自觉坚持和守护大学的学术属性,也不能很好实践教育影响年轻一代热爱科学、探索科学、坚持真理并对科学、对社会、对人类未来负责的责任。大学要让大学里的学者和学生安于学问、热爱学问、忠诚学问并献身学问,这既是大学的本分也是大学对国家负责的资本。

其二,尊重知识、尊重人才、尊重学生的包容文化。求知和创新都是一种艰苦的智力劳动,有其独立性、创造性的特征,需要充满勃勃生机的人的环境。心理学家对"什么是创新、什么是创造力、通过什么样的方法遴选有创造力的人"等一系列问题进行研究后发现,要培养创新人才也许只有一件事情要做,即消除人才创新的障碍。一所期待培养创新型人才的大学首先应该有一种能容忍并鼓励学生质疑和批判精神的人文环境,大学正是因为有不同学术思想教师与教师、教师与学生的不断交锋,学术才获得发展的条件,学生才能从大学及教师中获得应有的学术精神。包容性是美国大学最为重视的文化之一,加州大学伯克利分校就持这样一种信念,注重"学术领导力、社会沟通和师生包容性"这三大文化造就了这所世界名校。

其三,营造培育大学竞争意识和学生想象力的文化。忽视学生想象力和竞争意识的培养,这是我们大学文化中的一个很大的缺陷。缺乏对学生想象力的鼓励、激励和支持,这不能不说是我们大学生创新冲动、创新动力、创新精神不足的一个主要原因。此外，通过校史教育包括学校发展历程、社会影响、名师名校友轶事的宣传，以及通过各种各类学术报告、人文讲座，为学生提供更多接触国内外杰出人才的机会，营造以校为荣的历史传统文化和尚学向上的励志文化，开阔学生视野、增长学生知识、发展学生兴趣、增强学习动力、获得人生榜样，使学生有强烈的归属感把学校视为心灵的故乡。

（三）按科学管理的规律治校

大学是一个极其复杂的智能型组织，从组织属性而言是一个教育学术机构，从组织特征而言无法回避行政管理，从组织环境而言与社会高度关联，从组织运行而言需要巨大资源的支撑。随着大学与社会的日益高度相关，今日之大学与古典之大学就管理而言已经发生了太多的变化。正是现代大学的组织复杂性、使命统一性、目标多样性、活动开放性、理想矛盾性，以及海外学者所指出的“有组织而无政府状态”等复杂特征的日益突出，决定了大学更是一个需要科学管理治校的组织。其中，大学的依法治校、民主治校和经济管理治校尤为紧迫。

1. 大学必须依法治校

依法治校是由大学是理性组织的属性所决定的。大学的依法治校，首要者必须在遵循国家有关法律法规的前提下，制定符合本校实际并对大学重大的根本的事项做出全面规定的《大学章程》，以确保大学自己能自主管理、依法办学、遵法治校。不少大学总是强调政府必须依法让大学自主办学，却很少反思自己是否在依法治校。不少大学其领导人在办学中的随意性或“人迁事变”，根本原因就是缺乏统管大学内部管理的法规并依法治校。与我们不同的是，欧美大学都制定有对大学使命、大学组织、大学人员、大学利益分配、大学运行方式等都做出具体规定的《大学章程》，从而保证大学内部有条不紊地依法行事，既防止大学内部的人治随意性，又防御了外界的过度干扰。香港高等教育的法律制度比较完善，不仅表现在特别行政区政府主要通过法规、政策、拨款和监督等手段，以行政主导的方式实现对高等教育的调控，而且凡是有自行评审和授予学位资格的大学，都有一部经过本校立法机构通过并纳入香港法律体系的《大学条例》，这就从法制上保证了大学的长期稳定,避免了大学的因人因时因事的突变而受到严重干扰。

其次,在《大学章程》基础上建立健全各项制度,确保制度治校。制度的意义和价值,在于规范组织的行为以保证组织有章可循。当前不少大学存在管理混乱的问题,究其原因就是缺少规范学校行为保证高效运行的建章立制。譬如,我们的人事制度还停留在计划经济体制时代简单僵化效率低下的人员管理水平,既缺乏人力资源管理开发的意识,又缺乏公开性、竞争性、公正性以及有效评价、选择、聘用、奖惩、解雇教师及职员的科学标准,未建立有效的大学人事竞争、激励、更新机制,从而极大制约了大学人力资源的合理开发利用和整体优秀。又如学术制度残缺,有相当多的大学还未建立起科学、民主、公正、合理的学术评审机制。大学的庸俗化也罢、学术腐败也罢,无不与一些人利用权力垄断学术资源,导致学术资源、学术权力分配不规范、不科学、使用不当密切相关。大学的学术性决定了其学者对高深学问的研究、传递、批判和创新这一社会活动并非是社会化的一般劳动,而是具有探索性、艰巨性、长期性、创造性及既有个体性又有群体性特征的、极为复杂的科学劳动、智力劳动,判断其劳动成果的标准是真理和知识的客观性。因此,建立和完善科学规范的学术制度,既是保证大学依法自主办学的基本途径,也是保证大学内部学术自律和学术繁荣的基本措施。

2. 大学必须民主治校

民主治校不仅是国家发展民主政治、建设民主社会提出的要求,也是由大学学术组织的特殊性所决定的。强调大学民主治校的理由有三:大学是民主参与意识最强烈之知识分子集中的组织;大学的绝大多数决策事务需要学科专业知识的参与;大学负有引领先进文化包括引领民主文化的责任。民主治校不仅是大学民主管理的需要,更是大学科学决策的需要。民主治校尤其要解决好大学行政权力和学术权力协调运行的机制。大学内部存在学术权力和行政权力两种基本权力形式这是不能改变的事实,处理好行政权力与学术权力的关系,运用好这两种权力,使它们均能根据大学的使命和目标各得其所、各展其长、各尽其能、各施其责,以达到高度协调,这是大学科学管理的十分重要的任务。欧美国家大学科学管理的一大特点就是决策民主,人治和随意决策几乎不成为可能。董事会讨论决定学校发展方向及经费预算等大事,教授会决定学科发展等学术事务,校长则主持校务。决策和管理层次清楚,权责明确分工到位。我国大学的决策受外部影响不说,其内部管理层次也十分不明,导致权责不清。《高等教育法》虽就党委领导下的校长负责制中的诸如党政关系等有基本的表述,但党政的权责界定不清,党委会、教代会、校务委员会、校长办公会、党政联席会等多个权力体系的责权关系尚无明确界定。这在一定程度上影响了大学的民主治校、科学管理的效果。

3. 大学必须加强经济管理

大学是需要消耗大量物质资源才能维持生存和发展的巨型组织,从其超大的运行成本看,加强经济管理不仅是大学科学管理极为重要的内容,也是决定大学成败的关键。在加强经济管理方面,有三个问题需要引起大学的高度重视。

一是经济决策的成本效益问题。成本是为了达到特定目的而发生或应发生的价值牺牲,即做任何事必须付出代价。一些大学业已出现极为严重的"贫困的富有"的过度消费和铺张浪费现象,既反映了大学领导人缺乏成本意识,也暴露了他们对国家资源不负责任的问题。譬如对超大超豪华新校区建设的决策,就存在对投资决策的成本和效益关系论证不足的问题,由此不仅导致新老校区重复建设资源利用率很低,以及对师资、教学、科研等人力资源条件改善的投入挤压造成难计其大的机会成本,而且根本无法背负的沉重债务使大学无心无力于人才培养和科学创造的使命。

二是经济决策的规范性问题。大学经济决策的随意性和不负责任可以从产权理论中找到解释,由于政府出于对大学之学术自主和管理自治属性的考虑,赋予了大学相当大的办学自主权并把对大学管理委托给大学自己。遗憾的是其后作为大学产权的所有者和投资人的政府却甚少对大学的资产运行、资源使用的去向及其效益予以关心和必要的监控问责。正是此因,大学则更需要通过建立和完善经济决策和管理的制度来规范自己的经济行为以自律,否则就难以避免经济决策的随意性甚至经济腐败的滋生。

三是有限资源的科学配置和管理问题。大学资源的内部科学分配和管理是需要认真研究和解决的一个复杂课题。当前很多大学尚未建立健全包括资源配置、预算管理、成本核算、审计决算、问责追究等一整套财务规范体系,因此,大学在资产和资源的开发与利用、分配与管理方面的无成本意识等随意性、混乱性问题比较严重,还不能从制度上根本杜绝漏洞和浪费、低效率甚至经济腐败的问题。科学规范资源配置方式和提高资源利用效益和效率,大学方能可持续发展。

一所追求科学管理质量的大学及其校长的明智之举就在于对资源及其使用负责。正是对资源来之不易的格外珍惜,欧美大学在资源的分配上有一套完整的先评估再分配的科学制度,挥霍浪费资源或资源使用效率不高在欧美大学都是不能容忍的,况在制度上也无此可能。大学的科学管理和对国家负责的使命要求大学,绝不能因为自己资源获得的轻易性就可以在其使用和管理上随意对待。因此通过加强经济管理,科学规范资源配置方式,提高资源利用效益和效率,杜绝财务管理漏洞和浪费,是大学按科学管理的规律治校的当务之急。

大学理念建构及其现实问题思考

早于《国家中长期教育改革和发展规划纲要(2010—2020年)》出台的《国家中长期人才发展规划纲要(2010—2020年)》,不仅明确设计了"人才强国"的国家战略总体目标,并提出了"人才是我国经济社会发展的第一资源"的概念。由于高等教育对人才培养和人才输出的不可替代性,自然决定了高等教育在"人才强国"战略中绝不可以动摇的地位和作用。"高等教育强国"因此也就不再是高等教育学界一厢情愿的自说自话,而具有了国家战略的合法性。当"高等教育强国"成为国家顶层战略和制度设计之后,"高等教育强国"的使命担当自然就落在了以实施高等教育为己任的大学身上。此刻对大学而言其面对的严峻问题是:我们的大学能否肩负起并肩负好这一沉重的历史使命?也许正是此因,胡锦涛总书记在清华大学百年校庆的讲话主题选择了高等教育质量的提高,并特别强调"我国高等学校要把提高质量作为教育改革发展最核心最紧迫的任务"①。

随着《国家中长期教育改革和发展规划纲要(2010—2020年)》的出台,有理由相信政府宏观"管控"大学的治理结构和现代大学制度将逐步完善,在这一背景下大学回归办学治校的理性无疑将会成为大学改革以提高质量急迫的问题。而回归大学理性的大学之治,首赖于大学理念的端正。这便是中国高教学会继2009年举办"遵循科学发展建设高等教育强国"主题论坛之后,2010年讨论"教育理念创新与建设高等教育强国"主题的用心之苦。也正是基于对当前大

① 胡锦涛在清华大学百年校庆大会上的重要讲话[EB/OL].(2011-04-25).http://www.bj.xinhuanet.com/bjpd_sdzx/2011-04/25/content_22604972.htm.

学诸多被社会广为诟病的问题与大学教育思想和理论落后之关系的思考和把握，中国高等教育学会周远清会长2009年6月在南开大学举办的全国“人文素质教育与科学素质教育的融合”高层论坛上，发出了“中国高等教育又到了一个关键的时候，有必要探索和建立有中国特色的高等教育思想和理论体系”的呼吁，以期通过高等教育思想和理论的成熟指导大学健康发展。笔者亦认为，大学内部办学治校的诸多积弊，其根本原因还在于大学理念的偏失和大学理性的背离。如果指导大学办学治校的思想不正确，欲期待其自觉按大学应有规律有所作为则不成可能。大学理念是高等教育思想和理论体系中的重要组成，如果大学需要改革需要拯救，大学存在的理念落后之痼疾必须先于革除。

一、大学理念及其意义

1. 大学理念之定义

大学理念不同于大学概念，大学概念是一种不带价值取向、只是对大学这一事物既成事实的本质加以概括的科学概念，想说明的是“大学是什么”。如“大学是实施高等教育的社会组织”，就是一个最能反映大学本质属性且又能适应不同时空背景下各种社会情境的“大学”概念，当然这也是一个更具广泛意义的、反映了各时代大学客观事实和一般含义的科学概念。大学理念是人们对大学本体的基本看法，关于“大学应然”的理性认识，是渗透人们对大学的价值取向和价值要求的“好大学”观念，是人们观念中的大学，想说明的是“大学应该是什么”。西方学界对大学理念有很简单的界定：人们心目中的大学是什么或人们希望的大学样子。当“大学应该是什么、应该有什么使命、应该发挥什么作用”这些大学的基本问题明确之后，大学理念就有了很强的实践意义。

区别于大学概念，大学理念突出的特征就是：随着社会发展及其对大学的日益依赖，人们对大学的基本看法和要求也是动态发展的并趋向综合性。此即，作为政治、经济、文化等多种因素作用和文化历史积淀的产物，对大学的认识不能脱离当时所处社会环境及其对大学提出的要求。这就是哈罗德·珀金所言的：过去的希望、抱负和价值观与现代大学概念紧紧结合在一起。[①] 近千年大学的发展历经了“被动适应社会需要—主动满足社会需要—积极引领并推动社会发展需要”的三大阶段，这实际也反映了随社会进步与时俱进的大学理念的发展。

根据本人对教育理念的理解，大学理念具有如下的基本特点：(1) 大学理念是人们尤其是大学成员对大学及其活动现象进行思维而形成的观念，是对大学理性认识的产物。(2) 大学理念包含了人们关于“大学应然”的价值取向，属“好大学”的观念。(3) 大学理念是反映大学教育思维一类活动诸概念共性的普遍概念，如大学思想、大学理性、大学信念、大学精神等，并以上述诸概念的外在形式表现出来以示其既有抽象性又有直观性。如大学宗旨、大学使命、大学教育目的及目标、大学理想、大学管理原则等等。(4) 大学理念不是大学现实，但源于对大学教育现实的思考，是人们对教育现实的自觉反映。[②] 因此，大学理念是持有者对大学的清醒认识和关于大学的真知灼见，大学理念之于大学办学治校的实践具有引导定向的意义。

2. 大学理念的意义

观念有什么用，观念可以改变人类历史发展的进程和轨迹。毛泽东早就指出：“概念这种东西已经不是事物的现象，不是事物的各个片面，不是它们的外部联系，而是抓住了事物的本质，事物的全体，事物的内部联系了。”[③]马尔库塞说：“观念形态的东西是不能改变世界的，但是他们能够改变人，而人可以改变世界。”[④]美国学者莫尔甚至称：观念是人类文化的原子弹。由此可见，理念的意义在于先于行动、指导行动并决定行动。一个民族的成熟首先是思想的成熟，一个社会高度文明的标志就是其理论成熟并指导该社会的实践。这就是思想、理念的重要性。欧美国家较之他国的高度发达和高度文明很大程度依赖于对观念的重视和思想的成熟，以及对思想对真理无不怀有崇敬和敬畏。所

---

① 〔美〕伯顿·克拉克. 高等教育新论[M]. 王承绪，等译. 杭州：浙江教育出版社，2001：49.

② 眭依凡. 大学校长的教育理念与治校[M]. 北京：人民教育出版社，2001：59-60.

③ 毛泽东选读(上册)[M]. 北京：人民出版社，1986：123.

④ 刘道玉. 创造：一流大学之魂[M]. 武汉：武汉大学出版社，2009：4.

以美国称自己就是一个由观念造就的国家。当有些国家惧怕中国强盛之后会搞霸权主义时,前英国首相撒切尔夫人则提出了让我们中国人感到震惊的声音:中国根本不可能在世界上搞霸权主义,因为中国没有思想的输出。这说的就是思想的力量、观念的作用。

在当今国与国的激烈竞争中,科技落后的国度其实是思想落后、文化落后、观念落后的结果。国家和民族如此,教育亦然大学尤是。大学是产生思想的地方,更需要理念的引领。大学理念是讨论和解决大学诸问题的前提,大学理念是大学行动的指南,理念不清大学的方向则不明甚至背离大学应有的属性和规律。一个民族要败先败在教育,大学教育要输首先就输在大学理念的落后。在国际竞争日益残酷的时代,我们大学已经没有什么值得自鸣得意的本钱,很需要像美国著名大学一样的思想冷静和清醒。2007 年哈佛大学第 28 任校长德鲁·福斯特的就职演说意味很深:当大学不断地沉浸在自己的回忆当中,这个大学一定是没落了。

对大学的办学治校而言,大学理念是大学校长对“大学是什么”的价值判断和基本看法,大学校长持有怎样的大学理念,不仅直接影响到他对大学方向、使命及其应当承担的责任和义务的选择,同时也直接影响到他对大学的功能、作用和任务的确定。作为对大学的基本认识,大学理念通过对其他教育理念的形成及教育立场的影响,而贯穿在校长办学治校的全过程,对校长的整个办学治校具有自觉性和目的性。蔡元培先生就任北大校长时,德国洪堡大学评议会对此评论道:在中国还见不到一流的大学,但是我们已经见到了一流的校长。其所指亦在蔡元培先生的治校理念。大学理念乃是讨论大学诸问题的前提与关键,其意义在于认识大学价值的基础上坚守大学的价值。

大学理念在指导高等教育宏观改革所起的作用亦然。根据原教育部副部长周远清教授的划分,改革开放 30 年来我国大学经历了“大改革、大发展、大提高”三大阶段。每个阶段都可以看到高等教育理念所产生的引领作用。譬如,在“大改革”的阶段,我们根本改变了政出多门、条块分割、资源分散、效率低下,以及高校结构布局混乱、学科单一等诸多积弊,这很大程度上得益于自 1992 年以来,我国高等教育在“共建、调整、合作、合并”八字方针指导下,对高教体制和高教体系大刀阔斧的改革。客观评价该阶段的高教改革,可以说适应了经济社会发展对高层次人才的要求,增强了高校知识创新和培养创新人才的能力,通过合并组建的一批新的学科齐全的综合性和多科性大学,彻底改变了高校布局不合理,极大地增强了高校的办学实力,为随后的高等教育大发展和现在高等教育质量大提高奠定了坚实的基础。

二、大学理念的理性建构

大学理念是否需要建构? 有人对此持疑惑态度似可理解,因为大学理念是与大学相伴而生的。但问题在于大学理念不同于大学本身是一个客观的存在。如前所述,大学理念是人们对大学世界所持有的基本看法和对大学本体的理性观念,它是人们对大学世界加以认识,并赋予了主观价值判断的思想产物,是人们观念中的大学。因此,随着社会的演进,大学地位作用及其与社会关系的变化发展,人们对大学的认识、理解和要求自然亦要发生变化,致使大学理念呈多元及多变性。基于此,对大学理念进行理性思考和建构,就既有其理论意义上的逻辑合理性,亦有社会实践意义上的必要性。所谓大学理念的理性建构,本质就是整体、全面、深刻认识大学这样一个兼统一性和多样性于一体、兼外部因素和内部因素同时影响、其要素及其关系高度复杂的社会组织,其目的在于使人们立体地准确地把握大学的组织属性及其职能并遵循大学的规律办学治校。

进一步讨论大学理念的实践意义,主要包括"大学应是什么,大学应有什么使命,大学应起什么作用"这样三个关于大学的最基本问题,其回答不仅构成大学理念的不同层次且使大学理念具有了操作意义。对"大学应是什么"的回答,是对大学的一种定性认识,是人们对大学组织属性的认定;对"大学应有什么使命"的回答,是对大学的一种定位认识,是人们对大学应有责任义务的认定;对"大学应起什么作用"的回答,是对大学的一种定能认识,是人们对大学职能的价值认定。对大学理念其实践意义的深入讨论应建立在如下两个概念的基础上:其一,对大学的定性、定位、定能认识并非独自存在的,而是互相依存、彼此影响的;其二,随着社会的发展大学的作用亦与时俱进,因此对大学的认识也需随着时代的变迁而不断更新以符合时代对大学提出的要求。基于此,大学理念理性建构的意义因此得以彰显。

大学作为人类社会发展到一定阶段的产物,一方面受政治、社会(包括经济、历史、文化、科技、人口等诸因素)的影响和作用,另一方面又以人才培养、知识创新及其人才输出和知识运用为基本职能不断适应、满足及引领社会发展的制度性产物,其理念的形成主要受到来自政治和社会等其他诸因素的影响。随着大学之社会功能的日益重要,以及大学作为具有相对独立性及高度自适应性之教育和学术组织的日臻成熟,大学自身的内部环境亦对大学理念的产生具有与外界同样重要的作用。对此,剑桥大学前校长埃里克·阿什比及柏林大学的创始人洪堡早有论述。阿什比认为影响大学的主要力量来自社会、政治和大学自身三方面,它们对大学的影响都十分重要并无孰重孰轻。对大学的影响如此,对大学理念的影响当然也无出左右。比如关于学术自由的认识,洪堡就认为其既有来自大学外部如政治等束缚的问题,也有来自大学内部如行政管理等束缚的问题。

如图 7-1 所示,关于大学理念的理性建构,是否可以循“据大学职能的历史演进”、“据大学的价值哲学”、“据大学的组织属性”的层次和秩序进行分类建构?笔者以为这样的分类建构是有其逻辑意义的。首先,大学作为包括政治、经济、文化等社会诸多因素作用的结果,是社会需要的产物,其发生发展的基本逻辑或者合法性就是社会需要。因此,社会对大学的需要决定了人们对大学的最初认识,亦构成了大学的基本理念。由于社会对大学的需要是随着大学作用的不断增强与时俱进的,这样导致大学的社会职能从单一的“人才培养”,经“人才培养与科学研究”合二为一,再“人才培养、科学研究、社会服务”三位一体的演进。透过大学社会职能的延伸发展,我们看到分别由欧洲、德国和美国大学提出的人才培养、科学研究和服务社会等大学理念对大学发展进步所起的观念引领作用。可以肯定,如果没有引领大学社会职能发展演进的上述大学理念的作为,很难想象今日之大学有当前之完善,使之成为直接关系国家民族和人类社会时运和未来的最不可或缺的组织。关于大学社会职能的理念并不止于以上,诸如引领文化甚至发展经济似乎已经成为一种逐渐被人们悦纳的大学理念。

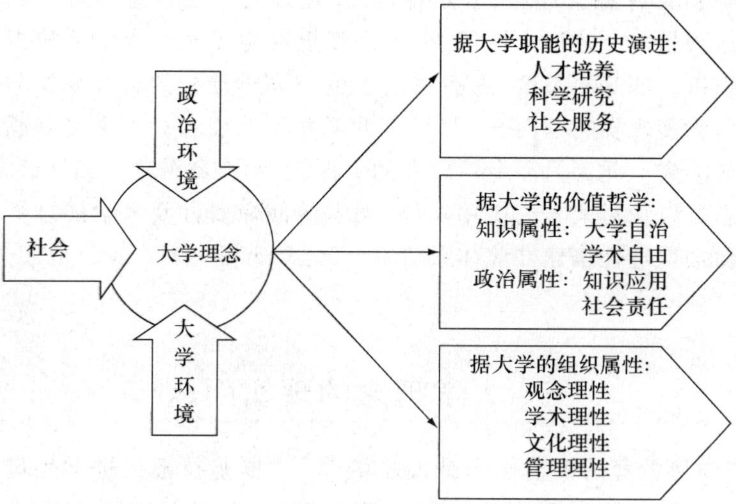

图 7-1　大学理念构成及其产生要素

据大学的价值哲学,对大学的认识可以从其知识属性和政治属性两个层面加以理解:对大学以知识发展创新为使命其知识探索过程不能受到来自大学之外任何影响,以及其结果客观性不能受到任何干扰这一知识属性的认识,于是大学之学术自由、大学自治两个基本理念得以提出。大学因此获得了来自政治和社会的理解及尊重,从而一定程度上获得并保持了其办学治校相对独立的自主权,这种权力可以说是大学的知识属性天赋于大学的;而对知识发展创新的意义在于知识能够改造和服务社会,因此人们又对大学具有了政治属性的认识,所谓政治属性即大学并非一群只是为个人好奇或兴趣在探索与人类社会毫无干系的知识,更非是做揭秘解谜似的智力游戏,他们由此产生的知识对人类社会无不产生影响。这种影响或有利于人类社会的进步或有害于人类社会的发展。知识是有应用价值的,这使得以探索和发展知识为己任的大学具有了社会责任。这样一种大学理念的建立,要求大学决不能把知识探索与人类和国家的利益对立起来,也决定了大学是最不能仅仅代表本组织利益必须对人类和国家负责的组织。这即是:大学是社会需要所使然。

据大学以培育人才、研究学术为天职之机构的组织属性,大学则应是具有高度理性的组织。从这一层面建构的大学理念,主要反映了对大学必须具有观念理性、学术理性、文化理性和管理理性等方面的认识。是否具有上述理性认识，很大程度上决定了大学办学治校者对大学组织持有的基本态度，进而决定了他们办学治校的行为和结果。就大学的诸多现实问题而言，无不产生于办学治校者对大学之必须理性认识的缺失。此为另需专门研究的大课题，不在此赘论。归纳起来，大学理念可以从对大学的实用功能、大学的使命属性及大学的理性逻辑等层面加以理性构建并成体系。

三、大学理念的现实问题

"高等教育的根本任务是人才培养"，"要坚持把促进学生健康成长作为学校一切工作的出发点和落脚点"，"从总体上看，我国高等教育还不完全适应经济社会发展和人民群众接受良好教育的要求，同国际先进水平相比还有明显差距"。[①] 这是胡锦涛总书记在以"全面提高高等教育质量"为主题的清华大学百年校庆讲话中的重要观点。在教育部直属高校工作咨询委员会第二十次全体会议上，刘延东同志作了题为《加快建设中国特色现代高等教育：九大任务》的讲话，提出首要任务就是"始终把人才培养作为根本使命"，同时她亦坦言"与世界高等教育强国、与世界一流大学相比，我们的教育质量还存在较大差距"。[②]这说明中央高层不仅认识到人才培养是大学的核心使命，而且指出了在人才培养质量上我们还存在不容忽视的差距。限于篇幅及人才培养为大学核心使命的原因，这里仅就大学理念的缺失导致人才培养质量不高尤其是难以培养出拔尖创新型人才的问题予以讨论。

1. 育人使命意识的淡漠

培养人才是大学诞生最初的理由和动机，是大学不言自明的天职，及无须证明的公理。因此，以生为本应该是大学必须持守的核心价值观。然而遗憾的是，正是最需要以人为本及其价值坚守的大学，恰恰忽

① 胡锦涛在清华大学百年校庆大会上的重要讲话[EB/OL].(2011-04-25). http://www.bj.xinhuanet.com/bjpd_sdzx/2011-04/25/content_22604972.htm.

② 刘延东.加快建设中国特色现代高等教育：九大任务[J].山东高等教育，2011，(3).

视了学生的存在和学生的需要，这是不是导致被社会颇多诟病的高等教育质量不高，尤其是钱学森先生“没有一所大学能够按照培养科学技术发明创造人才的模式去办学，没有自己独特的创新的东西，老是‘冒’不出杰出人才”之抱憾的原因？当然，我们无法要求所有的大学都培养杰出人才，再卓越的大学也不能把所有的学生都培养成能改变世界的人。问题是一个国家尤其是一个已经确定了人才强国之策的大国，你总应该有一些大学能够培养出一些能为人类社会带来变化的人才吧，否则你有什么东西值得骄傲？

下表（见表7-1）为笔者的研究生任文闻对我国自1994年成立工程院以来，1978年改革开放恢复高考制度后本科毕业生入选工程院士的构成情况统计（截至2010年10月）。如果说我国的院士遴选条件和程序都是严格规范的，确实代表了我国科技工程界的最高水平，那么如表7-1所示的这个6.23%的数据足以证明，改革开放30多年来我们培养的学生中拔尖创新人才确实太少就不是毫无事实根据的说法。此外，另一个事实是近几年来毕业生的适当就业率一直徘徊在70%上下甚至更低，对此我们大学也不能把责任简单地推给社会并责怪政府在经济发展上作为不够。作为人才培养和输出的组织，大学首先必须反省的是自己培养的毕业生为什么受到社会的冷落？这有没有大学教育质量未能满足社会要求的问题？其实答案不言而喻。

表7-1　1978年以后本科毕业生工程院士构成情况
（1994—2010年共754人）

本科毕业大学	人数	比例
中国大学	47	6.23%
中国和外国或外国	21	2.79%
资料不明	26	3.45%

原始资料来源：中国工程院网站 http://www.cae.cn/cn/ysxx/qtysmd/.

坦率地说，现在不少大学确实关心的多是立竿见影的与短期名誉关联的急功近利的绩效问题，而对需要长期努力且也难于直观的学生之成长之成才少于使劲下力。究其根因，善良点说是大学办学治校者中还有人不太知道大学以颐贤育人为天职，不能把大学混同于追求功利的社会场所；尖锐则可断言，大学不乏自觉迎合社会世俗而放弃对大学属性使命坚守的领导者。前者可悲，后者可恶！作为社会需要的产物,大学当然不能脱离社会自视清高,但大学具有文化思想引领社会的责任,这使得大学必须具有一定的独立社会的理性而非简单的迎随世俗。此如哈佛大学第24任校长纳森·马什·普西所言,哈佛"是属于社会的,但同时又是与社会脱离的,是高于社会的,她不是社会腐败的产物"。[①] 这正是在对全球13万所大学进行调查和比较后,哈佛大学何以被英国《泰晤士报高等教育副刊》多年来一直排为最具声誉大学榜首的原因。

育人理念的淡漠是我们大学理念存在的首要问题,其导致大学育人使命的边缘化,之后便是对学生的冷漠和对教师的忽视。香港中文大学校长沈祖尧先生曾不客气地指出:阻碍中国大学走向世界一流的一个重要因素,是忘了大学的使命是培养人的成长。钱学森先生之问不仅没能触动我们的大学,而且面对近几年来数十万高中毕业生弃考者,尤其是一大批优秀学生弃考、弃录取选择留学海外,不少大学也不为所动。在一片人才培养质量不高的强烈批评压力下,我们的大学竟然能安之若素。

2011年10月担负着引领中国大学走向世界并率先跻身世界一流大学行列之使命的9所最好大学(简称C9)校长联谊会在上海召开,校长们在"共同探寻世界一流大学建设之路"的讨论中,或宏论大学的使命精神、中国模式等,或微议师生缺乏理想志趣叹大学内部管理太难之苦经,遗憾的是少有人谈本科生的培养教育,谈自己的大学人才培养模式的改革创新。其因就在育人使命意识的淡漠。对此有人在网上发帖:"据说C9有意以美国的常春藤联盟为榜样,如果不是还有其他私心(如套取国家教育经费),至少精神可嘉。看常春藤名校,无不以本科教育为本;学校最引以为傲的,也是他们毕业的本科生。这一点,本人80年代在C9之一读本科时,学校做得是很好的。更不用说西南联大,其之所以是中国高等教育的高峰,还不是因为它的本科教育?西南联大在抗战十分艰苦的条件下,办学虽短,却培养出获诺奖的毕业生,和诸多大师级的学者……听说大多学校本科教育质量下滑,所谓'名教授'不给本科生开课,以跑项目为主;有的学校竟然牺牲本科生利益

---

① 〔美〕理查德·布瑞德利.哈佛规则:捍卫大学之魂[M].北京:北京大学出版社,2009:12.

去做其他。如此本末倒置,只会不进则退。”①话说得虽重,但以包容的心态去想,那是恨大学不争的诤言。

市场经济竞争环境的形成给大学带来了生存发展的诸多挑战,一些大学经受不住权力和利益的诱惑,暴露出了诸如日益世俗化、市场化、官僚化、功利化、庸俗化等引起社会广泛关注和批评的问题,其反映出大学最深层的危机,就是大学育人核心价值的错位、育人属性意识的淡薄、大学育人使命的背离。

2. 尊师重教理念的淡漠

尊师重教作为一个口号的提出是针对社会的,旨在倡导一种尊重教师、重视教育的治政理念和社会风气。遗憾的是这一对社会的期望和要求,大学自己都没有做好。一些大学其教师与教学地位越来越低,以至于一些博士和教授不再愿意与教师为伍而对竞聘科长、处长却趋之若鹜,这肯定不是尊师重教带来的结果。清华大学终身校长梅贻琦先生的“大学者非谓有大楼之谓,有大师之谓也”,早就成为中外大学办学治校的宝典。可是我们有多少大学有对教师及其教学的尊重和重视?没有教师这一端的高质量、高负责,能有学生那一头的高质量、高素质?

哈佛前校长劳伦斯·萨默斯曾这样回答中国如何创建一流大学的提问:“从长远来看,要想创建一流大学,只有一件事是非常重要的,那就是拥有最具创造力、最积极思考、最聪明的师资。”②哈佛何以能在杰出人才培养上始终独领风骚处于领袖地位,萨默斯曾这样总结其成功秘诀:“首先,大学应该不受政治和外界控制和干扰;这些大学必须极力争夺优秀人才;必须不断寻找方式来衡量自己,不断寻找方式来给自己施加追求卓越的压力。”③如果我们连教师及其教学都不予关心重视,那还会有对教师整体优秀的追求?显然不会!

面对未来10年大批教师将退休的趋势,美国康奈尔大学近年来做出了斥资1亿美元设立人才招募基金,以确保在今后5年加速招募世界优秀人才的决定。其大卫·斯考顿校长表示:“招募工作清楚地表

① 九所顶尖大学校长探讨:中国模式能圆世界一流大学梦吗[EB/OL].(2010-10-14).http://news.sciencenet.cn/html/comment.aspx? id=238737.

② 〔美〕劳伦斯·萨默斯.如何造就一流大学[J].校长,2009(12).

③ 〔美〕劳伦斯·萨默斯.如何造就一流大学[J].校长,2009(12):69.

明，我们的发展更加健康，对未来的定位更加明晰。”①其教务长肯特·富克斯说，“对于来康奈尔工作的教师，我们所提供的条件是首屈一指的，而不仅仅是具有竞争力”，“优秀人才的招募将使康奈尔在未来数十年立于不败之地”。这已成为康奈尔大学校院两级组织及其领导者的共识。反观我们的大学，又有多少有康奈尔大学这样的长识远见？那么多的大学敢于也乐于借贷十几亿甚至更多的钱去修建硕大无比的不失有暴发户之嫌的新校区，却不肯在关系大学人才培养质量及大学未来命运的教师队伍整体素质提高及其聪明才智最大发挥等问题上予以必要的关注和投入。中美大学人才培养质量的差距之大，在很大程度上是教师差距的直接结果，而后者难道与我们在观念上就忽视甚至无视教师之重要性无关？对教师的态度，在很大程度上决定了中美大学的不同。

正是因为教师对大学之不可或缺和不可替代，胡锦涛同志把“教育大计，教师为本”、“要把加强教师队伍建设作为教育事业发展最重要的基础工作来抓，充分信任、紧紧依靠广大教师，提升教师素质，提高教师地位，改善教师待遇，关心教师健康，形成更加浓厚的尊师重教社会风尚，使教师成为最受社会尊重的职业，努力造就一支师德高尚、业务精湛、结构合理、充满活力的高素质专业化教师队伍”②作为在清华大学百年校庆讲话的结束语。没有对教师这样一种高屋建瓴的认识，大学怎能产生尊师重教的变化和行动？没有教师队伍的整体优秀和高度自觉性、积极性，大学之人才培养的质量就可想而知了。

3. 人才培养理念的落后

深化教育体制改革，目的是提高人才培养水平，核心是改革人才培养体制，但关键在于更新教育观念。这是《国家中长期教育改革和发展规划纲要（2010—2020 年）》在“教育体制改革”部分的基本立场。培养人才并保证人才培养应有质量，这是大学得以存在的最基本的理由。教育体制通过制度的宏观约束很大程度上决定大学的作为，但教育体制并不能决定大学的全部。就大学自治而言，大学最有话语权和

① 美国康奈尔大学斥资 1 亿美元招募人才[EB/OL].(2010-09-12).http://news.sciencenet.cn/htmlnews/2010/9/237397.shtm? id = 237397.

② 胡锦涛：全面提高教书育人水平 推动教育事业科学发展[EB/OL]. http://news.tsinghua.edu.cn.

自主权的领域便是决定如何培养人。因此把人才培养质量不高的责任完全拱手相让给教育体制,是大学“过于谦虚”的责任的推卸。笔者以为,在人才培养问题上大学必须勇敢地面对自己的责任,这是大学办学治校者首先必须具有的意识和立场。香港大学教育学院资深教授 Gerard Postiglione 认为:“如果中国想成为高等教育的领导者,中国大学需要自己培养更多具有创造性和深度思考能力的学生。”①而这需要中国大学对自己进行改造。改造什么?首当其冲者便是人才培养理念的落后。没有对落后人才培养理念的更新,所谓人才培养模式创新就失之明确的目标和方向而只是口号的停留。

人才培养理念何以重要?如果坦承我们与世界著名大学在人才培养方面存在差距的话,最大的差距就是人才培养理念的差距。

概括起来如下人才培养理念问题尤为突出:以生为本的办学理念尚未牢固树立,未把改善育人环境,营造尊重、关心、爱护学生,有利学生个性发展、身心健康成长的人才培养环境视为首要;人才培养的质量意识尚未牢固树立,未把保证和提高教育质量视为大学的生命所在和对国家负责的使命,人才培养最基本的问题就是学生知识、能力、思想的和谐发展,这个问题看似简单可是我们一直没有解决好。沈祖尧先生之所以批评我们忘了大学的使命是“培养人的成长”,就在于我们过于重视把专业知识放在学生的脑袋里面,却缺少对他们的价值观、责任心和思考能力的培养。

人才培养理念存在问题还反映在我们大学院系分得太细,有人对此批评道:“当知识变得如此支离破碎的时候,你还指望能培养出有全局眼光的栋梁之材?当大学校园变得像个市场商场的时候,你还指望能熏陶出什么优雅之士?”②耶鲁大学整个工科就是一个工程系。此外需要指出的是,在人才培养理念的问题上,我们还缺乏美国大学的反省意识和精神。近几十年来美国大学尤其是著名大学从来就没有停止过对人才培养尤其是本科教育存在问题的自我反思和批评,尽管他们早就处在杰出人才培养的世界顶端。理查德·布瑞德利认为哈佛面临

① 《科学》刊登长篇报道关注南方科技大学[EB/OL].(2011-04-08). http://news.sciencenet.cn/htmlnews/2011/4/245893.shtm? id=245893.

② 一个台湾学生眼中的上海交大[EB/OL].(2009-07-25). http://hi.baidu.com/sppeivan/item/f98a6b2d283b04d20f37f90e.

的一个最大问题不是用金钱可以解决的,"那就是它的本科教育缺乏连贯性,在理念上有瑕疵"①。哈佛大学前校长德雷克·博克的新著《回归大学之道》,也向我们展示了一位美国著名大学校长在大量实证调查和研究的基础上,发现美国大学生不仅在写作、批判性思维、数理能力等方面能力还远未达到期望的水平,而且在外语口语、文化和美学养成,以及准备成为活跃而富有知识的公民方面也未取得长足的进步,与本科教育的目标还存在差距,很多重要课程都由缺乏经验的教师担任,很多教授关心的仅是教学内容依然沿袭那些业已证明是低效的但在课程改革中他们却对此视而不见的教学手段等问题,从而反思了美国大学本科教育的根本目标,向大学教师和大学的领导者提出了本科教育需要确立以改善大学生学业水平,构建以学生发展为导向的本科教育务实目标等一系列有利改进人才培养的建议。

"把促进人的全面发展和适应社会需要作为衡量人才培养水平的根本标准,树立多样化人才观念和人人成才观念,树立终身学习和系统培养观念,造就信念执著、品德优良、知识丰富、本领过硬的高素质人才"、"注重培养拔尖创新人才,积极营造鼓励独立思考、自由探索、勇于创新的良好环境,使学生创新智慧竞相迸发,培养造就更多新知识的创造者、新技术的发明者、新学科的创建者"②,其前提都在于人才培养理念的更新。

4. 文化理性的失偏

大学的创建无疑是人类文明最值得骄傲的发明,诚如弗恩·布劳(Vern Bullough)所言,"大学的建立是西方文化成就最重要的因素之一"③。生不逢时于最艰难岁月的西南联大之所以至今处在中国大学史的高峰,其重要原因之一就是支撑着整个联大师生刚毅坚卓精神的独特文化。"大学的功能包括文化传承、专业教学、科学研究和新科学

---

① [美]理查德·布瑞德利.哈佛规则:捍卫大学之魂[M].北京:北京大学出版社,2009:12.

② 胡锦涛在庆祝清华大学建校100周年大会上的讲话[EB/OL].(2011-04-24).http://www.gov.cn/ldhd/2011-04/24/content_1851436.htm.

③ James Kittelson & Pamela Transue ed. Rebirth, Reform and Resilience: University in Transition: 1300—1700 [M]. Ohio State University Press, 1984: 26.

家培养”,《大学的使命》作者加塞特之所以把文化传承视为大学首要的功能,因为在他看来“没有文化的大学生活是有缺陷的生活,是遭到破坏的,不真实的生活”①。维持大学生命体内流淌着的血液是文化。笔者以为,就大学人才培养而言,不仅有知识和能力发展的目标,还有人格精神养成、理想信仰形成之目标,而后者决定了大学文化育人的学理性、必然性以及必要性、合法性。但是大学文化作为一种不能忽视的教育影响,其又是一把既可塑造人亦可扭曲人的双刃剑。因此,大学必须有高度的文化理性,不仅要重视大学健康文化守护弘扬和营造,更要防止不良文化对大学的侵蚀。如果任由一些大学已经出现的不能无视的诸如崇官媚上、崇权拜金、急功近利、轻学玩乐等,有悖于大学圣殿的神圣性、高尚性、学术性、教育性的庸俗文化泛滥,那么大学及其人才培养之崇真、向善、求美和社会担当的使命就难以坚守。

大学文化与人才培养关系密切,而问题的严重性在于,我们的大学不是不重视文化而是不重视如何营建和养护有利大学人才培养的充满理想主义的学府文化。由于对权势和金钱的依附日益恶化和大学精神的扭曲,有些大学丧失了独立学府风范,有些则已经成了追功逐利、享乐主义盛行的名利场。诸如笔者曾经批评的那所负债十几亿的地方大学所热衷于的文化,竟然是美其名为生态校园建设的“鹅鸭戏水、小桥荷池、楼堂水榭、鹿跑鼠跳、怡情养性闲暇场所”之宫廷环境的营造,这样的大学其领导人哪有心思予以师生关心和爱护？还舍得以足够多的精力和资源用于学生的培养吗？

南开大学原校长母国光先生认为:办大学最重要的就是办一个氛围,让社会看起来,你真的是一个纯洁的学术殿堂。以追求真理、涵养精神、塑造人格、发展知识为己任的知识圣殿,如果甘愿让社会的不良文化侵蚀并视留下诸多不可容忍的社会诟病而不顾,那不是大学的堕落是什么？如果任凭社会庸俗、低俗、媚俗之风对大学内部的侵蚀,大学的文化堕落就不能避免,受害的就岂止仅仅只是大学的高雅性,人才培养的使命坚守也难保。这使我想起科学网上有良知者的一句话:

---

① 〔西班牙〕奥尔特加·加塞特. 大学的使命[M]. 徐小洲,等译. 杭州:浙江教育出版社,2001:7.

"当大学开始沉沦的时候,我们的希望在哪里?"①

"一旦你跨进大学之门,如果你自己不想努力,你就大可不必努力了。"这样的大学文化其实在一些大学已经成为事实。MIT之所以出色人才辈出并成为全球最有声誉的10所大学之一,那是因为这所大学的学生嘲讽MIT是学习地狱,以至于通往在麻省大街77号所谓MIT正大门的路上,人们可以看到这样的路标"到地狱还有一半的路程"。然而,尽管被自己的学生戏谑为地狱,但MIT依旧是全世界杰出理工科学生最心之神往的高等学府并被自己的学生和校友永远热爱和追忆不止。吴冠中说:艺术院校文化课要求太低,而这决定了他们只能培养工匠,培养不出艺术家。学美术等于殉道,将来的前途、生活都没有保障。如果他学画的冲动就像往草上浇开水一样都浇不死,这样的人才可以学。② 这实际上说的就是大学文化对人才培养的影响。

此外,我们大学文化中存在的绩效主义对人才培养的不利影响绝非是可以忽视的问题。无论是来自政府部门还是社会以及大学内部的因功利取向、声名诱惑导致的数量追求、绩效管理,对人才培养所产生的都是事违意愿、适得其反的结果。尤其与大学文化格格不入的是:绩效主义是学术腐败的源泉。更何况把人才培养和知识生产的组织沦落为劳动工分制、计件劳动制的"人民公社",这对大学组织是最无情的嘲讽。

1993年美国约翰逊基金会发表了一份由高等教育温斯普里德小组撰写的报告《美国的势在必行:对高等教育的更高期望——一封给关心美国未来人们的公开信》,该报告强调:我们决不能忘记,如果没有受过良好教育的人民,任何民族都不可能成为伟大的民族;没有世代相传的市民社会的根本价值观,任何民族都不能成为组织良好的民族;没有将教育年轻一代放在首位的机制,任何民族都不可能维持繁荣与强大。③ 如果说美国当之无愧且毫无争议地处在了世界高等教育的领先地位,我以为最应引起我们关注的并不是美国高等教育高不可攀的

① 南方周末:百年清华更当记取大学之大[EB/OL].(2011-04-29).http://news.sciencenet.cn/html/comment.aspx? id=246743.

② 吴冠中谈教育体制[J].中国新闻周,2010(24):72.

③ American Imperative, Higher Expectations for Higher Education: An Open Letter to Those Concerned with the American Future [R]. Report of the Wingspred Group on Higher Education. The Johnson Foundation, 1993.

现有，而是他们对高等教育的那份敬畏的态度。正是这份态度决定了美国大学办学治校的理念，因此也就决定了美国高等教育的现在和未来。面对人才培养质量问题强烈的社会批评，人才培养质量改善究竟是大学自身的责任还是教育主管部门的责任？尽管后者设计了太多的诸如985、211、教学评估、质量工程、百篇优秀博士论文等等绩效管理的政策和措施，似有把大学导向过度追求绩效指标的方向，但这并不能成为大学自己在反映价值选择和追求的大学理念存在诸多问题的解脱。

观念更新:大学人才培养改革设计的价值引领

2008年8月温家宝总理在科技教育领导小组会议讲话中强调:“研究制订《国家中长期教育改革和发展规划纲要(2010—2020年)》,是本届政府必须着力做好的一件大事”;“从长远看我们不仅要不断扩大高等教育的规模,满足群众对高等教育的需求,更重要的是要提高高等教育质量,把提高高等教育的质量摆在更加突出的位置”;“高等学校改革和发展归根到底是多出拔尖人才、一流人才、创新人才……要认真思考我们为什么培养不出更多的杰出人才?”“教育的根本任务应该是培养人才,人才培养观念更新和培养模式创新要成为规划的亮点。”[①]总理关于“人才培养观念更新”的这些观点高屋建瓴,既道破教育成败之关键,亦言中我国大学教育当前问题之要害。

凡教育者必须知晓:人才培养观念决定人才培养目标,人才培养目标决定人才培养模式,人才培养模式决定人才培养质量。这是教育的基本逻辑。遗憾的是,我们恰恰忽视了人才培养观念在人才培养活动设计中所具有的方向指导和理念统领作用,往往喜欢从教育过程中找问题,而很少从教育设计的前端查原因。其实,人才培养观念才是决定人才培养质量的起始条件,因为教育设计的质量决定教育过程的质量,而教育设计的价值前提就是人才培养观念。[②] 如果承认大学教育存在

① 温家宝.百年大计,教育为本[EB/OL].(2009-01-04).http://politics.people.com.cn/GB/101380/8618164.html.

② 眭依凡.观念更新:大学人才培养改革设计的价值引领[J].中国高等教育,2009(12).

人才培养质量还应更高一些、创新型人才还应更多一些的问题,我以为大学有自身的责任。大学作为一个充满理性和理想且高度自适应的组织,应该有自我反省的意识和自我完善的能力,问题是你必须认识到自己的问题所在。基于这样的立场,本文从人才培养观念的价值引领角度讨论大学人才培养存在的问题。

一、人才培养观念的作用

成熟的社会组织及其成员的行动皆受制于观念,即观念通过决定组织行动的目的、目标以及如何行动,继而决定组织行动的效率和效果。这就是说组织的行动结果在很大程度上是被组织及其成员所持的观念预先决定的。古人语"谋定而后动",佛经道"念起即觉,觉即不随",说的都是观念先于行动,观念引领行动。亦如科学发展观从价值选择和思想指引上对我国社会经济发展所带来的深远和重大影响,是其他任何都不能替代的。这就是观念的力量观念的作用,国家民族如此,教育事业亦然,人才培养尤是。概括起来,人才培养观念在大学人才培养中之所以重要原因有三。

其一,人才培养是大学的基本价值和主体职能,是大学区别其他社会组织的属性特征,放弃或不关心人才培养,大学就不再是本真意义上的大学。胡锦涛总书记在2005年初召开的全国关于进一步加强和改进大学生思想政治教育工作大会上特别强调:"培养什么人,如何培养人"是社会主义教育事业发展中必须解决好的根本问题,大学生的培养关系到党和国家的命运。① 胡锦涛的话不仅阐明了大学是培养人的地方,而且其培养的人还关系到国家民族的兴衰成败。事实上就大学自身而言,无论是教学型大学还是研究型大学都必须抓好人才培养工作,这是大学的立身之本,也是大学存在和发展的基本逻辑和公理。纵观世界一流大学并非因科学研究成果而扬名,却是以人才培养的高质量而著称立世。

① 胡锦涛:加强改进大学生思想政治教育工作[EB/OL].(2005-01-19).http://www.people.com.cn/GB/jiaoyu/1053/3129328.html.

其二,人才培养观念并不只是单纯对培养人才的观念,它是人们尤其是大学教育者、管理者对大学属性、使命、责任并因此影响和决定自己办学治校的总的看法和价值判断。此如温家宝总理所说:"高校办得好坏,不在规模大小,关键是要办出特色,形成自己的办学理念和风格。"[①]没有对大学正确的价值追求和属性坚守,岂能有对人才培养之重要的认识和以人才培养为大学核心使命的守护?其实从某种意义上说,人才培养观念是大学使命、属性和责任的具体反映,有什么样的人才培养观念就有什么样的大学办学治校方向及其行为。试想一个连人才培养观念都不清楚甚至不想清楚的大学,能期待它致力于人才培养的使命和责任?

其三,管理始于目标也终于目标。马克思早就说过,人与动物之不同就在于人在行动之前,其结果已经在人的头脑里存在了。所谓"头脑里的结果",就是人们为采取某一行动欲达到的目的和目标。人才培养作为目的性极为明确的社会活动,其亦始于培养目标。从组织管理的角度看,培养目标既是人才培养的规格和标准,亦是大学人才培养工作的出发点和归宿。由于大学的所有工作都是围绕着人才培养这样一个中心工作展开的,因此培养目标及其实现也是整个大学工作的出发点和归宿。人才培养质量是大学的生命所在,所谓质量就是目标实现。没有明确的培养目标,就无所谓人才培养的质量标准。换句话说,人才培养目标的设计质量,在很大程度上决定了人才培养的质量。这是我们必须建立的对培养目标重要性的认识。由于人才培养观念是人才观在大学的集中反映,是大学培养什么人的一种价值主张和具体要求,也是大学理想和使命的具体体现。因此,所谓人才培养目标实际上就是人才培养观念体系的具体化。没有正确的人才培养观念对人才培养目标及其培养模式设计的指导,大学的人才培养工作或失之正确的价值判断价值追求而方向不正不明,或目标不清目标模糊而导致人才培养工作盲目无所适从并终而无所作为。

人才培养观念之所以重要,因为它是大学办学治校的价值判断和教育改革设计的方向引领。

---

① 温家宝:高校办得好坏不在规模 关键是要办出特色[EB/OL].(2009-01-04).http://news.ifeng.com/mainland/200901/0104_17_952080.shtml.

二、当前人才培养观念存在的问题

在一个科学技术成为第一生产力并主导人类生存发展模式的知识经济时代,完全可以说现代国家间的竞争一定程度上是以知识生产、科技创新为己任的大学竞争为特征的,由此大学的极端重要性得以凸显。大学的竞争当然包括科学技术创新发明的竞争,但更是创新型人才培养的竞争。因为,人才是知识生产和科技创新的第一要素。对此,胡锦涛总书记在2006年两院院士大会上指出:世界范围内的综合国力竞争,归根到底是人才特别是创新人才的竞争。为此要把培养造就创新型科技人才作为建设创新型国家的战略举措,从教育这个源头抓起努力建设有利创新型科技人才生成的教育培养体系。我以为就大学而言,胡锦涛同志的这个讲话不仅要求大学认识到自己在建设创新型国家这一战略选择中扮演多么重要的角色,而且对大学重新审视自己的办学目标和人才培养观念及其模式,端正办学方向更好地担负起人才培养、科学创新的使命有着重要的指导意义。

如果坦承我们与世界著名大学在人才培养方面存在差距的话,最大的差距就是人才培养观念的差距。比如我们热衷高等教育大众化却淡化了培养精英的意识,我们有扩大招生规模的激情却缺乏培养质量的理性,我们似乎强调系统知识的传授却忽视青年人创新创业包括实践能力的培养,我们只有一成不变居高临下的一统性要求却甚少学生个性自主发展的余地空间,我们重视学生培养却甚少关心和重视把他们培养好,等等。就是这些人才培养观念的差距可能导致我们输掉整个大学教育!对此,我还要补充一句:这并非是危言耸听!

在多次赴欧美著名大学访学研究的过程中我发现,有创新潜能的优秀人才一定向往并追求能培养精英型创造性人才的大学。譬如,笔者在前面提到的,我国著名大学已经成为向美国大学输送博士研究生的"摇篮",而这与我们大学的人才培养质量不高,尤其难以培养杰出人才不无关系。如果我们不想致力去改变大学人才培养的现状,那么留住最有才华和发展潜能的人才的状况就难以改变,甚至愈演愈烈。

最近杨振宁先生在接受记者采访时说:任何大学要做好,第一要有人才。我想老人家强调的更是要“培养出人才”。他还说中国有非常优秀、聪明的年轻人,但是聪明的年轻人变成各领域中走到世界第一线的人才,就要靠培养的环境。我以为,培养环境包括培养文化、培养制度、培养模式、培养条件等等,但培养环境的营造最需要培养观念的价值引领。我们在培养观念上存在的主要问题可以概括如下。

其一,以生为本的办学理念尚未牢固树立,未把改善育人环境,营造尊重、关心、爱护学生,有利他们个性发展、身心健康成长的人才培养环境视为首要。科学发展观的本质是以人为本,对以人才培养为天职的大学而言就是以生为本,没有对学生主体地位的认识、对学生主体要求的重视,我们根本就不可能关心学生,更不要奢谈围绕人才培养的核心使命办学治校,按年轻人成长成熟成才的规律教育教学。本着实事求是的精神审视大学,不得不承认有相当数量的大学并没有把学生视为大学赖以存在的主体,因此其工作核心不是人才培养。由于缺乏自觉为学生健康成长服务的强烈意识,其所作所为也就难免为制度而制度、为建楼而建楼、为大学形象而形象的就事论事。

耶鲁大学成功的真谛就在于,视“学生就是大学,学生是大学屋里的主人”。国际社会认为:21 世纪成功的大学必须以学生为中心,并且满足大学生成长成熟成才的需求和愿望。缺乏对学生的关心,这不仅与科学发展观以人为本的教育本质相悖,更严重者是,如果缺乏以生为本的观念先导,人才培养就不可能成为大学之首要,校将不校的问题就不仅仅是一种可能。

其二,人才培养的质量意识尚未牢固树立,未把保证和提高教育质量视为大学的生命所在和对国家负责的使命。大学不必讳言资金需要,因为没有资金就难以为继。但大学一则不能盲目地不受控制地为谋金钱而招生,二则必须对所有学生的学有所获、学有所成全面负责。关于人才培养笔者坚持这种观点:培养了并不等于需要,需要并不等于培养好了。前者有社会需求的问题,后者则完全属于大学的教育质量问题。当 23% 的高等教育入学率成为现实之后,人才培养质量则成为所有大学无法回避的问题。无论什么类型什么层次的大学都有其人才培养的最基本的质量标准,何况创新型创造性人才的培养也是大学不能放弃的责任。经过中外大学毕业生就业比较后我们不得不坦陈,我国大学毕业生的就业率不高,当然有社会经济的发展水平亦包括诸如金融风暴影响的原因,但绝不能排除人才培养质量不高的问题。

据调查,我国近 1/3 的大学生学的是工程专业,这个比例比任何国家都要多,包括以技术擅长的德国也只有 20% 的大学毕业生学工程技术。由于工程技术毕业生中普遍存在知识体系偏重理论和缺乏参与项目或团队协作的实践经验,有相当数量的人还不具备从事所属行业的技能,这使得我们适合到跨国公司工作的年轻工程师比例仅占供给的 1/10。而问题是眼下那些连应付教学都忙不过来的大学,你能期待他们有人才培养的质量意识?创造性人才的培养和教育质量的保证更是无从谈起?大学不注重或无暇注重人才培养质量,学生愿意上大学但不愿意做学问的现象也随之严重。如果我们对教育质量问题继续漠然处之,大学的人才培养质量问题便会积淀并构成对社会安稳和国家竞争力的严峻影响。这也不是盛世危言!

其三,重知识传授轻能力培养,重思想教育轻精神养成,人才培养缺乏与时俱进的现代意识。人才培养最基本的问题就是学生知识、能力、思想的和谐发展,这个问题看似简单可是我们并没有解决好。清华大学人才培养最成功的经验就是又红又专、德才兼备,因此被世界视为中国大学典范并加以研究。知识和能力毫无疑问是继承和发展的一对范畴,所以我们重视知识传授的系统性,于是有一套似乎很完整很科学的解决合理知识结构的庞大课程体系和整套的教材体系,可是如此完善的知识教学体系既没有帮助学生发展好运用知识解决实际问题的实践能力,也没有培养好他们的创业和创新能力。而欧美大学并不如我们重视知识的系统性,学生甚至自我确定教学计划,低年级和高年级学生同堂上课司空见惯,教学中也没有什么教科书,可是他们培养的学生就是有很强的动手解决问题的实践能力和创新创业能力。为什么?问题在于我们把人才培养等同于课堂里单一的知识传授——教书,而欧美大学的教育理念认为知识不是目的而是发展能力的手段,因此他们的人才培养注重的是通过知识的学习发展运用知识和创新知识的能力。这就是彼此人才培养观念的巨大差异。

再说思想教育,一个人的成败不仅取决于他的知识多寡更取决于他的价值选择、道德素质、思维方式,而且一个人之所以要受教育不只是个人生存发展所需,更是国家民族人类社会发展的需要。所以《大学》把大学之道视为教人做人的大学之法。所谓"大学之道,在明明德,在亲民,在止于至善","古之欲明明德于天下者,先治其国;欲治其国者,先齐其家;欲齐其家者,先修其身;欲修其身者,先正其心;欲正其心者,先诚其意;欲诚其意者,先致其知;致知在格物",既道明了教育其明明德守良知的宗旨,也阐明了教育也即格物致知与正心修身乃至治国平天下的逻辑关联。正是大学生承负着治国平天下的使命,高度重视大学生以修身为目的的思想教育成为必然。

但相对知识传授而言我们貌似强大的思想教育并不能说成功,原因在于,有相当一些大学把思想教育和知识教育割裂为两个彼此独立的体系,更严重的是我们过多重视思想教育诸如苍白说教的形式而非教育的成效。正是此因,党中央国务院在进一步加强和改进大学生思想政治教育工作中强调:思想政治教育既要认真坚持党在长期实践中积累起来的宝贵经验和被实践证明是正确的行之有效的重要原则,又要解放思想、实事求是、与时俱进,根据时代发展的要求,不断在观念、内容、方法和体制机制等方面改进创新,坚持继承优良传统与改进创新相结合,积极探索新形势下大学生思想政治教育工作的新途径新办法。思想教育关键在于精神养成即信仰、人生观、价值观、世界观、道德观的形成,其决定人一生的方向。形式主义的思想教育其对精神养成只能产生适得其反的效果,遗憾的是我们在探索思想教育的新途径新方法上成效并不显著。

三、大学人才培养观念的更新

任何对国家有责任感的教育者,面对人才培养质量尤其是创新人才培养都不是一个轻松的话题。提高高等教育质量,培养出更多的拔尖人才、一流人才、创新人才,履行好人才培养的核心使命,人才培养观念更新对大学言是当务之急。更新的含义包括我们已经淡漠或丢失了的而大学又必须守护和弘扬的价值观念和文化精神。下文从大学的观念理性、大学的理想主义和人才成长规律三个方面,分别讨论大学为什么要以生为本、大学培养什么人以及如何培养的观念问题。

1. 回归大学的观念理性,坚持以生为本的办学理念

大学的观念理性是人们对大学的本质和规律全面、具体、深刻的把

握和对大学的属性、使命、任务、基本价值的认定,大学的观念理性使大学自觉于科学发展并按大学内在规律办学。如果办学者对大学缺乏科学的认识,就不可能建立起符合大学发展规律的办学立场和办学方向。大学的观念理性并不等同于人才培养观念,但它是人才培养观念的思想基础。缺乏大学观念理性对大学的属性认识,大学就不可能有人才培养使命的坚守和以生为本的教育坚守。大学的观念理性和以生为本的办学理念,要求大学必须把培养学生视为自己必须全力以赴的国家使命和精力集中的社会责任,对学生负责并致力改善和营造有利学生健康成长成熟成才的育人环境。

以生为本的大学教育应建立在这样一种理性之上:每个学生都是重要的。这不仅是大学必须以人的素质改善、提高、发展为活动宗旨的本质所决定的,更是大学要教人做人对社会负责的使命提出的要求。只有让每个学生都认识到自己在社会中的重要性,才能使他们不仅认识到自己的尊严和价值,也认识到做一个热爱祖国、服务国家、奉献社会的公民责任,对自己所做的事和将要做的事负责,为国家的前途和民族的未来负责。一个成功的大学,它应该通过重视并满足年轻人的需要而使他们形成并实现自己的理想。

2. 守护大学的理想主义,培养有社会担当精神的人

大学的理想主义是人们寄予大学的一种美好祈望,是大学之为大学必须固守、薪火相传的精神文化。其意义在为大学的办学和发展、大学的师生提供一种美好的、纯洁的、积极的、向上的目标参照,为大学及其师生的行动提供基本信念、基本态度和基本准则。理想主义使大学区别于其他组织,大学人才培养的使命和职能决定了大学必须是理想主义的所在,在这里,大学以自己天然的庄重、理性、自律、智慧和负责教人以庄重、理性、自律、智慧和负责;在这里,大学以理想主义的崇真、向善、求美、社会担当,教人以崇真、向善、求美和社会担当。而守护大学理想主义最重要的理由在于,培养有国家责任感、有社会担当精神的新人是大学的天职,大学的理想主义在培养和形成大学生"坚定的科学信仰、高雅的文化修养、高尚的道德操守和高度的责任担当"方面所起的作用和影响,其他任何都不能替代。

人才培养不仅只是通过科学知识的传播和专业能力的训练使学生获得有利个人生存发展的真才实学,更重要者是培养正确的世界观、人

生观和价值观使学生获得对人生意义、生存目的的理解,使他们能够自觉应用科学知识为社会为国家为人类进步作有益的贡献。如果我们培养的人才没有对科学的坚定信仰,他们就不会有敬畏科学和维护科学的定守。西方学界对知识分子有这样的理解:他们除了受过较多的教育和献身于专业外,还必须深切地广怀国家、社会以至人类的一切利害并对国家、社会乃至人类负责。他们应该是“心中有爱,肩上有责,腹中有墨。对自己的人生和对社会的责任都有了很好的理解和实践”。

大学肩负“培养什么人”的使命,而“培养什么人”与党和国家的命运紧紧相连。世界名校何以伟大?不仅在于它们有一流的科学成就,更在于它们具备了为民族为世界负责的精神意识并着力培养能够自觉对国家对人类以及对科学负责的各行各业领导风气的人才。民族的振兴和国家的繁荣是世代接续的结果,其演进中每代人有每代人的使命,但每代人的价值追求都是共同的,那就是为了社会和未来更加美好。大学的理想主义为什么重要,就在于它对培养什么人具有决定作用,把受教育者培养成具有“人的精神”的人。大学对国家对社会有所作为的理想体现在人才培养上,就是培养对民族、对社会有责任担当的知识分子。从为社会培养造就人才的大学核心使命来看,大学是最不能只代表自己的对社会负有无限责任的组织。哈佛大学现任校长德鲁·福斯特在谈到大学精神的时候说:“一所大学的精神所在,是它要特别对历史和未来负责——而不单单或者仅仅是对现在负责。”①大学通过人才培养对历史和未来负责对永恒做出承诺。

3. 按人才成长的规律教学,培养创新型人才

契诃夫在他的《笔记》中说:大学能培养一切能力,包括愚蠢。有幅哲理漫画说:没有一个天才在教室里长大,却有很多的天才在教室里死亡。作为教育者我们希望所有的大学:一绝不培养愚蠢,二绝不让天才“死于”教室。著名华裔数学家丘成桐先生在中山大学发表题为“论高等教育”的演讲中,批评了我国高等教育有七大弊端,弊端之首就是“年轻、有创造力的人才缺乏”。由此可见在顶尖科学家和世界著名大学教授眼里,有创造力的人才对大学而言是多么的重要。

① 哈佛新任女校长:大学精神要对历史和未来负责[EB/OL].(2008-01-23).http://www.chinanews.com/edu/tszs/news/2008/01-23/1143283.shtml.

近一百多年来,我们并没有什么改变人类生活方式的重大科学发明创造,这与我们大学没有培养出具有重大发明创造力的人才毫无关系?非也!以培养人才为己任的大学,对创新型人才的培养绝不能无动于衷。所谓创新型人才,简言之是有创意、善创业、能创造的人。这样培养创新型人才就不只是研究型大学的使命而是所有大学的责任。按人才成长的规律教学培养创新型人才,必须在"如何培养"的观念上有所更新。

其一,专业知识的系统性教学不能替代实践和科研能力的训练。强调知识的系统性决不能把大学视为仅仅传播和接受知识的地方,把教书和读书这种单一获取知识的手段视为教育的目的。我们大学一个根深蒂固的传统教学观念就是知识的传承,从教育起点——培养目标的确定到教育终端——学业考试,整个教学制度都是围绕着知识的传承而设计的。教与学都是为知识而知识,忽视学生运用知识发现问题、提出问题、解决问题和创新知识之能力的培养和训练。在这种人才培养观念主导下的人才培养模式,不仅极大限制了学生的动手实践能力和创新能力的培养提高,而且违背了学以致用、学思结合、学研结合等教学规律。所学的知识也很难巩固更难于转化为能力,所学知识成了无用之学,考试过后就还给教师和书本。或许我们真的有必要从这种传统教育观念落后的角度来解析"百无一用是书生"的问题。更何况在一个知识不断迅速更新增长的时代,几年的大学生活也根本无法穷尽本专业所有的知识。

由此我们可以做出这样的结论:大学应当把教学的重点放在培养学生的独立思考能力、分析能力、批评能力、发现提出问题能力和解决问题的能力上,即学习方法的掌握、质疑精神的养成、创新思维方式的形成、实践能力的培养、科学研究的训练等应该成为大学教学的目的所在。

哈佛大学博克在校长任上曾指出:迅速增长的信息和知识对各级教育都有影响,大学最明显的需要是停止对传授固定知识的强调,转而强调培养学生不断获取知识和理解知识的能力。这个转变意味着更加强调学术研究的基本方法,强调论述和演讲以及掌握基本语言的方法,掌握这些方法是获得大量知识的途径。为此,他还批评一些教师仍然依靠讲课和布置大量的课外阅读作业来完成教学,给予学生独立思考的时间太少而不利于学生能力的发展。MIT 培养创造型人才的宝典之一就是试验和实践,动手动脑(Mind and Hand)既是 MIT 的校训,也是他们的人才培养理念和课程模式。该校一直保持这样一门经典课程:老师发给学生一个装满弹簧、电机等元件的箱子,要求学生用箱子里的零件自行设计安装一台机器,他们就用这种方法培养了一批又一批的富有想象力、创造力的人才。

在欧美从事访学研究期间,我请中国留学生比较我国与欧美大学人才培养的区别,他们无不称自己留学获得的最大收益就是包括实践能力、科研能力、社会适应尤其是动手解决问题能力等综合能力的全面提高和发展。在欧美大学除基础知识课老师可能演讲多些外,专业课基本都是通过课堂教学与学生必须自己做好充分知识准备的大量专题讨论、现场实践、工程设计、科学研究等师生合作的形式完成的。对此,加拿大不列颠哥伦比亚大学校长玛莎·派佩认为:21 世纪应该是学生主导的时代,学生应当更积极地参与到学校的教学和科研任务中来,参与到知识的发现、定义和传播中来。这就是大学人才培养的学、思、知、行的统一。

其二,大学的统一要求不能挤压学生个性发展的空间。大学作为有组织有制度的教育机构当然应当对大学生有统一要求的培养计划,但大学生是身心发展到相当成熟阶段的在接受教育过程中具有强烈自主性、积极性、独立性、创造性等以及有个性特点和需要的求学群体,因此大学应当有尊重学生、满足学生个性发展的足够的灵活性和多样性。一所好的大学,它通过满足学生个性发展的所有需要,使他们形成并实现自己的最高理想。没有对学生个性发展予以重视并加以引导和促进就没有真正的教育,因为教育面对的无不是充满个性的个体。有成就者都是个性充分发展的产物,没有个性就没有独立思考、批判质疑、创新冲动等等。所谓个性就是受教育者在理想信念、兴趣爱好、思维方式、生活方式、性格脾性、能力擅长等等方面表现出来的差异,成功的教育在于因材施教,根据学生个性差异发展他们的人无我有的潜质。

美国常青藤名校布朗大学之所以深受青年俊才的青睐,缘于"布朗教纲"为学生提供了完全自主、自理、自由的教育。布朗教纲规定:在布朗大学不会有人告诉你该上什么课或怎样做,学生在毕业前至少在 30 门课中获得高于 C 的成绩,并且有一定的写作能力就可以毕业。布朗大学没有必修课,一个学期只需上四门课。一项历时 12 年的研究结果表明,布朗的学生对布朗的学术自由、教育理念以及在校教育经历都很满意,大部分人认为布朗大学的学习为自己的未来做了最好的准备。同样为了给学生创造更多个性发展的空间,MIT 没有学科的限制也没有系与系之间明显的分界。学校鼓励学生不受限制地进行跨学科研究。MIT 有一个很有发展潜力的、从事让计算机越来越像人并越来越体贴人的内心世界的跨学科研究且担负着博士生培养任务的媒体实验室,就是一个学生把音乐、戏剧和媒体技术巧妙地结合在一起而创造出来的一门新兴专业的产物。

遗憾的是考察我们的大学教育,由于存在对学生主体要求重视不够和人才成长规律认识不足而导致对学生个性发展过分限制的问题,缺乏从学生成长成才出发为他们创造有利个性发展的选择自由。对此,杨振宁先生早就有尖锐批评:要开发出人才,关键是我们对青年不能限制太多。七限制、八限制,把人们的积极性都限制没了,还怎么出人才?在上海举办的中外校长论坛上中国科技大学朱清时校长也提出了一系列直指人才培养问题的设问:近些年来我们为什么培养不出大师?大学是用什么样的方式培养创新人才的?它在培养学生的过程中,是否也存在扼杀学生创新能力的问题?大学怎样才能给学生一个创新能力再生的空间?哈尔滨工业大学王树国校长也坦言道:我是研究机器人的,希望机器越来越像人,但作为校长我担心把人培养得像机器。如果我们仍然不把满足和促进学生的个性发展视为大学人才培养改革的必要,两位科学家校长的忧虑就不是多余。

其三,创新型人才不仅在课堂里成长,更在大学文化熏陶下成熟。德国的创造性世界首屈一指,对此连德国人也承认,是德国特有的文化给了德国人创造创新的灵感、激情和智慧。所以,德国说自己既是一个研究型国家又是“诗人与思想家的国度”并为此骄傲。这就是文化对科学创造的影响和作用。法国亦然,法国史曾经既骄傲又谦虚地这样写道:构成整个法兰西上升的动力是 30 个诗人、作家、哲学家,25 个科学家,15 个经济学家,3 个政治家,2 个军人和 1 个商人。

大学的人才培养也一样不能离开大学文化的滋润。因为教育能否产生预期结果不仅取决于教育者的外加作用,更取决于或最终取决于受教育者自身的内部接受,即外来教育的效果取决于受教育者内化过程的质量。从某种意义上说,大学文化是一种以文化的形态参与教育全过程的非强制性教育手段,是通过教育环境的营造,以一种不知不觉的、潜移默化的、润物无声的情感陶冶、思想感化、价值认同、行为养成的方式实现教育的目的并影响教育。

有人问耶鲁校长理查德·雷文:耶鲁为什么能为国家和世界培养那么多领袖?雷文说,所有后来成为总统的,都是在各种各样学生社团中担任过领导职位的学生。其实考察中外大学,许多领袖式人物包括政治、科技、经济、教育等诸领域的领袖人物,也都是从这些组织中培养出来的。这说明优秀人才并不只是课堂教学的结果,更是受大学文化影响的养成。对创造性人才培养而言大学宽松自由的学术包容文化,显得尤为重要。

哈佛大学的成功不仅培养了一大批完成学校教学计划的高材生,还培养出了像比尔·盖茨这样的哈佛大学历史上最成功的辍学生。比尔·盖茨之所以有如此大的成就,完全得益于哈佛大学所倡导的给学生创造学术宽松自由的发展环境。在哈佛的三年里,比尔·盖茨常常为满足自己的兴趣爱好去旁听自己没有能选修到的课,因此他在哈佛学到了很多为他未来发展奠定了知识和思维基础的经济学、政治学的新思想,了解了很多科学上的新进展。哈佛强调,不仅教师享有学术自由,而且学生也享有学术自由。也正是这种学术自由的文化,使哈佛大学在人才培养中营造了鼓励学生独立思考、敢于质疑、勇于批判的文化氛围,培养了学生勇于质疑和批判的精神。有质疑有批判才有学术的思考、学术生气、学术活力和学术创新。因此,一所期待培养创新型人才的大学应该有一种能容忍并鼓励学生质疑和批判精神的人文环境。

大学教育需要改革,改革设计需要价值引领,引领需要人才培养观念的更新。基于大学人才培养的现状,我国的大学教育也许需要一次基于大学观念及人才培养观念的大讨论。

创新型人才培养与人才培养体系

在2006年的两院院士大会上胡锦涛同志指出,世界范围内的综合国力竞争,归根到底是人才特别是创新人才的竞争。为此,要把培养造就创新型人才作为建设创新型国家的战略举措,从教育这个源头抓起努力建设有利创新型人才生成的教育培养体系。就大学而言,这个讲话不仅要求大学认识到自己在建设创新型国家这一战略选择中扮演多么重要的角色,而且对大学端正办学方向重新审视自己的办学目标和人才培养体系,更好地担负起人才培养、科学创新的使命有着十分重要的指导意义。本文就创新型人才培养体系的问题提出如下建议。

一、大学必须从对国家负责的使命高度认识人才培养体系重构的重要性

近现代世界进步史和高等教育发展史均告诉我们一个事实:大学的兴衰决定了国家和民族的兴衰,任何高等教育落后的国家绝不可能成为世界强国。从中世纪早期到现在,哪里有一流大学的兴起,哪里就有一个国家的崛起和民族的兴旺。尤其是知识经济时代,大学的作用不可替代并成为国家实力不可或缺的重要组成。英国仗着牛津、剑桥、帝国理工等大学的优势,使得这个人口不多、资源亦不丰富的岛国至今居世界领先地位;德国凭借研究型大学在19世纪崛起,“二战”后又再度复兴;19世纪日本靠一批大学的兴起,奠定了日后经济迅猛发展的坚实基础。

据世界经济论坛公布的《2007—2008 年全球竞争力报告》,全球竞争力排名前 10 位的经济体依次是美国、瑞士、丹麦、瑞典、德国、芬兰、新加坡、日本、英国和荷兰。亚太地区排名靠前的还有韩国 11 位、中国香港 12 位和中国台湾 14 位,中国大陆排 34 位。报告分析美国排名第一的主要原因,除拥有高度先进且创新力强的公司和高效的生产要素市场外,其优秀的大学教育体系以及企业很强的自主研发能力构成了美国竞争力的重要依托。北欧及亚洲排名靠前的国家和地区竞争力强亦是其创新能力强所使然。而"合格人才的匮乏"、"自主创新能力较弱",则是我国竞争力不强、后发力不足的根本原因。

在竞争力、科技创新力、高素质人才和大学教育这根竞争力链条中,我们不难发现:大学实力及其高素质人才培养与国家竞争力高度相关。为此,大学实力的竞争已经上升为国家实力的竞争。谁拥有高水平大学谁就拥有国家竞争力,这也是我国高等教育强国建设的意义所在。在国与国的激烈竞争中,败下来的无疑是那些创新能力不足、科技落后的国度。

由于创新型人才培养体系的缺失,我们尚未有效培养具有自主创新能力的杰出人才,导致了我国的国际竞争力水平不高、科技生产力水平不高、基础科学研究的水平不高。一个多世纪以来,我们基本上没有产生具有划时代意义,改变人类生活方式的原始性发明创造。反思近百年来为什么我国缺乏带来世界科技革命、产业革命和改变人类生活方式的科技发明创造这一严峻问题,我们不得不把目光和希望投在担负人才培养和科技创新使命的大学身上。

大学是什么?大学是最不能仅仅代表自己且与国家利益关系最为紧密的一类组织,大学是国家发展、民族振兴的梦想和希望。大学密集生产科技知识和集中培养高层次人才的组织属性,使之成为承国家科学技术发展之重的脊梁,培养科学创新人才的高地。加州大学伯克利分校就非常明确的这样表述自己的价值选择:美国的需要就是加州大学伯克利分校的需要。

在知识为第一生产力的知识经济社会,没有科学技术和大量创新型人才的支撑,国家的强盛就无以为靠更无以为继。可是有多少大学有如此沉重的使命意识?现在的大学在关心什么?会从国家兴衰、民族振兴的高度去思考大学的使命和责任吗?缺乏国家意志只会一味要求国家关照并责怪政府关照不够的大学,能期待其主动去改造和重构有利国家创新型人才培养的教育体系,并把所有精力放在学科建设和科学研究的责任担当上,放在培养德才兼备的创新型人才的责任承担上吗?如果大学不站在国家利益和国际竞争环境的大背景下,从对国家负责这样一个使命和战略高度,去认识并重构人才培养体系的重要性,我们充其量只能停留在就事论事的教学层面东修西补,而不会有真正直击陈旧人才培养体系要害的人才培养体系的整体改革,培养创新型人才的目标就会落空。

二、大学必须承认我们尚未建构有利于创新型人才生成的培养体系

谈及这个问题,不得不再援引钱学森和丘成桐两位科学大师对我国大学存在问题的尖锐批评:“现在中国没有完全发展起来,一个重要原因是没有一所大学能够按照培养科学技术发明创造人才的模式去办学,没有自己独特的创新的东西,老是冒不出杰出人才”;“以目前中国的本科教育模式,不可能培养出一流人才。许多老师只懂讨论第三流的问题,学生不会钻研出第一流的学问。中国高校的学术风气已经到了非整治不可的时候,否则中国科技的发展将至少退后 20 年。”两位老人的话我们不爱听,可他们发出的确实是恨我不争的逆耳忠言。在第三届中外大学校长论坛上,有些著名校长亦发出了同样振聋发聩的声音。如前所述,中国科技大学朱清时校长发出了“近些年来我们为什么培养不出大师”的质疑,哈尔滨工业大学王树国校长提出了我们会不会“把人培养得像机器”的担心。他们的呐喊、质疑和忧虑,不仅体现了科学家的良心更是对祖国的忠诚。

在哈佛学院执教 30 余年并任哈佛学院院长 8 年之久的 Harry Lewis 教授在《失去灵魂的卓越》一书尖锐批评哈佛:由于热衷于研究型大学的竞争,只顾追求所谓的卓绝,忘记了对本科生的教育宗旨,忘记了教育年轻人如何担负起对社会的责任,因此失去了大学的灵魂。一所以培养杰出人才而著称于世的大学尚能如此反思自己本科生教育的不足,联想到我国大学的现状,我们为什么就不能冷静反省和剖析人

才培养体系存在的种种弊端？如果连自己是否存在问题存在什么问题都不清楚或不予承认，又怎能做出改变人才培养旧体系、重构人才培养新体系的重大选择？

恕我直言，创新型人才培养问题严重或许将会日益严重的一个很大原因就在于：我们始终就没有认识到这个问题的严重。没有对自己存在不足的认识，怎会有求变的清醒和决心？毫无疑问，改革开放以来我国的大学无论在人才培养、科学研究、社会服务诸多方面成就斐然贡献巨大。但我们现在是站在世界激烈竞争的舞台上，因此必须参照比较的是世界大学所作贡献的高度而非自己过去所作贡献的低度。否则，我们怎么与时俱进奋起直追？

如果用“有创意，能创造，善创业”这样一个创新型人才的标准去观照大学，我们有多少大学敢说自己在培养创新型人才并且培养了创新型人才？如果科研水平不高、原创性成果少反映的是我们大学及其培养的人才是否“能创造”方面的问题，那么在“有创意”和“善创业”人才培养方面的问题同样也是不容乐观的。比如，在高等教育从精英教育向大众教育的发展中，大学毕业生的就业问题已经严重并且将可能日益严重，我们大学是否发现了并力图改变“大学生忙就业的多，想创业的少”、“大学毕业生缺乏自主创业的能力，多数人甚至连创业的意识和勇气也不具备”这一人才培养缺陷？试想大学毕业生中有5%—6%的人具有自主创业能力，而每个创业者平均吸纳20—30名大学毕业生就业，那么大学毕业生的待业问题基本上就可以得到缓解。

相较美国大学创业人才的培养我们差距甚大，享有盛名的微软、雅虎、Google等都是在校大学生的创业公司，比尔·盖茨、杨致远、拉里·佩奇等都是非常成功的大学生创业者。全球著名企业如SUN、CISCO、YAHOO、GOOGLE、HP等都是斯坦福大学在校生或毕业生的创业公司，硅谷60%—70%的企业是斯坦福大学的学生和教师创办的。据MIT斯隆管理学院的一项统计，如果把MIT校友和教师创办的公司合并一体，其经济实力在全球排名24位。加州大学伯克利分校仅在旧金山湾区就约有250名毕业生创建了一大批诸如Intel、Chiron、Powerbar等著名公司，为该地区创造了难以计数的财富和大量的工作机会。我国大学培养的学生不仅在校期间鲜有创业者即便毕业生也少见创业者，更不要谈创建有全国或世界影响的大企业了。

在“能创造”的创新型人才培养上,我们的大学生不仅缺乏科研创新能力,更为严重的是缺乏“崇尚科学、追求真理”的坚定信仰和敬畏科学、忠诚科学、探索科学、发展科学、维护科学的定守,以及为科学殉道的精神。学术功利学风浮躁,不能淡泊名利、气定神闲地安于做艰苦细致的基础研究工作,岂能培养宁静致远的学者和产生影响深远的原创性成果?科学需要超越功利主义,这才是科学的本真价值。

上述问题包括专业设置偏窄、教学内容偏旧、教学方法偏死、人文精神偏弱等,均可从几十年一贯制的旧人才培养体系尚未打破,有利创新型人才培养的新体系尚未建立找到原因。为此,我们需要面对的第二个问题是,大学尤其是大学领导人必须认识并承认人才培养体系重构是大学改革之当务之急。

三、大学必须在开放式教师聘用体制改革上有重大突破

人才培养不单是怎样培养的过程问题,更重要者是谁来培养的问题。大学的优秀既取决于学生的优秀,但更取决于教师的优秀,这就是教育的作用。世界著名大学的共同经验证明,高素质的师资队伍既是决定一所大学核心竞争力也是培养创新型人才的关键所在。因此,耶鲁大学的校长在开学典礼都要骄傲地告诉新生:在耶鲁,教导你们的教师都是各自研究领域中的国际级领先者,他们几十年如一日,为知识的发展作出了开创性的贡献。斯坦福大学亦特别强调创新型人才培养中教师的作用,他们认为一所大学只有具有高瞻远瞩的战略眼光、能够迅速捕捉到科学进步将会带来的新机遇、有自己的发展远景并有策略实现自己梦想的理想家,能够在自己从事的专业领域不断创造机会、善于并且不懈努力使自己的研究产生革新性变化的探索家,才能培养出在理想家和探索家领导和影响下,不受任何经验、行业、市场限制、没有任何束缚敢于自由突破和实践的优秀学生。优秀教师对学生的影响不仅体现在学科专业的指导方面,更在于由他们带给学生的追求科学、献身科学、严谨做学问的精神和研究问题的方法影响,在很高的起点上领悟科学、宇宙、人生的真谛和知识至上、真理至上的执著及坚守,并充满信

心找到自己未来的人生目标。这就是一流教师不可替代的作用。

优秀教师是大学之大厦的承重墙,此所谓"大学者,非谓有大楼之谓也,有大师之谓也"。大学是历史积淀的产物,但在一个高速发展的现代社会,大学的学术地位、社会声誉、人才培养质量已经不是时间的唯一函数。香港科技大学依靠实行一整套国际化的用人机制,仅短短十几年就跻身于亚洲一流研究型大学行列并居领袖地位的经验已经说明,决定大学能否快速崛起的最重要因素是:教师及教师聘用机制。如果大学在教师聘用上继续沿用缺乏公开性、竞争性、公正性的评聘机制,不致力于建立有效克服平均主义和平庸主义,有利大学人力资源合理开发利用和整体优秀的人才竞争、激励、更新机制,创新型人才由杰出人才培养的问题就无法解决,创新型人才培养也就无从谈起。

考察世界名校,有哪家是关门闭国办学而成就事业的?当我们开始意识到世界一流大学建设之重要并致力于大学的物质提升时,我们却忽视一个观念的东西:世界一流大学无不深具世界眼光。正是这种世界眼光使世界一流大学有两个共同特点:拥有世界一流水平的教师队伍以及完善的聘用世界一流教师的体制。因此,他们能够持续产生世界一流的科学技术发明创造,并不断培养出世界一流的年轻人才。

"二战"前诺贝尔化学奖的得主全部都在欧洲,"二战"后迅速被美国科学家占据,诺贝尔奖评委会对这些美国科学家的考察发现,其中很多人是德国和法国人。因为"二战"后美国开放式教师聘用体制吸引了全球的科学家到其大学工作,美国大学因此也一举成为拥有诺贝尔奖获得者最多的国家。如果失去外国杰出人才的支撑,美国不少世界一流大学的地位恐怕难保。

我国大学包括清华、北大还未跻身世界一流大学行列,究其原因就在于没有一支强大的世界公认的世界一流水平的教授队伍,而其根本是尚未建立形成世界一流教师队伍的人事竞聘体制。北京奥运的成功举办我们得到一个启发:在国际竞赛中,竞争是强国家概念的,但竞争团队是弱国家概念的。不正是这种既有国家又没有国家的概念使得体育有了世界性、发展性与和谐性吗?我国体育强国的崛起,体育国际化体制改革功不可没。大学为什么就不能有一定程度的学习和突破呢?

大学的国际化是外延十分丰富的概念,如大学的世界标准、世界视野和目标、世界的胸怀和运行方式等等,开放式教师聘用体制尤为重要。因为,在世界科技水平和大学创新型人才培养能力总体领先于我国的形势下,我们有必要采取坚持对外开放的基本国策,善于利用国内国外两种人才资源,坚持自主培养开发和引进海外人才并重,以尽快培养造就大批创新型科技人才特别是领军人物。创新型人才培养的紧要性决定了延聘世界级一流教师人才的紧要性,开放式教师聘用体制的建立是赶超世界一流大学加快培养造就国际一流人才的最有效途径。

2013 年 9 月 30 日,中共中央政治局在北京中关村以实施创新驱动发展战略问题举行第九次集体学习,之后习近平总书记就此提出了五个方面的任务,其中特别强调要“着力完善人才发展机制。要用好用活人力,建立更为灵活的人才管理机制,打通人才流动、使用、发挥作用中的体制机制障碍……要积极引进海外优秀人才,制定更加积极的国际人才引进计划,吸引更多海外创新人才到我国工作”。① 在知识、经济、信息全球化、人财物资源国际流动的时代,主动参与世界范围内的人才资源竞争并享有这些宝贵资源,这也是中国大学不能放弃的权力。明智的大学领导人,必然把建设高水平的教学科研队伍摆到学校发展战略最重要的位置,以放眼世界开放胸怀的境界改革当前封闭的教师聘用体制。

四、大学必须解决经费困窘并确保足够的资源于人才培养

大学的人才培养是个昂贵的事业,因此大学是需要消耗相当数量的物质资源才能维持正常运行的组织,没有足够资源保证,大学难以为继更不要说培养高质量的创新型人才了。正如英国学者 Levin 所言:我们很难想象任何重大的教育改革不伴随着大量资金的注入。没有财政的润滑剂,要移动教育齿轮,这架机器就会产生巨大的噪音。在指向创新型人才培养的培养体系重构的大学改革过程中,大学的资源稀缺

① 习近平:最大限度支持科技人员创新创业[EB/OL].(2013-10-01).http://news.xinhuanet.com/politics/2013-10/01/c_117582862.htm.

性是绕不过的老问题。总体而言,我国大学的办学经费不足是个普遍的现象,而对那些为新校区建设不惜借贷十几亿巨款甚至更多的大学其经济紧压的问题更严重,随着还本付息高峰期的到来,这种压力足以扯断负巨债之大学的资金链。

办学经费的严重不足且不说大学无力旨在提高人才培养质量的创新型人才培养体系的重构,甚至连勉强维持运行都难以保证。试想一所疲于为生计奔命的大学你能期待其为培养人才安身立命?如果这些背负债务的大学连教师的工资福利都不保,那么又会有多少教师能够做到教书育人的坚守?此为其一。事实上,这样的情况在一些大学已经不是一种假设。

其二,正如资源依赖理论所预言的那样,被剥夺了或缺乏重要资源的组织将会去寻求新的资源,尤其会转向市场寻找新的资源,利用其所拥有的知识来换取必需的资金以弥补公共财政拨款的不足。而这样就难免出现钱理群教授等所批评的,不少大学甚至包括著名大学用经济的逻辑,资本、市场的逻辑改造大学,使大学产生越来越商业化的问题。外国学者把大学及其专业人员为了获得外部资金而进行市场或类市场的这种活动与行为称之为学术资本主义。

其三,盲目扩大招生规模,目的还在于增加收入。不少大学假扩大大学规模使之形成规模经济之名,既为举巨债修建新校区找到借口,又为急功近利涂脂抹粉。西方经济学理论认为,当生产规模扩大时,产出增加的比例大于成本增加的比例,便是规模经济;产出增加的比例小于成本增加的比例,便是规模不经济。大学的学生规模大并不等于就能形成"规模经济",因为大学的"产品"是人,人是有质量品质的。因此,大学的产出增加并不能完全以学生的人数多寡为唯一指标。更何况,如果真的用产出增加比例与成本增加的比例进行比较,我们的成本增加比例远远大于产出增加的比例是不可怀疑的。更严重的问题是,目前很多大学有扩大规模热衷于招生的热情,但缺乏注重教育和学术质量的理性,因此不会花力气也没有力气去认真培养好人才。

其四,由于经费资源稀缺,维持组织的勉强运转是不少大学的当务之急。因此,这些大学既无把有限的资源用于吸引和稳定学术精英的动机也没有这种能力。没有吸引和培养大师的土壤,大师会从天上掉下来?

上述问题不解决,创新型人才培养体系的重构则成为无本之木、无源之水,终而无从谈起。而且大学清高、圣洁、独立的教育和学术组织的基本属性,也会由于对金钱的渴求和无奈而受到不同程度的损害。解决的办法从大学方面来说如下。

其一,一定要从大学的属性和办学规律出发,科学的配置、使用和管理资源,杜绝经济决策的无成本意识,提高资源的利用效率。

其二,根据稀缺性原则,资源越是珍贵越是应该投放于决定大学兴衰的要害中去。大学的声誉来自大学的人才培养质量,大学的人才培养质量来自大学的高素质教师。这正是欧美大学何以在人力资源上投入最大的原因。我国不少大学校园的豪华程度已经超世界一流,但我们的教师团队水平、研究设备条件及其衍生的研究课题和成果层次等,整体而言还不如美国第二、第三层次的大学。如果这几年我们大学有拿出几分之一甚至十分之一修园建楼的资金和积极性于一流人才的培养和引进,中国大学无疑会是一个完全不同的景象。

其三,组织的结构是根据组织的属性、目的、目标建立起来的,解剖中外大学的组织结构,我国大学的行政机构设置存有官僚体制、拜官主义影响的浓重痕迹,管理机构多而重复、人浮于事、程序复杂、职能单一、效率低下问题严重;教学机构不合学科、专业规范,师资力量分散,缺乏融合,各自为政,单位所有的问题也不轻。学科专业的高度分化,不仅会削弱大学作为一个整体在内部管理上的目标一致性,难以形成大学组织应有的秩序结构,而且人财物资源的配置及其效率低下的问题也难以根本解决。我国大学不仅把学院系所分得太细,而且不得章法,既不按一级学科也不按二级学科设院建系,不少地方大学甚至设有20多个学院。哈佛大学包括哈佛学院总共13个,耶鲁大学整个工科就是一个工程系。我同意这样的观点,把知识变得支离破碎的时候,你也就不能指望培养出有全局眼光的栋梁之材。

我以为,大学当下真的不能责怪政府对我们放权不够、干涉太多,而是应该更多地反思大学自己在哪方面做得不够好以及为什么做得不够好。然而,对于那些负债巨大并且根本不能自我消化债务以致无心无力于人才培养的大学,国家必须尽早伸出援手解决其沉重的债务负担,这无论从国家、人民、大学的利益考虑都是唯有的选择,长痛不如短痛,与其拖得不死不活不如让它们轻装上阵无忧无虑地致力于人才培养和科学研究的使命。至于其中应该汲取的教训则是这些大学必须永远引以为戒的。

五、大学创新型人才培养体系的建构

以上我们讨论的似乎并不是人才培养体系自身的问题,但这些问题如果得不到根本解决,创新型人才体系的建构则由于失之观念与认识层面引导和体制与物质层面的支持而无从做起。关于人才培养我认为包括四大要素:明确的培养目标,科学的培养模式,有潜质的培养对象和优秀的培养者。因此,大学的人才培养体系改造建构也必须从这四个要素着手。由于笔者已经在《大学:如何培养创造型人才》(《中国高等教育研究》2006 年 12 期)和《创新文化:决定大学兴衰的文化之魂》(《中国高等教育》2007 年 7 期)等长篇文章讨论过上述问题,限于篇幅,这里结合美国大学的成功经验就前两个要素问题提出建构创新型人才培养体系的个人观点,不再全面论述。

1. 必须设计明确的创新型人才培养目标

培养目标是人才培养的规格和标准,是大学培养什么样的人的一种价值主张和具体要求,是大学人才观的集中反映。从组织管理的角度看,培养目标是大学人才培养工作的出发点和归宿。因此,大学教育的质量首先取决于大学人才培养目标设计的质量。明确人才培养目标,是确保大学人才培养应有质量的前提。培养创新型人才首先必须有创新型人才的培养目标。然而当前一个具有普遍性的问题是,在培养目标的设计上我们缺少对创新型人才素质的要求。

对此,美国大学不仅关心人才培养目标并且能与时俱进地确定人才培养标准。美国把现代工程师应具备的能力与素质归纳成六个方面:① 能正确判断和解决工程实际问题的多面手;② 具有更好的交流能力、合作精神以及一定的商业和行政领导能力;③ 懂得如何去设计和开发复杂的技术系统;④ 了解工程与社会间的复杂关系;⑤ 能胜任跨学科的合作;⑥ 养成终生学习的能力与习惯,以适应和胜任多变的职业领域。而且还根据科学技术发展的时代要求具体制定了新的工程教育培养工程师的 11 条评估标准:① 有应用数学、科学与工程等知识的能力；② 有进行设计、实验分析与数据处理的能力；③ 有根据需要去设计一个部件、一个系统或一个过程的能力；④ 有多种训练的综合能力；⑤ 有验证、指导及解决工程问题的能力；⑥ 有对职业道德及社会责任的了解；⑦ 有效地表达与交流的能力；⑧ 懂得工程问题对全球环境和社会的影响；⑨ 学会终生学习的能力；⑩ 具有有关当今时代问题的知识；⑪ 有应用各种技术和现代工程工具去解决实际问题的能力。针对这一具体明了的培养目标，大学的培养工作不仅有的放矢而且可以有章可循、有据可查。

我们大学在这方面的不足不仅表现在目标粗糙不好操作，更重要的是脱离社会现实和时代的要求。在创新型人才培养目标的设计上，我以为还有一个大学理念需要更新：大学不仅是提供具有高等教育学历的劳动力输出基地，还应培养可以运用所学知识于实践自主创业的人才。因此，在培养目标的设计中还应当体现对创业意识、创业精神和创业能力的要求。

2. 建构科学的创新型人才培养模式

育人环境决定育人质量。培养模式营造育人环境，有怎样的培养模式就有怎样的育人环境。培养模式主要含有三个要素：教学制度、教学模式和人文环境。培养模式在很大程度上决定受教育者的情感结构、知识结构、能力结构进而素质结构，关系到培养目标能否顺利实现。因此，教学改革实际上不单纯是教学问题的改革，而是培养模式的改革。在培养模式的设计方面，大学总体上应该在面向社会实际、强调学科交叉、重视能力培养、加强实践环节、培养团队精神、训练系统思考和创新能力等方面努力。

(1) 教学制度及其改进

教学制度既关系到“学习主体学的规定”，又关系到教学主体“教的要求”。教学制度设计要体现两个目的：一是有利于学生的全面发展（共性要求）和个性发展（创新性等）；二是有利于教学质量的保障和人才培养质量的提高。关于教学制度我以为有如下三个方面可以有所改进。

一是改善学分制。学分制不仅只是一种教学管理的制度，它还集中体现了“以学生为中心”给学生以充分学习自由的办学理念。我们要真正发挥学分制在人才培养问题上所具有的优点和作用，不仅要解决好课程体系如何科学建构,学分如何积累和互换,课程、学时、学分如何结构等教学管理的技术问题,更应在制度上解决学生在教学过程中的参与问题,起到尊重学生的兴趣利于学生个性培养的作用,从而发展学生在学习中的独立性、积极性、主动性、批判性和创造性,充分扩展他们个人发展空间。

二是建立暑期学制,为一些求学欲很强有自己发展特殊要求的学生提供一些科学研究训练、素质拓展教育、专业深化教育、工程实践教育或职业培训教育等。美国大学无论师生都很重视暑期学制的利用。但遗憾的是对此我们至今都没有很好地研究和利用。

三是加强本科生的科研训练。美国的大学尤其是研究型大学无不设有本科生研究计划,并将之作为一种必要的人才培养制度。加州理工学院的迅速崛起一个很重要因素,就得益于包括提倡学生和教师在学术方面的密切交往,鼓励学生开展科学研究的教育制度。不少美国大学设有专门的办公室来组织、促进、实施、资助和管理“本科生研究计划”。MIT 几乎 100% 的本科生在 4 年学习期间至少参加过一次这个研究计划。斯坦福大学、加州大学伯克利分校等把本科生(包括低年级学生)参与研究工作视为培养创新人才的重要教学环节。为了激励本科生参与科学研究,美国大学还专门设有表彰本科毕业生优秀研究成果的奖励制度,并专门在影响力极大的毕业典礼上颁发。这些研究成果不仅具有较高的学术价值和社会应用价值以及一定的创新性,与我们大学生根本算不上科学研究的一些小论文或调查报告有很大的不同,而且其研究从选题立项到研究实施、成果鉴定都是按严格的科研程序进行的,因此本科生从中受到的科学研究训练也是完整的。

(2) 教学模式及其改进

教学模式包括静态的教学内容和动态的教学方法。教育产品的质量是在教育设计阶段决定的,教育设计不仅是培养目标、教学制度的设计,教学内容和教学方法的设计亦极为重要。教学内容和教学方法通过确定教什么和怎么教,从而决定学生的知识结构、能力结构进而决定他们的情感和素质结构。

在课程设置方面,美国大学有如下方面值得我们学习。

其一,重视通识课程的作用。譬如,MIT 为学生开设了几十门之多的音乐和艺术课程,其开设一方面为了满足学生人文素质发展、开阔和培养形象思维、陶冶情趣的需要，另一方面也是让学生在艺术的欣赏中，保持科学和艺术的平衡，从紧张的理工科学习中放松精神和情绪，从而更有利于科学创造。考虑到当今科学技术已经不能脱离人文社会科学的影响，学校不仅发展了世界上最好的政治学、经济学和语言学，而且为理工科学生开设这些人文社会课程，以保证文理学科以及学生们相互渗透和相互影响。

其二，十分重视创业课程的作用。如马里兰大学的创业教育非常系统并富有成效，学校每周都要请一位有创业成就的人给学生讲创业经验，每个学期要求学生写一个如何组建企业的计划书，然后参加学校组织的商业创业竞赛，前 3 名者可以得到 5—10 万美元的奖金，一方面以激发他们创业的精神，另一方面扶持学生发展自己创业的企业。据调查，37.6% 的美国大学在本科教育中开设创业课程，23.7% 的大学在研究生教育中开设创业课程，38.7% 的大学同时在本科和研究生教育中开设创业课程。美国大学的创业教育强调实战训练，许多大学的创业教育课程都是围绕一份创业计划展开的。MIT 的“5 万美金商业计划竞赛”已有十几年历史，其以培养了很多的 MIT 创业型人才闻名全美。

在教学方面，美国有如下方面值得我们学习。

其一，美国大学特别重视小型讨论班对培养创新型人才的作用，这种人才培养的方式有利于学生学习积极性、主动性和思维批判性、创造性习惯和精神的养成。如 1999—2000 学年，斯坦福共开设 5735 门本科课程，其中 52% 的课程为 8 名以内的学生开设，75% 的课程为 15 名以内的学生开设。耶鲁大学长期以来持这一教育理念：小型的研讨班有利于激发学生思考、发表自己的观点并在讨论中完善和捍卫自己的观点。其校长雷文特别指出：教学方法的问题是制约学生创新能力发展的主要原因，因为不同的教学方法取得的效果是大不一样的。为此，耶鲁主张教学中不给学生特定内容，耶鲁很多考卷的题目也没有唯一的正确答案，其目的就在于培养学生独立思考、批判思维、严密分析、从不同视角看问题、不断创新的能力。

其二，十分重视学生动手能力的培养。如前所述，Mind and Hand（动手动脑）既是 MIT 的校训，也是其培养创新型人才的课程模式。该校一直保持着通过加强实践和实验的训练，培养既富有想象力又有创造力的人才的教学传统。

(3) 人文环境及其营建

人文环境是一种其他不可替代的教育影响和教育力量,是一种不教之教的隐性课程。基于此,大学要注重大学文化对学生的影响,要自觉地把文化营造和文化影响纳入教学系统。美国大学在有利创新型人才培养的人文环境营造方面也是很值得我们思考的。

其一,重视"追求科学、崇尚真理"和"对国家负责"的大学使命和大学精神文化的营造。一所大学能不能培养出创新型人才,首先取决于这所大学的价值选择即使命确定,使命决定大学的办学方向和办学定位。大学要让大学里的学者和学生安于学问、热爱学问、忠诚学问并献身学问,这既是大学的本分也是大学对国家负责的资本。大学应当有足够的清醒和理性知道自己的使命和方向所在,不仅能自觉坚持和守护大学的学术属性和办学原则,而且有意识有力量有制度唤起和保护学者、学生对专业对学问追求的真正兴趣和热情,使他们不受学问之外种种利益的干扰和驱使,安于在实验室和书房里做淡泊名利的学问研究。

其二,重视尊重知识、尊重人才、尊重学生的包容文化的营造。一所期待培养创新型人才的大学首先应该有一种能容忍并鼓励学生质疑和批判精神的人文环境。大学正是有了有不同学术思想教师与教师、教师与学生的不断交锋,学术才获得发展的条件,学生才能从大学及教师中获得学术应有的精神。早期的清华大学何以能培养出一批如钱钟书、杨绛、季羡林、费孝通、曹禺、吴组缃等名师大家,除清华拥有一大批如闻一多、朱自清、吴宓等大师外,也得益于容忍"狂生"的包容文化。大学的包容性体现了"有大略者不问其短,有厚德者不非小疵"的博大胸怀和学术自由的大学原则,而且也体现尊重知识、尊重人才、尊重学生有利学术发展、人才成长的人文环境。包容性是美国大学尤其是研究型大学最为重视的文化之一,加州大学伯克利分校的师生普遍持这样一种信念,大学特有的注重"学术领导力、社会沟通力和师生包容性"这三大文化造就了这所世界名校。

其三,重视培育大学竞争意识和学生想象力的文化营造。普遍缺乏想象力和竞争意识,这是我们大学文化中的一个很大的遗憾和缺陷。在美国不少大学都有自己竞争的目标,如哈佛大学和耶鲁大学、加州大学伯克利分校和斯坦福大学、加州理工学院和 MIT 等都是彼此竞争的劲敌。耶鲁就是与哈佛竞争的产物，两强相争互不相让的竞争由来已久。这几年来两校的学术排名彼此不相上下屡屡居全国一二，无不得益于它们比拼不断带来的好处。大学之间的竞争不仅激发大学的生机、活力和动力，同时也会有力促进学生不甘示弱、奋发向上的进取精神。

我国大学包括著名大学当前的问题是，不仅缺乏与世界优秀大学进行人才竞争的实力，更缺乏的是与之竞争的意识，即便是国内大学之间尤其是著名大学之间也没有形成竞争局面，彼此极少有人才的竞争和流动，这种状况对一流大学的建设并非有利。

美国大学相信任何创新都有赖于丰富的想象力和大胆的创意，它们相信如果天才学生有了想象力或者遇到了有待人类攻克的难题，那么就会在学校上演一场场天才对知识咄咄逼人、比智较劲的惊心动魄的好戏。为此，MIT 特别重视对学生创意的培养，任何学生只要有了好的创意，都可能在学校的鼓励和支持下将计划书发展成为一个富有潜力和生机的新的专业领域。MIT 的人说，在 MIT 每天都会激发你产生想法，有时一天甚至会有 20 个 ideas。在这样的大学文化熏陶下，其学生岂能没有丰富的想象力、富有激情的创造力？

素质教育:高校人才培养体系的重构

曾经看过一则关于"袋鼠与长颈鹿"的现代寓言:动物园里的管理员们发现袋鼠从笼子里跑出来了,于是开会讨论,一致认为是笼子的高度过低。所以他们决定将笼子的高度由原来的十公尺加高到二十公尺。第二天结果他们发现袋鼠还是跑到外面来了,他们将笼子的高度又加到三十公尺。没想到隔天居然又看到袋鼠在笼子外面悠闲。于是管理员们大为紧张,决定一不做二不休将笼子直接加高到一百公尺。然而事违意愿,袋鼠还是跑到笼子外面了。当动物园的管理员感到束手无策时,有天长颈鹿与袋鼠们闲聊:"你们看,这些人会不会再继续加高你们的笼子?"袋鼠漫不经心地回答道:"很难说,如果他们再继续忘记关门的话!"我想这则寓言似乎很好地回答了朱清时校长关于"我们的教育为什么没有纠错机制"之问,不是吗?当我们不承认自己有错或不知道错在何处时,是根本不会采取纠错行动或不知如何纠错的。基于这个寓言的启发,我们来分析素质教育在高校推而不行的根本原因。

发轫于20世纪80年代我国针对应试教育而提出的"素质教育"概念,揭示了教育的真谛,从而得以从一种流行的教育理念成为我们教育包括高等教育改革及其高等教育制度设计的指导思想和教育行动。2005年初,中共中央在全国进一步加强和改进大学生思想政治教育工作会议上明确指出:要以大学生全面发展为目标,深入进行素质教育,促进大学生思想道德素质、科学文化素质和健康素质协调发展。然而遗憾的是,如同基础教育的素质教育推进遇到困难一样,高校的素质教育进展及其效果亦不容乐观。其结果如2010年出台的《国家中长期教育改革和发展规划纲要(2010—2020年)》所指出,高校“学生适应社会和就业创业能力不强,创新型、实用型、复合型人才紧缺”。其实,大学生的使命感、社会责任感以及敬业精神等也不如从前。面对社会对高校人才培养质量不高的批评,高校之素质教育难脱其咎。基于此,寄望通过以人为本的全面关心人、全面培养人、全面发展人的素质教育以根本改变大学教育现状,根本提高大学人才培养质量,成为《国家中长期教育改革和发展规划纲要(2010—2020年)》的一个重要目标。

素质教育的推而不进及效果不佳,其原因不排除有高校对素质教育未予以真正重视,但更在于不少高校走进了素质教育的误区。表面看来,不少大学似乎对素质教育持积极的态度并有一定的措施安排。但是,由于高等教育之专业教育的性质以及由此衍生的实用主义人才培养目的,不少高校把素质教育仅仅视为专业教育的一种补充,在教育理念上把素质教育等同于人文教育或通识教育,人为导致素质教育与专业教育的冲突;在教育措施上把素质教育简单化,等同于开设几门人文或通识教育课程,缺乏素质教育在人才培养中的全程参与和全要素渗透。

我以为,由于素质教育的目的是促进受教育者的全面发展和个性发展,由此决定了素质教育是一个完整的人才培养体系,而人才培养体系是一个包括培养目标及其实现的全教育要素的有机结合。只有围绕素质教育目的重构人才培养体系,素质教育才能发挥其作用产生其结果。所以,为了确保素质教育在大学发挥其应有作用,使之成为大学内部一种自觉的、有目的的及有成效的活动,唯有用素质教育去撬动并重构大学人才培养体系。否则,素质教育就难以在大学的人才培养过程中获得重视并落到实处。

下文就强化素质教育理念、明确素质教育目标、创新素质教育知识体系和培养模式、建构和营造素质教育制度和文化环境、整体改善和提高教师素质等要素,讨论素质教育人才培养体系重构问题。

一、素质教育之教育理念必须强化和更新

教育理念是人才培养过程先于教育行动并决定教育价值选择的理性和信念，故强化并更新素质教育的认识成为首要，其重要性基于以下两方面的原因。

其一，教育作为一项专门的培养人的社会活动其对象是人，离开对人的培养教育就不再具有教育应有的属性和特征，也就不能称其为教育。因此，教育的本质就是以人为本的全面关心人、全面培养人、全面发展人的社会活动。马克思主义关于人的全面发展理论，其核心就是人的能力全面发展及克服人发展的一切片面性，实现人的个性的真正全面和自由的发展。所谓人的全面发展，包括人的生理和心理、知识和智力、能力和品德及自我调适和自我发展等多方面内在素质的完善和发展。人只有实现其素质的全面改善和发展，才能自觉地创造自己的历史，并以此为社会的文明进步有所作为和贡献。而人的这一全面发展并非是自发及自我完成的过程，任何人都需要通过接受系统专门的良好教育，方能使个体发生从自然人向社会人的本质变化及获得全面发展的可能。教育之人才培养这一属性以及促进人全面发展的价值，决定了教育的使命就是改善、提高和发展受教育者的素质，而教育改革的目的无非就是人才培养质量即人才素质的提高。由此可见，素质教育的意义是由教育以人为本的属性原始确定的。

高等教育作为教育系列的最高阶段，虽然较基础教育有了诸如探索未知、发展科学及其人才资源利用和科技成果转化等服务社会的更丰富内涵和外延，但其核心使命还是人才培养，这是高校尽管必须与时俱进其职能随社会进步也必须不断丰富的趋势下也不能放弃的天职。因此，高等教育质量的提高其首要也就是人才培养质量的提高，而人才培养质量的提高必须具体落实在大学生素质的提高上，由此自然决定了素质教育对大学教育及其改革的重要。

其二，我们正处在知识呈迅速增长的科技革命时代，科技发明创造的不断突破和向生产力转变，导致经济增长方式和产业结构的不断调整和升级，这不仅改变了人类的生活和生产方式，并且使劳动者一次受

教育终身享用的昔日一去不返。而高等教育精英教育向大众化教育的迅捷变化,高等教育数量规模和高校专业结构与社会经济发展需求的不尽匹配,及一些高校单一追求学生规模的盲目性、功利性,导致相当数量的大学毕业生在一定的时间内不能及时并专业对口地适当就业;再就是大学生及毕业生创新和创业能力的不足已经成为当前社会对大学教育诟病最多的问题,表面看来高校人才培养这一缺陷是专业教育带来的问题,其实深究原因并非如此,相反却是我们过于强调专业的知识教育、理论教育却忽视了大学生创新、创造、创业等基本素质培养导致的结果。

基于上述事实,大学教育在面对无法让学生在有限的学习期间内穷尽不断发展的专业知识并掌握日益复杂的工作技能,不能确保所有毕业生学以致用地就业,以及不能培养出创新创业型人才的巨大挑战中,培养年轻人包括对社会负责的使命担当意识、适应社会变化的心理素质和自觉于终身学习及自我发展意识、方法和能力,以获得更多如爱因斯坦所强调的忘掉学校所教知识后而留下的教育影响即内在素质的改善和提高成为必须的选择。以上讨论的是素质教育理念必须强化的理由。

而更新素质教育理念的理由在于,素质教育在理念上不同于以单一的知识积累、职业技能形成等为目的的教育体系,其本质旨在实现对人的自我成熟、成长、成才具有决定性作用的内在素养和品质的全面改善、提高和发展。这是素质教育与众不同的目的和境界所在。高校的人才培养工作是一个涉及诸多教育要素的复杂工程,因此实施素质教育并达到预期的目的和效果,就必须依据素质教育这样的价值选择,把素质教育视为一个完整的人才培养体系并加以建构,而这就不能把素质教育仅仅视为区别于专业教育的人文教育或通识教育,更不能将两者相对立。素质教育其实是人文素质教育和科学素质教育、专业教育与通识教育的你中有我、我中有你的有机结合,绝非彼此独立的知识或教育碎片。

如果说以人文素质提高为目的人文教育和以实施通才教育为目的通识教育,囿于当时主要是针对我们的人才培养过于强调专业性而有较大局限性的话,那么现在的素质教育应该与时俱进,发展成熟为将有利于受教育者人文素质、通才素质和专业素质等关系人自由全面发展的综合素质包容一体的人才培养体系。正如宾夕法尼亚大学校长艾米·古特曼教授在北大演讲中强调的那样,美国在创造“既让学生具有实用技能以满足工作需要,又能培养其人文品质并有能力终身学习的人”的“更好的教育模式”,其所做的努力就是将通识教育与专业教育的共存导向两者的融合。其实,这种融合就是一种素质教育的人才培养体系。

素质教育已经写入《国家中长期教育改革和发展规划纲要(2010—2020年)》,高校的责任在于把素质教育富有成效地落实到人才培养的全过程,而强化和更新素质教育的认识,这是重构以素质教育为目的的人才培养体系的思想基础。由此,我们才会真正以素质教育为杠杆为目的去撬动和重构人才培养体系,以自觉设计明确的素质教育培养目标、创新素质教育知识体系和培养模式、建构和营造有利于素质教育的大学制度和文化环境、改善并提高大学教育者自身的素质等。大学人才培养质量的提高,期待素质教育人才培养体系重构和作为。

二、素质教育之人才培养目标必须明确

培养目标是人才培养的标准,是人才培养活动得以发生的基本依据和人才培养制度安排的基本原则。从逻辑上说,高校的人才培养质量首先取决于人才培养目标设计的质量,明确人才培养目标是确保高校人才培养应有质量的基本前提。培养目标不明确人才培养工作无所适从,其质量也无法检验。由此可见,培养目标是人才培养体系要素之最重要。由于大学教育的专业性决定了其是人才培养目的性最强的教育活动,因此针对不同教育目的、不同教育目标设计的人才培养体系对人所产生的教育影响是不同的。素质教育在理念上不同于以单一的知识积累、职业技能形成等为目的的教育体系,其本质旨在实现对人的自我成熟、成长、成才具有决定性作用的内在素养和品质的全面改善、提高和发展。这是素质教育的最高境界,也是素质教育的与众不同。明确素质教育目标的重要性就在于此。

自从20世纪90年代中期针对大学教育重理轻文、人文教育薄弱等问题,素质教育作为大学教学改革的指导思想提出以来,随后素质教

育又有了通识教育的取向。这在一定程度上虽然弥补了高校忽视人文教育和基础能力培养导致的教育片面性,但随着科技、经济、社会的高速发展及其对高等教育深化改革提出的要求,高校的素质教育还停留在对专业教育做出反应的人文教育和通识教育层面上,这不仅是素质教育的简单化或食洋不化,而且导致了素质教育与专业教育的对立,这无益于素质教育在高校的深入和发挥更大的作用。究其原因,一是我们对素质教育缺乏完整和动态发展的认识,二是缺乏对素质教育目标的研究设计。大学素质教育的成与败,首赖于体现教育之人才观、人才质量观、人才发展观等教育价值取向的素质教育目标的明确,否则具体实施素质教育的知识体系和培养模式就无法构建。不无遗憾地说,我们倡导素质教育近 20 年了,可是至今对素质教育尚无清晰明确的目标。

综观西方高等教育发展史,尽管基于不同价值观的教育思想或教育流派的交锋从未间断过,但它们在自己所处的时代都产生了很大的影响,起主要作用的就是明确的价值取向和教育目标。比如永恒主义教育,其基本思想是:人的发展是最重要的主题,一个人首先是人然后才是有职业的人。强调教育的主题首先要关注人的发展注重人文传统的光大,而不能像实用主义、要素主义那样只关心技能的发展,以及进步主义把教育看成是没有目标的不确定过程只强调生活的经验。基于此,永恒主义提出的教育目标是:教育应该教在任何地方对任何人都具有永恒重要性的东西,那就是象征真理的基础知识的学习和永恒道德的养成。正是为了这样的教育目标,永恒主义教育流派的主要代表人物、20 世纪中叶美国著名的教育改革家和思想家罗伯特·赫钦斯,在担任芝加哥大学校长期间采取了一系列卓有成效的教育改革,其一就是提出大学生在四年的学习期间至少博览 100 部古典巨著,由此体现他所倡导的,大学"不应只着眼于人力素质的提高,更应强调培养有知识有智慧止于至善的,能在特殊中见普遍在短暂中见恒久的,不会迎合世俗随波逐流的有理性有理想的人"①。

事实上,美国高校人才培养一个最成功的经验就是对素质教育目标的高度重视。如"培养有教养的人"就是最具哈佛人才培养共性的

① 罗伯特·赫钦斯[EB/OL]. http://baike.baidu.com/view/2294410.htm.

教育传统,为了使其具有教学操作意义,博克校长时期受命研究制定哈佛本科生培养目标和课程的哈佛文理学院院长罗索夫斯基,为培养“有教养的人”制定了如下具体的培养目标:必须能够清晰而明白地书写;对认识和理解宇宙、社会以及人自身的方法具有一种判断鉴别的能力;对其他文化不能狭隘无知;懂得并思考伦理和道德问题,在价值选择时有正确的判断;在某些知识领域里拥有较高的成就。

解决人类社会面临的复杂问题为人类文明作出贡献,是 MIT 的最高理想,也是对大学生的素质要求。在广泛征询师生意见的基础上,MIT 对人才培养目标予以了专门研究,最后确定受过教育者应该具有理智、知识和智慧三大类素质:即具有批判、推理的理智力,能够运用科学方法获取、评价及利用信息提出并解决生活和工作中的复杂问题;在某个领域内具有扎实的知识基础并有专业造诣和实践经验,能将知识和社会问题联系起来并理解科技和社会之间的交互作用,具有把知识与道德伦理思考结合起来的判断力;具有很强的适应重大变化的灵活性和自信心、好奇心和继续学习的动机,以及能够清晰有效地交流,与人很好地合作共事。MIT 认为具有以上素质并有领导才能的人,才能为社会进步作出更大的积极的贡献。

加州大学伯克利分校本科教育委员会对毕业生的素质目标设计如下:熟悉艺术、文学、数学、自然科学和社会科学;能够收集、筛选、综合、评价来自不同领域并以不同形式呈现的信息;理解研究过程和如何创造新的知识;能够与人合作共事,并能创造性地转换其环境;具有解决问题和做出决定所必需的能力,并能考虑所做决定的广泛的社会的伦理意义;能够处理模糊性,具有在职业生涯中不断发展的能力。由此可见,美国著名大学的培养目标实际就是对学生全面发展提出整体的素质要求,其成功之处对我们高校的素质教育目标设计不乏启示意义。

由于高校属性、类型、层次、特色的多样性决定了人才培养目标的多样性,素质教育亦然也不能千篇一律。故此,笔者无法也无意设计适于不同高校的具体素质教育目标。但素质教育有其人才培养的共性要求,和以改善和提高大学生立足社会、有为社会、自我发展所必需的良好综合素质为目的而非仅止于专业知识的获取的核心价值,藉此可以提出素质教育目标设计的基本原则:素质教育必须围绕着有利大学生德才兼备的全面发展、适应变化的终身发展、有所作为的个性发展,以及社会担当等所必需的素质改善提高设计素质教育目标。换句话说,大学素质教育的最根本目的就是培养并形成大学生在一定的专业知识和能力基础上,全面自由发展所必需的人格素质、适应社会变化的心理素质、胜任工作并有所创新的专业素质,使他们既能仰望星空又能脚踏实地。任何大学必须通过素质教育使大学生:

(1) 具有强烈的爱国主义精神和对人类、国家、社会、环境担当负责的理想及理性,以及明辨善恶是非的价值判断、诚信敬业的道德操守;

(2) 了解并尊重本国历史文化又不囿于狭隘的民族文化,具有国际视野、世界胸怀和国际社会适应能力;

(3) 具有某一领域扎实系统的专业知识和技能,能够创造性地独立、合作以及领导他人解决专业领域或社会问题的能力;

(4) 具有求学不止、终身进取的强烈意识,以及善于自我学习、自我发展、自主创业、科研创新的能力;

(5) 知识丰富,具有独立思考、思维严谨并善于发现和促进不同学科及不同文化之间有机联系的能力;

(6) 身心健康等。

三、素质教育之知识体系和培养模式必须创新

耶鲁校长雷文说:在进入 21 世纪之时,我们必须立志为全世界培养领袖人才。于是,耶鲁的课程设置不断地反映了那些整合世界经济力量的变化。如果我们要成为一所国际大学,如果我们的学生要成为世界的领袖,我们要更加注重全球化的问题。[①]《哈佛大学文理学院关于共同基础课的报告》指出,必须依靠共同基础课程来完成所有不管主修什么学科的学生,都能获得被认为是具有普遍与持久价值的知识、技能与思考习惯的目标。以上都在说明培养目标确定之后课程设置的重要性。教育产品的质量是在教育设计阶段决定的,教育设计不仅是培养目标的设计,知识体系和培养模式的设计亦极其重要,它们是人才

---

① 〔美〕理查德·雷文. 大学工作[M]. 北京:外文出版社,2004:10.

培养体系中不可或缺的重要组成，它们通过确定教什么和怎么教，从而决定大学生的知识结构、能力结构，进而决定他们的素质结构。

立足素质教育目标的知识体系建构：知识体系包括课程体系和课程内容，主要决定学生的知识结构，并且通过知识的积累发展学生的情感和能力。知识体系是实现大学培养目标的重要手段和保证。由于知识体系要最直接反映与时俱进的社会对人才素质的要求和科技文化发展的最新成果，因此知识体系改革成为高校首当其冲的任务。据本人对高校人才培养问题的研究，立足于素质教育目标的知识体系的设计必须遵循如下原则：人文学科与自然学科的结合，理论课程与应用课程的结合，基础知识与前沿知识的结合，专业教育与通识教育的结合。立足于素质教育目标的知识体系设计既要强调专业又不唯专业的限制，要从大学生人格素质的完整性、知识素质的综合性、能力素质的发展性等加以考虑。而具有整体性的知识体系应当由通识教育、学科教育和职业教育构成。

通识教育在促进学生的健康成长、社会成熟、全面发展以及专业发展和社会化等方面，具有方向确定、精神动力、成才方法的基础作用。根据高校自身的属性特色，通识教育一般开设具有思想性、知识性、社会性、方法性的诸如历史文化、自然科学、政治理论、哲学思想、国际社会、信息收集利用、艺术教育、学习和研究方法、名著选读、人际关系和心理健康等课程。其主要起到养成人文精神、提高文化修养、审美能力以及语言和文字表达能力，形成是非标准、坚持社会公德、对国家和社会负责任，形成健康人格和生活经验、建立和谐的人际关系、具有团队精神和管理能力，具有广阔的世界文化历史知识和视野、能正确认识和分析人类社会发展的问题，以及形成自我发展的思维能力和方法基础等作用。①

学科教育和职业教育是为大学生获得立身之本的真才实学所做的专业准备，学科教育设计应当体现以下特性：一是针对性，即课程体系和课程内容的设计必须针对学科性质和专业特点；二是基础性，即课程体系和课程内容的设计必须强调知识的学术性、逻辑性、合理性和稳定性，是深入学习和发展的理论基础；三是时代性，即课程体系和课程内

---

① 眭依凡. 关于大学人才培养问题的思考[J]. 教育发展研究，2006(3).

容的设计要充分反映学科专业发展的最新成果和前沿研究状况。由于高校的主要任务是培养应用型专业技术人才,因此忽视职业能力和职业道德的培养是大学所不能。职业教育设计应强调实用性、技术性、实践性,主要体现“术”的要求,重在职业技能的提高和职业道德的培养,特别要加强经济和管理科学的训练。①

应该指出的是,高校尤其是研究型大学在知识体系的设计上应当有自己的个性特色,如剑桥大学始终坚持学科教育,强调课程设置的学术性以培养学生思维的严谨性;哈佛大学发扬开化教育的传统,强调在某专业领域有所造诣的同时必须接受跨学科专业的学习以发展学生视野的广阔性;斯坦福大学通过实用教育,强调教育与实践的结合以提高学生直接于社会获得职业成功的本领等。但欧美大学在知识体系设计有一个共同之处,那就是强调知识体系的整体性。如美国在大学课程改革中形成了这样的共识,本科教育应该是一种知识均衡的完整教育,除培养学生掌握专业知识与技能外,更要培养学生宽广的人生视野、思辨与表达能力及独立成熟的人格。所以它们主张在本科教育中以整体的知识观来统合通识教育、学科教育和职业教育,促进三者的有机融合以保持知识体系中各学科内容间的本质联系,使课程和教学内容尽可能系统、连贯并形成一个整体。

正如耶鲁大学前校长施密德特所指出:知识的确是越来越向着不能割裂地理解本质的方向发展,其发展需要我们越过学科界限、系别界限甚至学校界限去寻求真理。高校的素质教育亦然,必须向建构更加完整的知识体系方向转变,知识体系的完整性是素质教育的关键。

立足素质教育目标的培养模式创新,哈佛大学前校长博克认为,迅速增长的信息和知识对各级教育都有影响,在大学最明显的需要是停止对传授固定知识的强调,转而强调培养学生不断获取知识和理解知识的能力。我以为,知识体系的完整性设计仅只是从理想上解决了大学生应该具有的知识结构问题,能否把静态的知识结构转化为动态的能力素质还取决于培养模式。所以高校的教学重点,不能仅仅停留在以知识积累为目的的教学上,更应该着重于培养大学生的独立思考能力、获取并处理信息能力、分析判断能力、质疑批评能力、解决问题能

① 眭依凡.关于大学人才培养问题的思考[J].教育发展研究,2006(3).

力、创新创造能力。而这些能力素质的培养靠单一的课堂演讲式教学和大量的解题式作业是不能实现的。

美国大学在人才培养上一个成功的经验，那就是培养模式的多样化。如哈佛大学要求通过课堂讲授、小型研讨班、个别辅导、科学实验、角色扮演、案例研究、模拟法庭、独立学习等富有参与性、启发性、发展性的教学方法，为学生创造了极为宽松自由、独立思考、有利分析问题和解决问题能力发展的学习环境。美国大学生创业意识和能力很强，其创业教育模式就功不可没。

针对我们没有很好地培养拔尖创新型人才的问题，《国家中长期教育改革和发展规划纲要(2010—2020年)》特别强调要通过"遵循教育规律和人才成长规律，深化教育教学改革，创新教育教学方法，探索多种培养方式，形成各类人才辈出、拔尖创新人才不断涌现的局面"，以及"注重学思结合，倡导启发式、探究式、讨论式、参与式教学，帮助学生学会学习。激发学生的好奇心，培养学生的兴趣爱好，营造独立思考、自由探索的良好环境"等创新人才培养模式。教育部为加强基础学科拔尖创新的人才培养，已经选择清华大学、北京大学等十多所大学的数、理、化等五个学科率先进行试点，以期待在创新人才培养方面有所突破。在具体措施上就是进行培养模式的创新，突出个性化的培养，积极开展教学理念、模式、内容和方法的改革，让学生有自由探索的时间和空间，鼓励学生自主的学习，参加科学研究的项目训练，培养他们的科研兴趣，从而使他们的志向更加远大，成为未来的一流的学者和世界一流的科学家。

培养模式决定能力素质的培养，深化高校素质教育提高人才培养质量尤其是培养拔尖创新型人才，没有人才培养模式的根本创新，阻碍创新型人才个性充分发展的传统落后的培养模式就像一堵高墙永远无法逾越。

四、素质教育之教学制度改革和大学文化营造

把教学制度和大学文化纳入人才培养体系并加以强调，理由是充分的。其一，教学制度作为学校教学管理得以进行的法律依据和制度

文本,具有整合教学资源、规范教学行为、保障教学正常有序运行的作用。高校是一个高度理性的组织,教学制度使高校的人才培养活动具有合法性。其二,大学文化作为融入了大学意志、传统和个性并具有理想化、集约化、稳定性、批判性特征的一种文化结构,其对大学所有成员的组织认同感、使命感、历史感、神圣感,以及他们的价值观、理想追求、思维模式、道德情感、行为规范等都会构成现实和潜在影响。由此见,素质教育的推行既需要与之吻合的教学制度的建立完善使素质教育获得合法性,也需要与之吻合的大学文化的滋润使素质教育获得生长发展的土壤。

教学制度既关系到"学习主体学的规定",又关系到教学主体"教的要求"。因此,一个好的教学制度安排必须遵循如下原则:一是既要有利于学生的全面发展又要有利于学生的个性发展;二是既要有利于教学规范又要有利于教学创新。宏观而言,当下的教学制度过于强调对学生的共性要求而忽视了个性发展,过于强调教学制度对师生的约束作用而忽视了师生作为教学主体自身的要求,过于强调教学制度的稳定性而忽视了教学制度的发展性等,从而未能从制度层面很好地调动师生在教与学中的独立性、积极性、主动性、创造性。正是教学制度既供给不足又存有缺陷难以为素质教育发展提供有效的制度保障,所以《国家中长期教育改革和发展规划纲要(2010—2020年)》强调要加强"推进分层教学、走班制、学分制、导师制等教学管理制度改革"。

为促进素质教育顺利发展,对高校的教学制度做如下的改革是有必要的。

其一,完善学分制,各类课程的设置和选修制度的设计必须充分反映素质教育的要求。由于学分制是一项集中体现了"以学生为中心"给学生以充分学习自由的教学管理制度,完善学分制最重要的目的是根本解决学生在教学全程中的参与问题,以充分尊重学生兴趣、促进个性发展和自主学习、创新能力的培养。

其二,建立暑期学制,为求学欲强且有自我发展特殊要求的学生提供科研训练、素质拓展、专业深化、工程实践或职业培训等教育机会,为学生的个性发展提供必要的条件。

其三,制订学生研究计划,设立专门机构组织、促进、实施、资助和管理"学生研究计划",鼓励学生积极参与教师的研究活动或根据学生自己的兴趣志向申请研究项目。

其四，建立跨学科选课制度以丰富课程资源，满足不同学科的学生对课程的不同要求，为学生创造良好的不受限制进行跨学科学习和研究的环境，使不同学科和文化背景的学生相互学习相互影响。

其五，彻底改革传统的以班级授课制为核心的教学制度，和以知识积累为目的的考试测评制度，提高以质疑思辨、逻辑分析、知识运用、动手操作、社会实践等能力素质发展为目的的实践性、讨论式教学和考试比重，根本改变教师教死书学生死读书的教学现状。

其六，推行导师制和宿舍学习组织制度，选拔德才兼备的教师担任若干宿舍为学习单位的导师，通过课堂之外师生间非正式的更多时间的思想交流，对学生的价值观念、生涯设计、思维方式、学习方法等，施加课堂不能替代的学业和人生影响。

其七，建立杰出教师一年级教学制度，要求最优秀的教师为新生开课。坚持一流教授必须为新生上课，这是美国名校人才培养最成功的宝典。这种制度设计的目的是让学生在进校之初就与人文大师科学巨匠接触，以便学生在很高的起点上领悟科学、宇宙、人类社会和人生的真谛并充满信心找到自己未来的人生目标。

关于大学文化对人才培养具有如何的作用已有很多的论述，此处不再赘述。这里必须强化的理念是：大学教育质量的好坏很大程度上取决于大学创设的文化环境，素质教育更不能例外。因为，大学生不仅在课堂和实验室接受教育，更多的是在大学创设的文化环境中接受潜移默化的文化影响，并在特有的大学文化环境中成长成熟。大学的文化环境是一种其他不可替代的教育影响和教育力量，是一种不教之教的隐性课程。基于此，大学要注重文化对素质教育具有的不可替代的作用，自觉地把大学文化纳入素质教育的人才培养体系。

我一直持这样的观点：高校对学生最重要的影响即人格素质养成是不能用量化的标准来考核的，非量化的教育影响主要靠大学文化的潜移默化。在一个充塞了虚假、虚伪、虚浮、虚夸且注重虚功、虚誉的大学文化环境，是很难培养大学生诚实守信、崇真向善求美、责任担当等人格素质的。

又如创新型人才培养匮乏这是我们大学当前之痛，其改变岂止是提高教学质量的问题？约翰·亨尼斯校长在回答记者斯坦福大学何以能培养出如此之多的诺贝尔奖得主并且能创造出硅谷的奇迹时说,创新需要充满勃勃生机的人的环境。一个缺乏尊重和包容人才的,学术自由空气窒息的,学生创造欲望、创新精神受到压抑的,缺乏学术质疑勇气、批判精神和学术自信的大学,你能期许它能培养创新型人才?一所不能容忍博弈论大师纳什这种不愿听课、喜欢吹着口哨在校园闲逛、自个儿躺在咖啡室茶几的玻璃板下发呆的学生的大学,你能期待它培养出纳什这样具有想象力、创造力的人才吗?

普林斯顿大学有一座号称"高于一切"的新范氏大楼,其数学系教授有和学生每天一起喝咖啡的传统,甚至正式的课可以偶尔不去,但咖啡室的聊天却不能缺席。正是师生喝咖啡聊天的文化,孕育了普林斯顿数学系那么多杰出数学家。出类拔萃的大学与众不同之处,就是她能营造激发学生好奇心想象力、培养学生兴趣爱好和竞争意识、鼓励学生独立思考自由探索,给天才创造和预留充分发展空间之文化。

五、素质教育实施之教育者素质要求

讨论人才培养体系问题不能囿于怎样培养,更重要者是谁来培养。高校素质教育的质量高低毫无疑问取决于如前所述的人才培养目标、知识体系、培养模式、教学制度和大学文化等诸要素是否符合素质教育的要求,但更取决于实施素质教育的教育者的优秀与否,这就是教育者的作用。美国著名教师雷夫·艾斯奎斯说:我们想把学生教成什么样的人,那我们自己首先要成为那样的人。这说的既是一个朴素的道理也是一个普遍的真理:学高为师,身正为范。在一个诚信危机的社会,如果学校要教育学生坚守不说谎话的底线,做一个诚实的有是非善恶感的人,那么教育者首先自己是这样的人;在一个功利物欲横流的时代,学校既要培养脚踏实地的职业人,也要培养能够仰望星空关心社会民族乃至世界的人,那么教育者首先自己也是这样的人。这就是在20世纪90年代中期,教育部在高校推行人文素质教育时强调,"提高大学生人文素质,首先要提高大学的人文品位,更要提高大学老师的人文素养"的原因所在。

所谓"大学者,非谓有大楼之谓也,有大师之谓也"的道理就在于此。优秀教师对学生影响不仅体现在学科专业的指导方面，更在于由他们带给学生的追求科学、献身科学、严谨做学问的精神和思考、研究问题的方法影响，以及由他们形成的知识至上、真理至上的优良教风和学风。然而遗憾的是，当下我们对高校教育者的自身素质要求似乎在高等教育大众化带来的教师数量不足问题中慢慢在淡漠。

密歇根大学有这样的办学理念和哲学：给平凡的人提供不平凡的教育。密歇根大学前任校长詹姆斯·杜德斯达特也有这样的教育名言：让所有的鲜花都盛开。1924 年鲁迅在北师大附中做了一场题为《未有天才之前》的演讲，他说，“天才并不是自生自长在森林荒野里的怪物，是由可使天才生长的民众产生”，“想看乔木，想看好花，一定要有好土，没有土就没有花木了；所以土实在较花木还重要”。[①] 素质教育的目的就是给平凡的人予不平凡的教育并让所有“鲜花都盛开”，为此我们必须对“人才培养体系”这块“土壤”进行改造，以便她能承负起素质教育的使命。事实上，欧美发达国家的本科教育早在 20 世纪后半叶就实现了从专业教育向素质教育的转型，正是这种转型，保证了其高等教育和人才培养的高质量，从而使大学在推动社会文明和国家竞争力方面发挥了不可替代的作用。

---

① 顾明远. 教育体制改革是一项系统工程[J]. 探索与争鸣，2010(3).

杰出人才培养:大学必须守持学术理性

每年10月中上旬,是举世瞩目的诺贝尔奖公布的日子。中国高等教育学会每年一度的“高等教育国际论坛”十分巧合亦在此时段召开,而2011年“提升高等教育质量,建设高等教育强国”的论坛主题,使与会者不得不对“提升高等教育质量”、“建设高等教育强国”、“诺贝尔奖”三者的关系发生联想。所谓高等教育强国作为一个国际化概念,其不仅指该国已经实现高等教育在规模数量上的普及化,更强调其在高等教育质量方面造就了创造性人才济济并为改变人类社会的生活及生产方式所作出的巨大贡献。拥有诸多的诺贝尔科学奖及培养了大量具有知识创新能力的杰出人才,无疑是高等教育强国的重要标志之一。

坦诚言,就科技创新而言我们对世界的贡献与大国地位还很不相称,其因在于我们的人才培养质量还不高,尤其我们培养的能够改变世界的杰出人才还严重不足,所以我们还不是高等教育强国。缺乏精英人才的国家很难成为创新型国家,因此也难以产生引领和改变世界的科技影响力。为此,我们必须把培养造就创新型科技人才作为建设创新型国家的战略举措,并从教育这个源头抓起努力建设有利创新型科技人才生成的教育培养体系。大学在建设创新型国家战略选择中扮演不可替代的重要角色,因此提高人才培养质量是大学必须的选择。

本报告基于人类文明进步从来都是精英人才引领改变的结果,大众教育不能替代更不能以牺牲精英教育为代价这一观点,提出并回答如下三个设问:(1) 我们培养了能改变世界改变社会发展进程的杰出人才吗?(2) 培养杰出人才:我们大学的问题在哪?(3) 培养杰出人才:大学必须坚守怎样的学术理性?

一、我们培养了能改变世界改变社会发展进程的杰出人才吗?

就诺贝尔科学奖言,由于其不仅代表世界科技创新成果的最高水平,而且其成果已经或必将带来人类生活方式和生产方式的革命。排除有争议的诺贝尔和平奖及文学奖,物理、化学和生理学与医学三大科学奖通常有两个特点:其一,人们对获奖人及其成果基本首肯甚少争议;其二,欧美尤其是美、英、德等国科学家及其大学通常是诺贝尔奖的大赢家。据维基百科统计(见表 11-1),1901—2012 年共有 552 人获诺贝尔三大科学奖,其中美国 235 人、英国 76 人、德国 68 人、法国 31 人共计 410 人获奖,这四个国家的诺贝尔科学奖得主占获奖总人数的 74.3%。而据 2012 人口统计英美德法四国总人口为 4.92 亿,仅占世界总人口 63.02 亿的 7.8%。人口占世界 7.8% 的欧美四国,竟然为人类社会创造了占全球 74.3% 的代表世界最高科学技术水平的成果。

表 11-1　1901—2012 年诺贝尔三大科学奖获奖人数国别统计

国家	人数	比例(%)
三大科学奖总获奖人数	552	100%
美国	235	42.57
英国	76	13.77
德国	68	12.32
法国	31	5.62
美英德法四国	410	

数据来源:http://zh.wikipedia.org/.

另据维基百科(英文版)截至 2012 年 11 月的数据显示,全球获得各类诺贝尔奖 10 人以上的大学共 55 所,其中美国 28 所、英国 8 所、德国 9 所、法国等欧洲其他国家 10 所(见表 11-2,因各校统计方法有异,数据仅供参考)。由此可见,自1901年诺贝尔奖基金创设以来,欧美大学尤其英美德著名大学培养或产生了数量惊人的诺贝尔获奖者。

表11-2　1901—2012年获诺贝尔奖10人以上的大学统计

国度	大学	关联	毕业生人数	教职员	获奖时及曾经在职者	获奖后在职者
美国	芝加哥大学	87	30	11	46	2
	哈佛大学	83	60	16	63	7
	哥伦比亚大学	82	40	14	60	9
	麻省理工学院	77	30	20	33	
	加州大学伯克利分校	71	29	16	28	2
	耶鲁大学	50	19	9	23	2
	康奈尔大学	41	13	1	22	6
	密歇根大学	41	7	12		
	霍普金斯大学	36	15	4	20	8
	普林斯顿大学	36	14	7	14	
	加州理工学院	31	17	2	13	4
	宾夕法尼亚大学	28	7	2	16	3
	伊利诺伊大学香槟分校	26	10	6	10	
	斯坦福大学	26	9	10	32	4
	纽约大学	24	9	3	15	9
	洛克菲勒大学	23	2	22	1	
	华盛顿大学(圣路易斯)	22	3	22		
	明尼苏达大学	21	7	13	1	
	加州大学圣地亚哥分校	20	2	1	17	
	威斯康星大学麦迪逊分校	19	11	6		
	卡内基梅隆大学	18	7	3	10	
	凯斯西储大学	16	7	1	8	
	加州大学洛杉矶分校	15	6	8	1	
	纽约城市大学	13	3	1		
	华盛顿大学(西雅图)	12	4	1	5	3
	杜克大学	12	2	2	4	2
	科罗拉多大学	10	1	1	8	
	纽约市立学院	10	10			

（续表）

国度	大学	关联	毕业生人数	教职员	获奖时及曾经在职者	获奖后在职者
英国	剑桥大学	90	65	14	55	5
	牛津大学	48	27	26	7	
	曼彻斯特大学	25	8	5	9	3
	伦敦大学学院	21	6	11	7	3
	伦敦政经学院	17	5	2	11	
	帝国理工学院	15	3	2	8	5
	爱丁堡大学	10	4	1	5	
	伦敦国王学院	10	3	8	1	
德国	海德堡大学	54	18	19	12	3
	哥廷根大学	44	14	9	22	1
	慕尼黑大学	34	25	3	14	1
	柏林洪堡大学	29	20	1	22	1
	慕尼黑工业大学	20	11	4	5	8
	法兰克福大学	14	7	7		
	维尔茨堡大学	14	7	4	3	
	哥本哈根大学	10	7	2	6	
	弗赖堡大学	10	6	7	10	
欧洲其他国家	法国巴黎大学	47	37	11	13	1
	瑞士苏黎世联邦理工学院	21	12	10	11	
	荷兰莱顿大学	16	9	2	5	
	奥地利维也纳大学	15	5	5		
	瑞典乌普萨拉大学	15	8	7		
	法国巴黎高等师范学校	14	12	2	1	
	瑞士苏黎世大学	12	7	9	10	
	荷兰乌特勒支大学	11				
	瑞士日内瓦大学	11	4	1	6	
	法国巴黎综合理工学院	10	3	1	2	

数据来源：http://en.wikipedia.org/wiki/List_of_Nobel_laureates_by_university_affiliation#University_of_Zurich.

被剑桥大学视为骄傲也是剑桥实力最雄厚、名声最大的三一学院（Trinity College），其以在校本科生及研究生不足1000人、教授不到200人的规模，却在近500年的历史里先后产生了培根、罗素、怀特海、牛顿、麦克斯韦、哈代等一大批伟人及5位国家元首、6位英国首相,近一个世纪以来培养了31位诺贝尔奖获得者,以至于时任院长白德纳爵士不无骄傲地说:我们不应该吹嘘,但我们想我们或许可以这样说,这在“三一”以外的任何一个学院来说,都恐是一项惊人的成就。剑桥大学另一个极其典型的精英培养案例是,由著名物理学家詹姆斯·麦克斯韦于1871年创立1874年建成的卡文迪许实验室(Cavendish Laboratory),在一个多世纪里培养产生了20位诺贝尔奖得主(见表11-3)。此外,玻尔(研究原子结构和辐射于1922年获奖)、康普顿(发现康普顿效应于1927年获奖)、狄拉克(建立新的原子理论于1933年获奖)、P. W. 安德逊(对磁性和无序体系电子结构的基础性理论研究于1977年获奖)、卡皮查(低温物理学研究于1978年获奖)等都是与卡文迪许实验室有密切关系的学者,亦先后获诺贝尔物理学奖。

表11-3 卡文迪许实验室出身的诺贝尔奖获得者(除注明外均为物理奖)

	获奖者	获奖年代	获奖成果名称
1	约翰·斯特拉特,第三代瑞利男爵	1904	研究气体密度,发现氮
2	约翰·J.汤姆逊	1906	气体导电的理论和实验研究
3	欧内斯特·卢瑟福	1908	因放射性研究(化学奖)
4	W. H. 布拉格、W. L. 布拉格	1915	用x射线研究晶体结构
5	查尔斯·巴克拉	1917	发现作为元素特征的二次X射线
6	弗朗西斯·阿斯顿	1922	因发明质谱仪(化学奖)
7	查尔斯·威尔逊、阿瑟·康普顿	1927	发现用蒸汽凝结的方法显示带电粒子的轨迹
8	欧文·理查森	1928	研究热电子现象,发现理查森定律
9	詹姆斯·查德威克	1935	发现中子
10	乔治·P.汤姆逊	1937	电子衍射
11	爱德华·阿普列顿	1947	上层大气的物理特性
12	帕特里克·布莱克特	1948	改进威尔逊云室,在核物理和宇宙线领域有新发现
13	鲍威尔	1950	照相乳胶探测技术

（续表）

	获奖者	获奖年代	获奖成果名称
14	约翰·科克拉夫特、欧内斯特·瓦尔顿	1951	用人工加速原子粒子实现原子核嬗变
15	马克斯·佩鲁茨、约翰·肯德鲁	1962	用X射线分析大分子蛋白质的结构(化学奖)
16	弗朗西斯·克里克、詹姆斯·沃森	1962	发现脱氧核糖核酸的双螺旋结构(生理学或医学奖)
17	布赖恩·约瑟夫森	1973	发现约瑟夫森效应
18	马丁·赖尔	1974	射电天文学
19	安东尼·赫维什	1974	发现脉冲星
20	内维尔·莫特	1977	对磁性和无序体系电子结构的基础理论研究

资料来源：http://zh.wikipedia.org/zh-tw/卡文迪许实验室等.

表11-4显示的是2001—2012年来诺贝尔三大科学奖与经济学奖得主的数据，除生理学与医学奖外，其他奖项的50%以上均被美国人赢取，经济学奖得主美国占了83.3%更是惊人。必须提及的另一事实是，这12年间48位非美籍获奖者中的60.4%在美国有过留学或学术工作经历。表11-5反映了近4年来英、美人获诺贝尔三大科学奖的情况：28名获奖者中英、美达20人占全部获奖者的71.4%，在英、美大学求学者21人占75.0%，在英、美大学工作者18人占64.3%。对诺贝尔科学奖盘点的目的并非刻意炫耀欧美名校，其实从杰出人才培养这样一个侧面，不仅使我们多少可以洞见欧美大学之所以成为世界一流高校的原因，同时亦有利于我们客观地认识自己的差距且反思一下人才培养存在的不足。

表11-4　2001—2012年诺贝尔科学奖与经济学奖获奖情况

	获奖总人数	物理学奖	化学奖	生理学与医学奖	经济学奖
各科获奖数	109	30	27	28	24
美国人	61	17	14	10	20
所占比例	56.0%	56.7%	51.9%	35.7%	83.3%

注：在48位非美国籍的诺贝尔获奖者中29位(60.4%)有过在美国留学或工作的经历。

表 11-5 2009—2012 年近 4 年诺贝尔科学奖得主情况

	获奖人数	英美人	英美大学学习	英美大学任职
2009	9	8	7	5
2010	6	4	5	5
2011	7	4	5	4
2012	6	4	4	4
总计	28	20	21	18
百分比	%	71.4%	75.0%	64.3%

当然我们应该为已有 8 位美籍华人获得诺贝尔科学奖欣喜,但我们在欣喜之后必须冷静承认这样的事实:除 1998 年诺贝尔物理学奖得主崔琦一人曾接受过短暂两年的新中国基础教育外(他于 1951 年只身赴香港并在香港培正中学接受教育,成功考入香港大学后赴美留学并获芝加哥大学博士学位),其余获奖者与新中国教育没有任何关系。1957 年诺贝尔物理学奖获得者杨振宁、李政道在西南联大攻读研究生,之后分别于 1945、1946 年赴美留学芝加哥大学师从著名物理学家泰勒和费米;1976 年度诺贝尔物理学奖获得者丁肇中的中学时代在台湾度过,后到美国密歇根大学学习工程学、数学和物理学;1986 年度诺贝尔化学奖获得者李远哲(1994 年放弃美籍回到台湾)的本科为台湾大学和新竹清华大学,完成本科及硕士学业后到美国加州大学伯克利分校获得博士学位;2011 年诺贝尔物理学奖获得者高锟,1944 年随父移居香港入读圣约瑟书院,考入香港大学后远赴英国格林威治大学和伦敦大学学院深造;而 1997 年度诺贝尔物理学奖获得者朱棣文,2008 年度诺贝尔化学奖获得者钱永健均是土生土长的华裔美国人,他们分别是美国加州大学伯克利分校和英国剑桥大学的博士。

除了中国美术学院建筑艺术学院院长王澍教授获世界建筑学最高奖普里茨克奖(the Prizkter Prize)外,我国本土学者在其他世界级科学大奖上也几无斩获,如沃尔夫奖(Wolf Prize,按照诺贝尔奖模式设立,分农业、数学、物理、化学和医学)、数学最高奖菲尔兹奖(Fields Medal)和阿贝尔奖(Abel Prize)、化学最高奖戴奖(Davy Medal)、计算机科学最高奖图灵奖(Turing Award)、地质学最高奖沃拉斯顿奖(Wollaston Medal)、音乐最高奖保拉奖(Pola Medal)等。

国内科学技术最高奖情况又如何呢？查为我国科学技术发展作出最突出贡献的国家最高科学技术奖获得者的教育经历，笔者发现从2000年设奖至今已有20位科学家获此殊荣，其中只有金怡濂(1951年毕业于清华大学)、李振声(1951年毕业于山东农学院)、袁隆平(1953年毕业于西南农学院)、王永志(1952年考入清华大学，1955年留苏)、王选(1958年毕业于北京大学)5位科学家具有新中国高等教育的背景，其余均为民国期间的大学毕业生，且获奖者大多数有欧美留学的经历。

获奖虽不能说明全部，但代表国际以及我国科学技术最高成就的奖项，其评审程序及标准的严谨严密严肃严苛足以说明获奖成果对人类对国家知识创新、文明进步的意义和价值，尤其是代表世界最高水平的诺贝尔科学奖。我国本土科学家尚未获得诺贝尔科学奖一直是中国的痛，更应该是以人才培养为己任的中国大学的痛，而问题在于我们是否痛定思痛并且为消痛开始有所作为？

遗憾的是我们的大学尤其是研究型大学并不能冷静客观地看待并承认自己在人才培养方面还存在问题。据官方媒体报道，2011年39所“985工程”大学首度公布《本科教学质量报告》，在已公布《报告》的大学中有的给自己做出满分评价，几千字的自我评价中没有不足之处。① 记得哈佛大学第28任校长德鲁·福斯特在其就职演说中有句话：当大学不断地沉浸在自己的回忆当中，这个大学一定是没落了。借其语我以为：当大学满足于已有成就(其实有些并非成就)，这所大学一定不再会进取了。美国大学的人才培养质量毫无疑问处在世界的最高水平，但是它们却在不断地反思自己本科教育在人才培养方面存在的不足。正是这种自由而严肃的、活跃而负责的批判精神，使得美国大学始终保持着高度的警醒并不断修正自己在办学治校及人才培养问题上方向的偏离。

---

① 新京报：“大学质量报告”不能总“自评满分”[EB/OL].(2011-10-02). http://news.sciencenet.cn/htmlnews/2011/10/253408.shtm.

大学是国家科学的脊梁、民族文明进步的希望。担负国家振兴使命的大学之崛起,很需要像美国著名大学一样的思想冷静和头脑清醒,首先必须认识并承认自己存在的问题。遗憾的是我们少有大学领导人产生了与钱学森一样的对大学尚未培养出大师级的杰出人才的焦虑,更别说有致力于解决钱学森之问的大学领导人了。在高等教育规模越来越大、受教育的人数越来越多、国家的高等教育投入越来越多、办学条件越来越好的环境下,按常理我们大学培养出来的拔尖人才、大师级人物应该越来越多才对。但遗憾的是我们并没有培养出像杨振宁、李政道、钱学森等这样的大师。众所周知,未来大学的竞争是人才培养质量的竞争,大学成也人才培养质量输也人才培养质量。

二、杰出人才培养:我们大学的问题在哪?

改革开放30多年来,我们经历了高等教育大改革、大发展、大提高"三大"阶段。可以说在高等教育改革发展的每个阶段我们都取得了举世瞩目的成就。然而,开放中国的高等教育不能在仅与闭关锁国时期高等教育的历史比较中自鸣得意,必须以高速发展进步的世界高等教育为参照系在横向比较中发现自己的不足。

毫无疑问,在起始于20世纪90年代至1998年大学扩招及其后若干年的"大发展"阶段,我们仅用短短10来年时间就实现了高等教育规模从精英教育到大众教育的飞跃,在高等教育机会均等及全民族素质整体提高方面取得了世界瞩目的成就。可是高等教育的"大改革"及"大发展"仅只是手段,高等教育质量的"大提高"才是我们的目标所在,遗憾的是我们的问题恰恰出在该阶段。

坦诚言,无论是世界一流大学建设还是杰出人才培养,我们并无优势可言。近几年优质高中生放弃高考新一波留学潮的到来以及大量优秀本科生出国深造的事实,无不说明了我们大学的问题所在。据美国研究生院委员会2012年11月8日公布的《2011年至2012学年国际留学生报告》,在美国高校首次注册的中国研究生人数连续七年以两位数百分比增长，中国留学生在美国高校国际研究生中的比例已达到37%。[①] 人才培养质量不高及大学知识贡献有限不仅成为社会的微议和焦虑，同时也被中央高层所关注。

关于大学人才培养问题的归因分析有三种观点：制度弊端导致的结果；既有制度亦有大学本体的致因；大学的问题应该更多从自身不足找原因。我以为大学作为一个高度自觉自律的组织必须先从自身找问题，何况人才培养根本就是大学自己的责任。好的高等教育外部环境只是大学优秀之必要而不充分条件，好的大学内部环境才是大学优秀的充分而必要条件。如果大学组织本体有问题，即便在优良的外部环境下也不足以保证大学之优秀。不根本解决大学不好好办学治校的内部问题，即便有了"自主招生"、"自授文凭"的办学自主权也改变不了人才培养质量不高的大学之窘。

马斯洛的《人本哲学》有个基本观点："人并不是被决定或被限定的，人可以决定自己的命运。"[②]其意是人不是简单地存在着，人最终是自我决定的，即人总是决定他的存在是什么以及未来他会成为什么。在既定环境中这是人保留的最后的自由，自我实现者与环境决定论者最大的区别亦在于此。抱怨生活的人常常把自己视为一个受害者，从而为逃避自己应负的责任寻找借口。大学亦然，如果总是把自己视为体制或制度的受害者，甚至把人才培养这个独属大学内部的问题也归咎政府和社会，这是大学的不成熟更是不负责。

当然政府并非没有责任，否则现代大学制度建设政府层面的改革就没必要了。问题是大学没有培养出好学生也是政府责任吗？大学自己的责任何在？有些大学校长不按大学规律办学治校，其因或不知道如何按大学规律办学治校，或不想按大学规律办学治校，更糟糕的是不知道自己未按大学规律办学治校，这样的大学怎么可能办好学治好校？由此，让人联想起那篇"中国没有一所真正的大学"网文中的一句话：

---

① 刘莉. 中国赴美留学研究生数连续第七年大增[EB/OL]. (2012-11-10). http://news.sciencenet.cn/htmlnews/2012/11/271505.shtm.

② [美]马斯洛. 马斯洛人本哲学[M]. 北京：九州出版社，2003：132.

"1949年后中国没有一个教育家,而民国时期的教育家灿若星海。"①结论虽过于极端,但不乏对我们必须重视校长教育家办学治校的提醒。

对大学人才培养问题的梳理分析,其归因大致可以概括为如下六个缺失:育人使命缺失;办学内在驱动力缺失;人才培养目标缺失;杰出教授缺乏;优秀教材缺失;刻苦向学和自由创新文化的缺失。

1. 育人使命缺失

在人才培养问题上大学之悲,莫过于缺乏根据大学自身的组织属性、使命责任,自觉坚守人才培养天职的学术理性。纽曼关于大学的一个基本理念就是:大学是一个传授普遍知识的教育场所、培养人才的机构。考察近千年的大学史,尽管经历了英国大学以培养绅士为目的,德国大学重在培养学者,而美国大学致力造就专家的发展过程,但本质上大学从来没有放弃过以人才培养为首要。随着社会的发展变化大学的社会职能也会与时俱增,大学因此需要不断自我完善以适应社会需要才能保持生机活力以可持续发展,然而人才培养是大学存在和发展的最不可或缺的理由。大学的恒久性来自对人才培养的专一性,除了大学没有任何组织以培养人才为专门职责和核心使命,人才培养是大学最不能放弃的文化遗产。不承担人才培养任务或忽视之,大学就不是真正意义的大学。而问题是:当前不少大学热衷于不该大学做的事,放弃了大学必须的守持,尤其是缺乏对大学之育人属性及其价值的坚守,有些大学似乎就在应付人才培养。

在大学日益融入充满功利和权势诱惑的社会并被这个社会日益需要的现时代,大学的所作所为已经不能让人像以往一样对其倍加敬畏和肃然起敬。对此,我们当然可以从大学外部找到种种理由对大学日益严重的问题进行辩解,但大学内在的问题是最不能忽视的。有些大学已经不像大学,在不知不觉的随波逐流中渐渐偏离了大学育人及知识追求为本的基本属性。表11-6和表11-7是我指导研究生汪征所做的一项通过分析同一时段同等数量同类高校之中美大学新闻,比较两国高校官本位及行政化倾向的研究,其结果充分反映了两国高校官本

① 耶鲁大学校长:红色中国没有一所真正的大学[EB/OL].(2009-09-23).http://blog.sciencenet.cn/blog-296927-257399.html.

位程度及行政化倾向的差异,这种差异同时反映了两国高校办学治校尤其是对人才培养关注度的差异。

表 11-6 中美高校新闻报道与两国高校行政化现象比较

中美高校新闻主题	中国高校		美国高校	
	数量	占有率%	数量	占有率%
领导活动	81	21.95	21	10.19
师生活动	48	13.01	62	30.10
学术科研	39	10.57	39	18.93
其他	201	54.47	84	40.78
总计	369	100.00	206	100.00

表 11-7 中美高校有关领导新闻类型的比较

	中国高校的占有率%	美国高校的占有率%
出席会议或仪式	35.80	9.52
视察调研	29.63	4.76
人事任免	8.64	52.38
发表言论	6.18	14.29
交流访问	19.75%	19.05%

2. 办学内在驱动力缺失

当前我们大学办学动力何在?很多大学不是内在驱动、使命驱动、规律驱动,而是上级驱动、功利驱动、项目驱动。两者的不同在于:前者按大学发展规律办学,按人才成长规律治教,按科学管理规律治校,其办学治校的目的明确,有高度的大学使命意识和理性自觉且具有强烈的社会担当的主动性;后者忽视甚至无视大学自身的规律,沦为绩效的奴隶,甚至不惜牺牲大学的长远利益以急功近利为办学目标,缺乏办学的内在动力,被动于外部利益的驱动。为了各级政府名目繁多的诸种"工程"、"计划"、"项目"、"评估",以及各类"课题"、"评奖"、"人才头衔"、"重点学科"、"精品"等的申报、获批、通过等等,我们大学视其为办学之重中之重,举全校之力且不惜代价为之忙得不亦乐乎。

政府开设这些“工程”、“项目”、“名分”的初衷不谓不好且投入也颇大颇多,然受绩效功利严重影响的大学因此忽视甚至放弃育人为本,偏离办学主旨、不堪其累不说且效果亦并非良好,若做投入产出的评估分析问题肯定不少。试想各级政府如果不再设立这些“工程”、“项目”、“荣誉”,失去了它们的激励或刺激,我们的大学是否还有办学的动力和激情?欧美大学似乎没有来自政府太多诸如此类的利益驱动,可是我们不得不承认他们的办学比我们成效要好。原因何在?他们始终守持人才培养及知识创新的使命和价值追求,而这才是大学生存和发展永不枯竭的内在动力。

一个典型的例子是,为激励博士生的创新精神并提高博士生培养及学位论文质量,1998 年底教育部启动了全国百篇优秀博士论文评选。遗憾的是由于“优博”如同“千人计划”、“长江学者”等一样渐而成为大学相互攀比较劲的重要指标之一,于是就成了一块大学都想争夺的“唐僧肉”。前些年有个中部地区的高等教育大省专门召开全省会议把“优博”的多寡与自己高教重镇的荣誉联系起来,要求其区域内之大学必须有志于争取更多的“优博”。

事实上,的确有不少大学把“优博”列为办学目标之一,并为此出台诸多颇具创造性的政策。如此这般,教育部创设“优博”的原始意义在大学的执行中便走入了误区,由此导致评选过程及其结果也难免受疑。对此,极具思想性的张楚廷教授画了如图 11-1 所示的两条线,浅色线代表优秀论文,深色线即非优秀论文(包括合格及不合格者),对此他评论道:中国从几万篇博士论文中选出 100 篇“优博”,余下为非优秀者其中自然包括不合格者但都获通过博士学位;而美国大学的不同在于,他们把少数不合格的选出来,余下获得通过的全部都是优秀论文。同样是论文遴选但方法不一样,结果也就大相径庭,博士培养质量也就大显区别了。

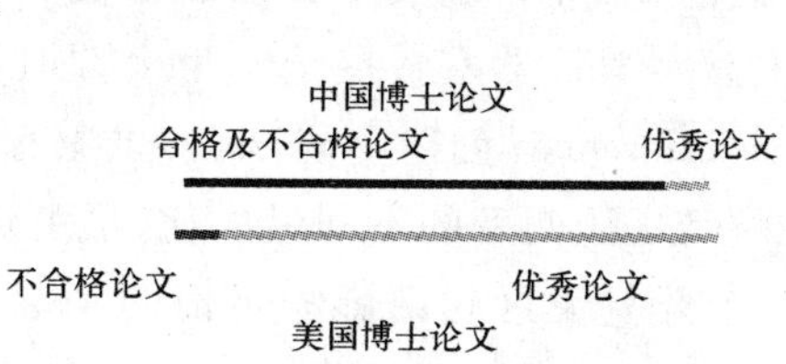

图 11-1　中美优秀博士论文示意图

3. 人才培养目标缺失

培养目标是人才观在高校的集中反映和培养什么样的人的价值主张及具体要求,是人才培养的标准,也是人才培养活动得以发生的基本依据和人才培养制度安排的基本原则。本人始终坚持这样的观点:人才培养目标设计是人才培养体系中的第一要素。该观点表明的逻辑是:大学的人才培养质量首先取决于人才培养目标设计的质量,明确人才培养目标是确保大学人才培养应有质量的基本前提。培养目标不明确人才培养工作无所适从,其质量也无法检验。与欧美大学比较,我们人才培养目标设计存在如下的问题:对培养目标的期待太低;满足于书本知识而非知识创造、问题解决及能力培养;目标模糊笼统缺乏能力素质结构分解。

(1) 对培养目标的期待太低

综观世界名校的人才培养,其最大特点就是培养目标追求甚高。巴黎高师人才培养目标是:培养改变世界的人。美国研究型大学的使命无不强调通过人才培养和科学研究对人类、国家、社区带来知识的贡献及社会的改变,因此他们把人才培养目标设定为培养各行各业的领袖。比尔·盖茨与史蒂夫·乔布斯改变了世界,他们以自己的智慧和勇于变革不断创新的勇气,把电脑和电子产品变得简约化、平民化,从而改变了人类的生活方式和生产方式。为了把百事可乐主席 John Sculley 挖到苹果公司工作,乔布斯说服 John 的一句话就是:你是想一辈子卖碳酸饮料还是想改变世界? 于是,后者成为了苹果的 CEO。比尔·盖茨和史蒂夫·乔布斯虽然都是大学的辍学生,但他们之所以成为改变世界的巨人,无不受益于学校给予他们的改变世界的勇气和信心。

李开复说是“让世界不同”改变了自己的命运。他在《世界因你不同》回忆道,哥伦比亚大学哲学系教授给学生上课时说过这样一句话:知道什么是 make a difference(创造不同)吗? 想象有两个世界,一个世界有你一个世界没有你,让两者的不同最大化,最大化你的影响力这就是你一生的意义。李开复说这句话影响了他的一生,每当他要做出重大决定时,这句话都会使他更坚定地做出自己的选择。MIT 甚至要求自己学生设计的建筑能“同时也应该激发我们去实现人们的愿望。它应该更明确地表现创新的精神、社会的期待以及冒险的思考,而这些正是 MIT 的特色"①。

相较之下,我们的人才培养则没有对大学生的领袖目标期待,更缺乏有利领袖人才培养及其脱颖而出的大学文化和大学追求。

(2) 满足于书本知识而非知识创造、问题解决及能力培养

由于对大学使命及其人才培养目的的理解不同,欧美大学强调大学教育的目的是"探索和创造知识,求学的目的是为人类发展新知识";受传统文化的影响,我们的大学教育多停留在"知识传承,甚至继承'学而优则仕'的衣钵,为考试为升学为学位为功名为谋生而读书"阶段。宋真宗赵恒"富家不用买良田,书中自有千钟粟。安居不用架高堂,书中自有黄金屋。出门莫恨无人随,书中有马多如簇。娶妻莫恨无良媒,书中有女颜如玉。男儿欲遂平生志,勤向窗前读六经"的劝学思想至今根深蒂固。

在人才培养的目标要求上,我们缺乏对学生主动思考习惯、主动参与精神和解决问题实践能力的培养也是值得反思的,欧美大学在这方面则颇有成就。理查德·雷文总结耶鲁大学最大的特色就在于:帮助学生学会严肃认真地对待各种思想观念,学会如何思考和分析。耶鲁教授的使命是与学生一起接近和探索真理,不只是教学生思考什么,而是教学生如何思考。美国大学生的动手实践能力是如何培养的?以 MIT 为例,该校从 19 世纪中后期就一直保持着罗杰斯提出的"大学教育应当是为一种积极向上的美国生活所做的技术准备"的办学理念,强调动手能力的培养和训练,把动手动脑(Mind and Hand)作为自己独特的人才培养模式,通过试验和实践训练培养了一批又一批富有想象力和创造力的人才。MIT 的人才培养使其学生特别喜欢用双手造出一个东西,而不只是满足于写篇论文。

满足于书本知识而非知识创造、解决问题和创新能力培养的目标,以及缺乏参与解决问题的机会,这不仅导致学生处在被动学习的状态,而且他们学到的只是重复前人。德国吕贝克应用科技大学副校长约阿希姆·利兹则在中德论坛上批评中国大学教育:"18 年前,我第一次在

① 鲁伊. 这就是 MIT[J]. 三联生活周刊,2010(10):51.

中国给学生上了第一堂课，当时学生对于这种完全不知道会发生什么的上课方式很是兴奋。但是直到现在，我再来上课，他们还是不习惯在课堂上担当主动的角色。”[①]如果我们的大学教学培养的人才只会用所学解决问题的方法去解决已经解决的问题，而对新问题束手无策，那我们的人才培养就不能说取得了成功。“如果一个问题已经解决了，也就不需要工程师而是更需要工人。”而问题在于“在中国，已经有足够多的工人，但是没有足够多合格的工程师”[②]。

我们的大学教育尤其是工科教育，如果不改变师生都缺乏产生一些新想法、找到一些新途径、做出一些新东西的冲动，而只是满足于课堂教学和卷面考试，我们培养的学生就永远创造不出一些新东西。其结果就是，我们难以从制造大国升级为创造大国。据中国工程院对全国5000名工程科技人员的调查中，21.8%的人认为，高校培养的学生完全不符合或基本不符合国家技术发展需要；52.4%的被调查者认为，我国高校培养的工程专业学生质量一般。为此，潘云鹤院士指出我国高等工程教育存在诸多弊端：工程设计和实践教育环节缺失，工科教师队伍的非工化趋向严重；评价体系错位，重论文、轻设计、缺实践；课程体系落后，学科交叉欠缺，导致创新与实践双向不足，得不到产业界的认同。[③]

(3) 目标模糊笼统缺乏能力素质结构分解

科学的人才培养目标设计必须有知识、能力、素质体系的分解，在此基础上，教学过程中包括知识体系、培养模式、教学制度、考核评价、大学文化等教学要素的设计才有依据和原则。我们的人才培养目标设计最大的问题在于：其一，人才观陈旧落后保守；其二，目标模糊没有操作性。人才培养的基本逻辑是，在具体清晰的素质能力结构设计的前提下，课程和知识体系的设计以及培养方法途径的运用才能围绕培养目标的设计有的放矢并为培养目标实现服务。

美国大学人才培养其最成功的经验之一就是：有明确的培养目标。

---

① 王进雨.德国专家批评中国大学教材滞后学生被动[EB/OL].(2011-10-15).http://news.sciencenet.cn/htmlnews/2011/10/253921.shtm.

② 同上注.

③ 任荃.潘云鹤院士：我国工程教育能力缘何世界垫底[N].文汇报，2007-09-28.

如普林斯顿大学的本科生培养目标包含了创新型人才所需要的知识、能力和素质结构:① 具有清楚地思维、表达和写作的能力;② 具有以批评的方式系统地推理的能力;③ 具有形成概念和解决问题的能力;④ 具有独立思考的能力;⑤ 具有敢于创新及独立工作的能力;⑥ 具有与他人合作的能力;⑦ 具有判断什么意味着彻底理解某种东西的能力;⑧ 具有辨识重要的东西与琐碎的东西、持久的东西与短暂的东西的能力;⑨ 熟悉不同的思维方式;⑩ 具有某一领域知识的深度;⑪ 具有观察不同学科、文化、理念相关之处的能力;⑫ 具有一生求学不止的能力。哈佛大学的本科生培养亦确定了如下五项标准:① 必须能够清晰而明白地写作;② 应该对认识和理解世界、社会和我们自身的方法具有一种判断鉴别的能力;③ 必须对自己的文化和其他文化有一个广阔的视野,并在这样的考虑之下安排自己的生活;④ 了解并思考过道德和伦理问题,在做道德选择时具有正确判断的能力;⑤ 在某些知识领域应当具有较高的专业水平。

4. 杰出教授缺乏

关于教师的作用我们常常提到埃米尔·涂尔干一个极其著名的观点:教育的成功取决于教师,然而教育的不成功也取决于教师。一位其学术背景为物理学的在 OECD 负责 PISA 项目的考试专家在接受访谈时说:与缩小班级规模相比,教师质量是一个影响教学水平更为关键的变量。世界著名大学的共同经验证明,高素质的师资队伍既是一所大学的核心竞争力所在也是创新型人才培养的关键所在。其实我们知道,杰出教授对学生的影响不仅体现在学科专业的指导方面,更在于由他们带给学生的追求科学、献身科学、严谨做学问的精神和思考、研究问题方法的影响,以及由他们形成的知识至上、真理至上的优良教风和学风。

世界名校为什么坚持让如诺贝尔物理奖得主、著名宇航员等一流的教授为一年级新生上课?这些大学并不期待大师级的教授立即给学生传授什么高深学问,而旨在创造这样一种让学生在进校之初就能与人文大师科学巨匠零距离沟通交流的学术环境,从而帮助新生在很高的起点上领悟科学、宇宙、人生的真谛,并充满信心找到自己人生未来的目标。

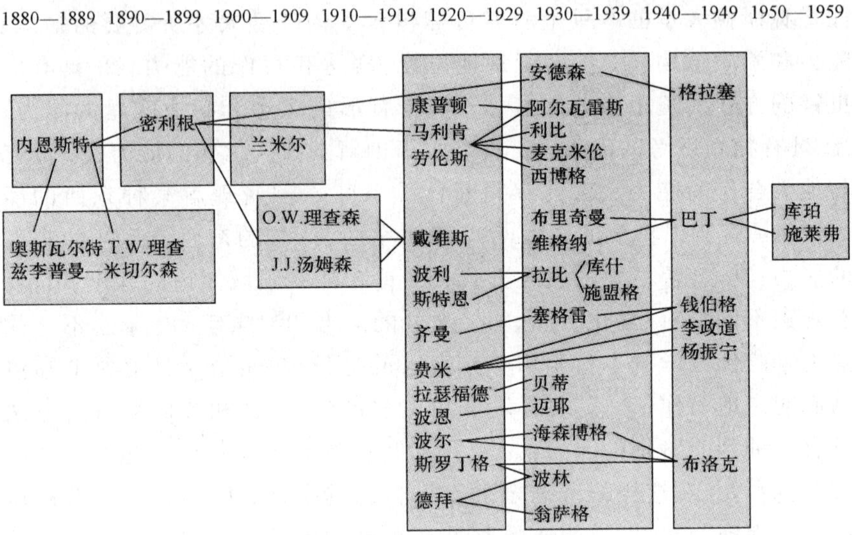

图 11-2 诺贝尔奖师承关系①

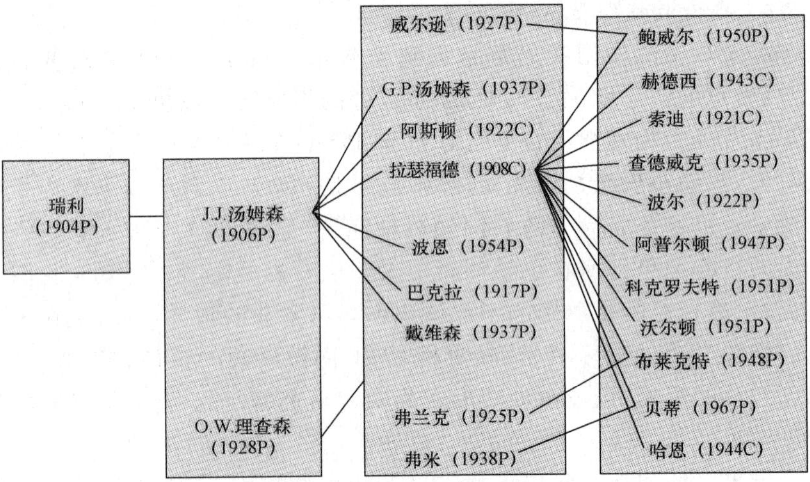

图 11-3 J. J. 汤姆森和拉瑟福德与他们获奖学生的关系(1901—1972)②

① 资料来源:哈里特·朱克曼.科学界的精英——美国的诺贝尔奖获得者[M].北京:商务印书馆,1979:141.

② 同上注,1979:145.

经济学诺贝尔奖得主保罗·塞缪尔森在获奖演讲时感言:我可以告诉你们怎样才能获得诺贝尔奖,诀窍之一就是要有名师的指点。哈里特·朱克曼的博士论文《科学界的精英——美国的诺贝尔奖获得者》,是一部研究诺贝尔奖的传承关系的专著。她研究了1901—1976年间313位获奖人发现:除少数获奖人通过血缘或婚姻联系外,更多的人通过师徒的纽带联系。对科学家而言,师徒之间的社会联系是持久而重要的。她统计了1972年前在美国进行其获奖研究的92位获奖人中,有一半以上(48人)曾在前辈获奖者手下当过学生、博士后研究或研究助手(如图11-2和图11-3所示)。[①] 有获奖师傅的美国获奖人如表11-8所示。

表11-8　有获奖师傅的美国获奖人

	有获奖师傅的美国获奖人
物理	61.3%(31人)
化学	57.9%(19人)
生物学与医学	42.9%(42人)

在提高人才培养质量和杰出人才培养问题上,我们不得不承认大学杰出教授的缺乏及杰出教授不能把精力集中于人才培养的事实。朱清时先生回忆20世纪60年代初自己读中国科大时,遇到一批大师为学生上课,他们上课一般都不带讲稿,上课时就是和学生一起探索推导不怕进入陷阱。而我们现在很多教师离开教科书就无法上课了,讲来讲去都是教科书上的东西。我们的本科教学评估还要求教师必须每堂课都有教案并将其作为评估的一个重要指标。可遗憾的是,中外很多杰出教授并不喜欢教案更不会照本宣科地教学,若坚持此制度大师也只能堕落为教书匠。

5. 优秀教科书缺失

教科书的落后是在大学人才培养中尚未受到重视的一个很大的问题。我国基本上是一个"教材教育"的国度,大学甚至研究生培养,无不强调教材的作用。对此,不仅国家有制度大学也有规定。因此大学

① 〔美〕哈里特·朱克曼.科学界的精英——美国的诺贝尔奖获得者[M].北京:商务印书馆,1979:140-145.

教师习惯用教科书教书,学生的专业知识亦主要来源于教科书。此如约阿希姆·利兹所说,中国“学生可以从老师口中得到所有的授课内容,如果没跟上老师,他们还能从教科书上找到每个字。学生自然不会自己做什么事了,他们只是在被动地消化”[①]。从理论上讲,课程体系和教材内容在一定程度上直接决定了学生的知识结构,对过分依赖教科书的我国大学而言尤其是这样,由此导致教科书决定学生的质量,而教科书落后使学生难以避免知识落伍时代的结果。问题是“我们的大学教材还停留在20世纪80年代的水平”。

据第三方教育数据咨询和评估机构麦可思的调查发现,我国大学的教材严重滞后,许多应用型专业大学生的就业与他们的学历层次和专业并不吻合,究其原因关键也是大学教授的知识完全跟不上技术的时代发展进步。据本人在英美德三国从事访学研究时的观察,欧美大学多数没有完整的教科书,更没有政府和大学指定的教科书。如约阿希姆·利兹所说,在德国学生没有一本完整的教科书,所有知识都来自教授讲课的内容,以及学生主动参与学习从大量文献资料中获取的结果。恕我直言,如果我们的大学教育还要继续倚重教材,那么对于诸如国家或省级“精品教材”以及“某五年规划教材”的标准决不能放松,其遴选评审更不能走过场,尤其决不能让一些知识垃圾成为“精品教材”,否则将贻误一届大学生的培养质量。

6. 刻苦向学和自由创新文化的缺失

大学是知识和智力的源泉、学术研究的中心,学术即意味着知识的获取和知识的探索创造。学术是大学的立身之本、生命之源,大学之文明首先就是学术之文明。之所以强调大学刻苦向学和自由创新文化,因为,前者受求学及研究之智力劳动的内在艰苦性、持续性特点所决定,非经努力绝不能有所进步有所成就;而后者则是知识创新之外部环境要求所使然。唯此大学及其办学者才能全面、具体而深刻地把握大学的求学及学术创新的本质和条件,并按大学的学术规律办学,从而建立起敬畏学问、崇尚知识、尊重人才、学术民主的大学环境。学术理性要求大学不仅关注学术的结果,更要关注学术得以存在和发展的背景、过程和条件。

---

① 王进雨.德国专家批评中国大学教材滞后学生被动[EB/OL].(2011-10-15).http://news.sciencenet.cn/htmlnews/2011/10/253921.shtm.

就刻苦求学而言，当前不仅学生连教师办公室也很难放下一张安静求问向学的书桌了并非不是事实。“一旦你跨进大学之门，如果你自己不想努力，你就大可不必努力了”，这一对大学学习风气的描述亦非夸张。这样的学术环境若能造就杰出人才，若能那肯定是天方夜谭了。尽管面对一周 48 节繁重的课程，MIT 的学生们还是愿意在图书馆不知疲倦地求学，还是为自己一周拥有 168 个小时的时间而庆幸，还是乐于积极在课余参加数百计的科技、文化活动小组。当我们的学生沉溺于网络彻夜不归的时候，欧美著名学府的大学生却在深夜的宿舍里争论政治或基因等问题，在 24 个小时供学生使用的图书馆阅览室或实验室读书、做实验。

怎样的学术环境更能造就杰出人才呢？大学是集中人类全部知识的地方和思想的地方，“正是这个见多识广，造就了大学的人总是要问为什么是这样，他总是要想想你说的对不对，因为他们明明还知道另外的事情……这就是大学文化的魅力和它的价值所在”。① 金耀基先生这样评价哈佛：“无论世事怎样瞬息万变，人们如何浮躁地追潮逐浪，它有一种任凭举世中风狂走，我只卓然独处的孤傲和镇定。是自由和宽容使置身于大学中的师生去掉了心灵的镣铐，让思想和精神自由生长；是自由和宽容使她具有一种朝向未来的飞翔。”②这就是世界名校的文化理性：自由创新、有容乃大的学术环境。

哈佛前校长劳伦斯·萨默斯强调：“创造一流意味着要有这样一种观念，那就是：拥有最新思想的人，一定是那些拥有最具威胁思想的人，而且学校还得学会化解这种威胁。创造一流意味着要接受最优秀的人，因为最优秀的人，并不总是最容易相处的人。”③ MIT 说他们每个学生都有一个发明发现的梦，尽管他们很可能为自己的崇拜偶像而来，但一旦成为 MIT 的一员，则发现自己有一种科学家的感觉，每个人都有了不起的创意并且互相启发。这就是大学文化的魔力所在。MIT 还骄傲地称，让学生有机会与教授一起从事科学研究而不只是坐在课堂记笔记，让全世界最聪明的年轻人来到 MIT 所享受到的学术文化氛围

---

① 王晓明. 何为大学文化？[EB/OL]. http://www.douban.com/group/topic/2319032/.

② 梁启超，等. 大学的精神[M]. 北京：中国友谊出版社，2008：14.

③ 哈佛大学校长劳伦斯·萨默斯教授北大演讲[EB/OL].（2002-05-14）. http://www.docin.com/p-356064813.html.

是无法复制的。

一所大学只有尊重其历史文化才会重视其未来,一所大学只有尊重其师生个性的自由包容文化,才能造就出为国家为人类作出思想和知识贡献的富有创造力的杰出人才。有容乃大之大学文化理性则使大学师生:在“思想自由,人格独立”的精神生态下,无私无畏地追求真理、探索真理、坚守真理,并以此无私无畏地去创新知识以报效自己的国家和人民。

三、培养杰出人才:大学必须坚守怎样的学术理性?

一言概之,理性是揭示事物本质,全面、具体、深刻把握事物的一种认识能力,是对事物价值及其重要性的认识和对事物发展规律的遵循和坚守。大学的学术理性不仅源于高等教育本身是高度理性的社会活动这一内在规定性,而且源于大学天然的有其特殊规律的人才培养使命;大学学术理性不仅是人们关于大学的本质及其现象、活动科学认识后对大学本质及大学办学治校规律的准确把握,更是对大学人才培养之组织属性及其价值判断的选择和守护。在 2012 年 11 月的北京论坛上,哥伦比亚大学校长李 · 博林格提出一个观点:“大学存在的一个很重要的价值在于,即便全社会已失去了理性,它依然能够提供理性的思考与教育。大学对社会的影响必须建立在理性的引导之上。”[①]这就是大学与社会其他任何组织根本不同之所在。

一个承负以理性引导社会文明进步之重任的学术组织,其在自己育人之核心使命担当尤其是杰出人才培养过程中若无视该组织应该选择和坚持学术理性,其能否自觉于育人使命并培养出能够引领社会进步的杰出人才则大可怀疑。学术理性主要包括:办学理性、教学理性以及与人才培养密切相关的文化理性。

1. 办学理性

提高人才培养质量尤其是培养杰出人才,大学之首要就是回归办

---

① 李斌. 哥伦比亚大学校长:大学需改体制适应全球化浪潮[EB/OL]. (2012-11-14). http://news.sciencenet.cn/htmlnews/2012/11/271692.shtm.

学理性,而其前提是坚持大学最不能放弃的“追求科学、崇尚真理”和“对国家负责”的基本价值判断,反思由于对市场及政治利益的过于追求而漠视甚至偏离育人使命的倾向,树立以学生为本、以师为尊的办学理念,任何时候都自觉于大学育人之核心使命的忠诚和守护。一所大学对其组织属性及其基本价值、基本规律的正确认识和坚守,这既是大学的自觉,也是决定大学选择做什么和选择不做什么的学术理性之要。丧失应有的办学理性,大学就难免步入歧途。为眼前功利而牺牲长远利益以及育人使命的放弃,是大学最不可饶恕的错误,其根因源于大学办学理性的不守。

MIT之所以能培养出如此之众的为世界工程技术发展和经济社会发展贡献卓著的领袖人才,首赖于如其前校长查尔斯·韦斯特所说,MIT一直守持着“当我们与工业的关系进一步发展时,切记大学不可走功利主义道路,大学是培养有用之才,创造新知识、新见解和新技能的主要场所”①这一办学理性。哈佛大学前校长德雷克·博克在《回归大学之道》强调道,除本科教育需要确立务实的目标外,“以学生发展为导向的本科教育需要依靠大学自身(特别是大学领导人)使命感的推动”②。正是这种坚定不移的育人使命感即大学最不可或缺的办学理性,使哈佛大学的杰出人才培养卓尔不群并居于世界领袖的地位。

2. 教学理性

教学是大学组织存在的最不可或缺的重要活动,大学之人才培养体系之最为关键,失之教学大学便不再是大学。宏观的教学观念并非指单一的课堂教学而是一个系统,其包括如下要素:培养目标设计、知识体系构建、培养模式设计、教学制度安排、教师遴选等。人才培养是一项涉及诸多因素且十分复杂的活动,教学理性是大学对人才培养规律的认识和遵循,由此凸显教学理性之重要。就当前大学人才培养存在的诸多问题而言,在教学理性引领下创新人才培养体系尤为必要。

(1) 针对培养目标不明确,缺乏根据社会对人才素质要求设计人才培养具体标准的问题,创新人才培养目标,尤其要设计提出“清晰发现、认识、界定、分辨和判断问题,培养批判性思维和解决现实问题能

① 眭依凡.学府之魂:美国著名大学校长演讲集(教育科学出版社待出版).
② 〔美〕雷克·博克.回归大学之道[M].上海:华东师范大学出版社,2008:5.

力”的要求(美国一项全国调查90%的大学教师认为培养批判性思维能力是本科教育最重要的目标)。卡文迪许实验室之所以能培养出如此之多的诺贝尔奖得主,其绝非是满足于纸上谈兵理论教学的结果,而得益于麦克斯韦多年来重视动手解决问题能力培养所得的收获。在卡文迪许实验室不仅系统向学生讲授物理学理论,同时还辅以大量的自制实验表演。在麦克斯韦看来,这些实验的教育价值,往往与仪器的复杂性成反比,学生用自制仪器,虽然经常出毛病,但他却会比用仔细调整好的仪器,学到更多的东西。自制仪器已经成为卡文迪许实验室人才培养的传统。

(2) 针对知识体系落后,缺乏对学生人格、知识、能力整体发展综合考虑的问题,创新知识体系、课程体系设计及教学内容选择必须与时俱进地反映时代科技文化发展的最新成果以及对人才素质提出的要求,充分体现“人文与专业的结合,理论与应用的结合,基础与前沿的结合”的原则,通过强调知识体系的整体性根本改善学生的知识结构。

(3) 针对培养模式单一,依旧停留在“教材教学”、“课堂教学”、“教师教学”、“集中教学”缺乏多样性、有效性等问题,创新培养模式,通过加强科学实验、社会实践、科学研究、个性化教学、独立学习等富有参与性、启发性、发展性的多样化教学方法,为学生创造宽松自由、独立思考、有利于调动学生学习积极性、主动性、批判性、创造性,以及分析问题和解决问题能力的学习环境,根本改变学生在教学过程中的被动学习地位,从单一的知识传授转而培养学生独立思考能力、获取并处理信息能力、分析判断能力、质疑批评能力、解决问题能力、创新创造能力。耶鲁大学校长雷文认为:教学方法的问题是制约学生创新能力发展的主要原因,因为不同的教学方法取得的效果是大不一样的。人才培养必需的教学理性之一,就是要应对现实世界的变化和问题,改进我们的教学方法。

(4) 针对教学制度安排僵化,针对教学制度过于强调对学生的共性要求而忽视个性发展、过于强调对师生的约束作用而忽视师生作为教学主体自身的要求、过于强调制度稳定性而忽视制度发展性等问题,创新教学制度,通过改造或重建“既有利学生全面发展(共性)又有利学生个性发展(创造性),既有利教学规范又有利教学创新,既有利稳定教学秩序又有利人才培养质量提高"的教学制度,从制度层面更好地调动师生在教与学中的独立性、积极性、主动性、创造性。

(5) 针对教师存在的问题,教学理性面对的最大的挑战是:如何获得优秀教师并让他们自觉于热爱于人才培养?这是所有大学必须直面但又没有很好解决的问题。人才培养质量的保证及提高,尤其是杰出人才的培养在很大程度上取决于高水平高素质的教师和教师的教学投入,世界著名大学的共同经验证明,高素质的师资队伍既是一所大学核心竞争力所在,也是培养创新型人才的关键所在,这是无须多说的事实。上述是需要专门讨论的大问题,这里仅就与教师之教学理性相关的如何处理好教学与研究的关系提出两个浅陋的观点。

其一,大学教师必须端正和解决好学术研究与人才培养的关系,对研究型大学而言尤为重要。我始终坚持这样的立场:学术研究不仅意味着知识的探索和应用,而且意味着知识的传播。学术研究是教学的支撑,没有学术的支撑教学将难以为继。但是,过于重视学术研究亦会导致对教学的忽视。目前的情况是,大学教师确实存在把学术研究视为机会,而把教学视为负担的问题。很多教师尤其是具有一定研究实力的教师,其时间和精力配置多是忙于学术研究疏于教学。大学不仅以学术的无限增长,更以生生不息的青年学生的成长成才和有所成就为大学生命的源泉和活力。如果把培养学生放在次要的地位,这是大学责任的本末倒置。

其二,由于知识探索是个无穷无尽需要一代代延续下去的过程,因此,人才培养并非仅是知识的传授还必须伴随着在教师指导下学生学术研究的参与及其能力的提高。在大学教学过程中教师不仅是为了教书而存在,而是如洪堡所说"老师和学生都有理由共同追寻知识"。对教师而言其学术成就必须伴随着学生的参与和贡献,没有学生的参与,学生之研究能力的发展,以及教师的学术贡献就会大打折扣。只有教师与学生的教与学、学与研充分结合在一起,教学与学术研究的目标才会完美的融合一体并朝着最有效的教学相长、教研相长的方向发展,从而也才能创造出人才培养和学术研究同时丰收的成果。大学教育的最大失败莫过于招收了大量优秀生源却把他们培养成了一般的学生,大学教育的最大成功也莫过于把一般学生培养成了出类拔萃的人才,教师在人才培养的成与败中具有决定性作用。

3. 文化理性

自觉把文化营造和文化影响纳入人才培养体系,是大学不能忽视的理性自觉。大学怎样的文化理性才有助于杰出人才的培养呢？本人早前在《创新文化:决定大学兴衰的文化之魂》提出了培养创新人才必须"回归大学本真营造追求科学、崇尚真理、对国家负责的使命文化,回归以人为本营造重视尊重知识、尊重人才尊重学者学生的包容文化,回归大学精神营造大学的竞争文化"①的观点,这里借鉴美国大学在创新型人才培养之人文环境营造方面的成功经验,我以为以下文化理性亦值得重视。

其一,学术自由理性。据布鲁贝克《高等教育哲学》,学术自由的理性至少有"认识的、政治的、道德的"三个支点。其中,学术自由的认识论基础是从19世纪德国大学继承而来的,即为了保证知识创造的客观性,其过程必须不受外界干扰。这样看来,学术自由并非只是一个大学理念,而且也是大学必须提供的知识追求及其创新所必要的先决条件,换句话说即忠实于高深学问及探索真理需要学术自由环境保障。基于学术自由涵盖了包括教学自由、学习自由、研究自由等学术活动,故享有学术自由的群体不仅是大学教师也包括学生。因此,杰出人才培养并非只是提高教学质量的问题,营造一个有利于质疑批判精神及创新意识养成,敢于挑战权威、个性充分发展的文化环境,对杰出人才的成长不可或缺。

约翰·亨尼斯校长在回答斯坦福大学何以能培养出如此之多的诺贝尔奖得主并且能创造出硅谷的奇迹时回答道:创新需要充满勃勃生机的人的环境。一个缺乏尊重和包容人才的,学术自由空气窒息的,学生创造欲望、创新精神受到压抑的,缺乏学术质疑勇气、批判精神和学术自信的大学,能期许它能培养创新型人才？一所不能容忍博弈论大师纳什这种不愿听课、喜欢吹着口哨在校园闲逛、自个儿躺在咖啡室茶几的玻璃板下发呆学生的大学,能期待它培养出纳什这样具有无限想象力创造力的人才？

其二,学术公平理性。如前所述,没有必要的学术公平,大学就不能培植真正的学术精神,其教师和学生都难以安于学术本位并忠诚于

① 眭依凡.创新文化:决定大学兴衰的文化之魂[J].中国高等教育,2007(7).

学术,其结果不仅是学术的衰微,更是学术的后继乏人。大学缺乏科学至上、知识至上的学术标准,必然导致学术是非真伪混淆、学术公平丧失的学术文化的非理性。

其三,学术道德理性。学术的发展不仅取决于大学师生的智慧,还取决于大学师生的道德,没有崇尚科学、敬畏科学、追求科学、忠诚科学、守护科学,甚至为科学殉道的道德精神,科学无继。强调学者对学术必须担负的道德责任,并据此产生学术自律的自觉,这就是学术道德理性。学者献身自己的学科并忠诚于真理是极为重要的学术品德。如果说法规是种外来的强迫,道德则是一种来自组织及其个体内部的要求。作为一个知识分子群体聚集的大学组织,在学术活动中提倡和弘扬该组织的道德自律是必要的理性。学术理性不仅需要赋予大学师生在学术探索时思想自由的环境,同时也需要大学师生来自自身内部对学术行为的道德约束,这种约束就是学术道德理性提出的要求。在大学强调学术道德尤其强调"学者不应该允许自己的研究目标被个人的感情和职业前途利益所损坏"是十分重要的,因为,如果"学者一味追求个人利益就一定会自寻失败"。[①] 这种失败不仅是学术研究的失败,更是人才培养的不成功。

芝加哥大学校长罗伯特·J. 吉莫在其就职演讲中道:我们提倡发展这样一种教育模式,它能让学生沐浴在一种浓厚的学术氛围中,如此一来,无论学生最终选择什么职业道路,他们所接受的教育都会赐予他们无穷的力量;我们努力吸纳那些对学科具有创新品质的教师和学生,使他们最大限度地受益于我们的学术气氛,从而能为我们作出更大的贡献。我们深知,我们能否对社会作出更大贡献关键取决于我们的思想是否具有影响力,我们能否打开校门去校验和发展已有的思想。以上这些永恒的价值观和基本原则已构成学校的主导文化,并经过一代代的芝加哥大学师生和行政人员不断地传承下来。[②] 这实际上说的就是一种文化力量、文化理性对大学及其人才培养的意义。

最后,我想把对我国大学杰出人才培养批评最烈、期待最多的钱学森先生的一段话作为结尾,我以为这段话对我们大学的人才培养不无

---

① 〔美〕约翰·布鲁贝克. 高等教育哲学[M]. 杭州:浙江教育出版社,1987:113.

② 眭依凡. 学府之魂:美国著名大学校长演讲集(待出版).

启示的价值。“今天我们办学，一定要有加州理工学院的那种科技创新精神，培养会动脑筋、具有非凡创造能力的人才。我回国这么多年，感到中国还没有一所这样的学校，都是些一般的，别人说过的才说，没说过的就不敢说，这样是培养不出顶尖帅才的……所谓优秀学生就是要有创新。没有创新，死记硬背，考试成绩再好也不是优秀学生……我们要向加州理工学院学习，学习它的科学创新精神。我们中国学生到加州理工学院学习的，回国以后都发挥了很好的作用。所有在那学习过的人都受它创新精神的熏陶，知道不创新不行。我们不能人云亦云，这不是科学精神，科学精神最重要的就是创新。”①

① 涂元季，顾吉环，李明．钱学森的最后一次系统谈话：科技创新人才的培养[N]．人民日报，2009-11-05．

大学的文化理性与文化育人

自从关心大学文化并热衷于大学文化研究以来，我就开始了大学文化对大学生是否具有影响和具有什么影响的观察。尤其是先后在清华大学任伟伦特聘访问教授和在北京大学任特聘教授期间，这种观察使我获得这样一种感性认识：北大学生有北大学生的神韵，清华学子有清华学子的气质。这种感性认识使我坚信了自己曾经的结论：大学生绝非仅在课堂里或说教中成长，更重要的是在特殊的学校文化环境、文化氛围的影响中变化。

其实，世界名校亦然。牛津大学文化的那种男性的阳刚之气，剑桥大学文化犹如女子的阴柔之美，无不对其学子产生了其他不能替代的各自文化浸淫带来的那种浸入灵魂的影响。在加州大学伯克利分校高教研究中心从事一年访问研究的经历，让我再次看到两种不同文化对伯克利分校和斯坦福大学师生的影响。这是地处旧金山湾区的两所世界名校，两所大学一为公立一为私立，有竞争亦有合作，两校的师生往来频繁，过去每天还有多次免费对开的校车。但两所学校的文化气质决然不同。2005 年我刚去伯克利分校时，中国留学生告诉我在他们眼里，斯坦福大学是多愁善感的淑女林黛玉，伯克利分校是大胆泼辣的王熙凤。一段时间的观察和体感之后，我看伯克利分校的文化更像一个不拘小节、放荡不羁、我行我素、自由散漫的但又富有想象力、创造力的艺术家，而斯坦福则是一个雍容华贵、端庄典雅，充满古典文化气息的贵族妇女和豪门绅士。这并不重要，重要的是两种不同个性的文化都造就了伟大的大学并培养出了许许多多的杰出人才。

影响人、造就人，这或许就是学府文化的力量。基于此，大学文化的质量关乎育人的质量。

一、关于大学文化重要性的认识

1936年哈佛中国同学会在哈佛大学建校300周年的一块纪念碑文中写道:文化为国家之命脉,国家之所以兴由于文化。国家如此,以文化为灵魂的大学尤其是。国学大师王国维沉湖而去后,陈寅恪先生分析其自溺原因道,"凡一种文化值衰弱之时,为此文化所化之人必感苦痛,其表现此文化之程量愈宏,则其所受之苦痛亦愈甚。"①文化可以让其熏陶者、追随者、传播者为之殉道献身,足见文化对人的教育之深、影响之甚。大学文化亦然,其在大学的办学治校育人过程中之不可忽视、不可或缺、不可替代,就在于文化使大学根本区别于社会组织并使大学的办学治校及其人才培养产生千差万别。如对求远效的教育家校长言,其办学治校自觉于大学属性使命和大学及其教育规律的坚守,而取近功的政客型校长则以唯上讨宠、喜物弃人、求闹舍静的政绩工程为办学目标。此别完全是办学治校者持不同大学文化价值观所使然。

如果大学把需要自己努力改造和摒弃的社会没落的东西如不公正、是非错乱、道德沦丧等让其渗透到大学内部大行其事,那是大学文化的堕落。让大学像大学这绝非是雄厚的金钱、物质所能解决的问题,办什么样的大学根本取决于办学治校者想办什么样的大学,而后者属于大学文化的问题。哈佛大学前校长德里克·博克认为:大学的根本性转变必须通过大学内部才可以实现。而来自大学内部的根本性改变能否发生,首先取决于大学组织成员尤其是办学治校者持何种大学文化价值观及其能否改变。

大学文化之所以重要笔者曾做过如下概括。其一,大学是负有传承和创造人类文化职能的,具有强烈的文化组织属性和特征的社会组织,文化是大学区别于其他社会组织的身份,文化属性是大学永恒的特征不变量,没有文化底蕴大学就不再是真正意义上的大学。其二,教育是最充分最有效培养人的力量,而大学内在的不可替代的教育力量就

① 岳南.南归北渡[M].长沙:湖南文艺出版社,2011:60.

是它的文化影响。大学文化的价值就在于通过教育环境的营造,以一种不知不觉的、潜移默化的、润物无声的情感陶冶、思想感化、价值认同、行为养成的方式实现教育目的并影响教育的。其三,大学既是青年人追求真理的知识殿堂,又是年轻人涵养精神的文化教堂,大学不仅传播科学知识和真理,而且灌输文化精神和信仰。其四,文化建设是大学质量提高和制度创新的精神动力和思想基础。因此,大学文化也是办学治校所不可或缺的。

大学文化的重要性使我们必须认识到,大学的诸多问题首先应该从大学的文化中找。今日大学能否经得起如下的拷问:在不利于大学健康发展的功利主义盛行的外部环境下,大学这个本应高度自律的教育和学术组织能否洁身自好、自我完善?大学是否存在过度社会化而追名逐利不好好沉潜学问探索和知识传承的问题?大学作为人类文明的产物,她的基本责任是促进人类文明的发展和民族进步,倘若结果不尽如人意其是否会对自己存在的意义产生存疑和自我批判后的修正?相当数量的大学心不在焉地随波逐流般地“活着”,它们是否会在某天突然发现自己已经脱离了应有的生命轨道而自觉地迷途知返?大学被社会同化的结果已经把大学之教育、学术组织的独立性剥夺了,问题在于它们能否意识到自己与学府之庄严之神圣之纯洁的渐渐远去并从对使命的漠然甚至麻木中回归大学之真?大学的道德理想以及教师的风范应该使受其影响的学生在未来漫长的岁月里以大学的道德理想为人生的准绳,但如果我们的大学甘愿沉沦到不以励志向学、改造社会为荣相反却以贪图享乐、放弃责任担当为趣,不仅自己没有想象力、创造力而且扼杀青年人想象力,这样的大学及其教育是否还有希望?

我当然希望大学的问题并非如此严重,但有良知的大学教育者尤其是治校者至少需要对大学与自己必须守护的大学属性文化的渐行渐远有居安思危的高度警醒。尤其是在建设高等教育强国已成为强国之策,提高人才培养质量已被中央高层和教育部视为大学改革之当务之急的时下,我们已经不能无视大学及其人才培养业已存在的且被社会普遍诟病的问题,更不能把本应大学自己承担的责任推给政府和社会。

当然大学也是专业分工的产物,但有所不同的是:大学是国家的科学脊梁、民族的文明希望、社会的道德楷模,是以培育人才、知识生产和积累、文化传承和创新为使命和担当的组织,这使得大学必须较之其他社会组织应该有更多的价值清醒以及坚守真理、遵循规律的自觉、自律意识。这即是我们需要讨论的大学文化理性问题。事实上,当今之大学存在文化理性衰微非理性文化泛滥的问题已经不容忽视。所以,胡锦涛同志在清华大学百年华诞纪念大会特别强调:全面提高高等教育质量,必须大力推进文化传承创新。

二、关于大学文化理性的讨论

"我们是谁?""我们是理性的人还是非理性的人?"这是西方哲学古老且探索未止的基本问题,换言之哲学的基本目的就在于认识我们是谁以及我们怎样看待自己。大学文化理性研究的意义与哲学相似,亦在于从文化的视角认识大学及其大学的价值,怎样看待大学必定导致怎样对待大学。

何谓理性?如前所述"理性是最完全的认识能力,是认识的最高阶段,只有理性才能揭示事物的本质,才能全面地、具体地、深刻地把握事物。"①作为一个哲学的概念,理性其意义在于强调思想和认识的重要性,强调用价值观来审视、判断、选择我们应该做什么、不应该做什么。正如"思想决定什么是重要的,什么不是重要的;什么是公平的,什么不是公平的;什么是值得相信的,什么是不值得相信的"②,理性的价值亦在于:决定什么是对的,什么是不对的;什么是有价值的,什么是逆价值的;什么可以为,什么不能为。理性"是对完全陷于生活琐事而仅仅随波逐流的拒斥"③,是一种思考后的大智大慧,是对价值及其重要性的认识以及获得认识之后的坚守。倘若一项行动是理性的,那么该行动事前就会认真地研究并被正确地设计,从而保证其成为谋求最大成功的行动。此为理性的重要性。

如果说大学文化是不以人的意志为转移的一种客观存在,不论其优良与否,凡大学都有附着其身的文化存在。那么,大学文化理性反映

---

① 辞海[M].上海:上海辞书出版社,1999:1467.

② 〔美〕罗伯特·所罗门.大问题——简明哲学导论[M].张卜天,译.桂林:广西师范大学出版社,2004:5.

③ 同上注.

的则是赋予了人们对大学主观意识的文化价值判断、选择及坚守，是人们对大学文化及其价值予以高度重视后的一种对大学的正确认识，人们藉此影响大学的选择及其选择后的行动。大学的文化理性包括使大学保持清醒的文化自识、高度的文化自觉、自知之明的文化自信和严肃的文化自律。①

所谓文化自识，就是从大学存在的意义和价值认识大学组织的文化属性，这是大学按自身规律办学治校的思想基础。大学的文化自识所以重要，不仅在于大学天生就是一个以文化属性为主要特征的社会组织，还在于大学自创生以来就以文化继承、文化传播及文化创造满足人类永恒的需要，并以文化影响和改造社会为己任。大学的使命角色就是先进文化的研究者、创造者和传播者，代表国家和民族先进文化发展的方向。剑桥大学总结自己的历史得出结论：大学是成长的而非创造的。大学的庄严、凝重、神圣源于大学的成长，而所谓大学的成长过程其实就是其历史文化的积淀和成熟过程，绝非一蹴而就。没有文化底蕴，大学就不再是真正意义上的大学，缺乏对大学的文化自识，大学就不能对大学的组织属性及其核心使命有清晰的认识，也就不能奢望其对大学基本属性及核心使命的守护。

关于文化自觉，著名社会学家费孝通指出："文化自觉，是生活在既定文化中的人对其文化有'自知之明'，明白它的来历、形成的过程、所具有的特色和它发展的趋向，不带任何'文化回归'的意思。不是要'复旧'，同时也不主张'全盘西化'或'全盘他化'。自知之明是为了加强对文化转型的自主能力，取得适应新环境、新时代文化选择的自主地位。""文化自觉是一个艰巨的过程，只有在认识自己的文化，理解并接触到多种文化的基础上，才有条件在这个正在形成的多元文化的世界里确立自己的位置，然后经过自主的适应，和其他文化一起，取长补短，共同建立一个有共同认可的基本秩序和一套多种文化都能和平共处、各抒所长、连手发展的共处原则。"②以上是费孝通先生通过对文化的历史性和社会性的思考，对文化自觉概念予以的界定。

大学的文化自觉是在文化自识，亦即对大学文化在大学发展进程

① 眭依凡. 大学：向科学理性的组织回归[J]. 中国高等教育，2004(17).

② 文化自觉[EB/OL]. http://baike.baidu.com/view/89627.htm.

及办学治校育人过程之意义、地位、作用深刻认识基础上的一种文化觉醒、文化省思和文化创新,是对大学文化之发展规律的把握及其对大学文化建设责任的主动担当。大学的文化自觉是大学道德自觉、学术自觉、行动自觉的基础。“大学的组织属性决定了大学必须是一个充满理想主义的所在,大学是以理想主义的崇真、向善、求美、社会担当,教人并引导社会崇真、向善、求美、务实的”①场所,这种大学观要求大学较之其他任何社会组织都应当有更高要求的文化自觉,有文化自觉的大学才能担负起引导社会自觉的使命责任。

所谓文化自信,《关于深化文化体制改革推动社会主义文化大发展大繁荣若干重大问题的决定》有如下表述:文化自信是一个国家、一个民族、一个政党对自身文化价值的充分肯定,对自身文化生命力的坚定信念。大学的文化自信亦然,是大学在自我认识基础上生成的对自己文化价值的认可和信心,文化自信是大学的立校之本和大学赖以生存发展的精神支柱。尽管经典意义的大学源于西方文明,但任何大学都创生和发展于所在的国度,其不仅需要适应、满足所处社会发展进步的需要,同时需要担负传承和弘扬本民族精英文化的使命并受本民族文化的影响。

大学附着于人才培养、科学研究、社会服务使命的组织属性及其办学治校育人的规律性,使世界各国大学必须具有作为教育和学术组织存在而特有的一致性或同质性,但大学亦有因民族文化等不同而产生的多样性亦即个性。有文化自信的大学,应该既坚守和弘扬本土文化精粹又大度包容学习吸纳西方大学精英文化从而不断完善自我。

泰戈尔曾经倾毕生之力在印度建立了一所国际大学,他希望这所大学是印度献给全人类精神财富的代表,不仅向四周奉献自己最优秀的文化成果,同时汲取他人最优秀的精华。这就是一种文化自信。对仅有百年经典大学历史,且处在建构具有中国特色的现代大学制度这一尚不甚成熟发展阶段的我国大学而言,更需要处理好传统和现代、东方和西方文化之保持之扬弃之吸纳的关系,以形成既有中国优秀文化传统特色又有西方大学时代特征的适应国际化发展趋势的现代大学文化。

---

① 眭依凡.理性地捍卫大学:高等教育理论的责任[J].清华大学教育研究,2010(1).

换言之,我国大学必须以传统文化和西方文化优秀元素的兼容并包、互为补充为发展的资源和条件保障。大学文化自信是大学对自己文化既不妄自称大又不妄自菲薄,对外来文化既非全盘照搬又非拒之门外的,融守持与开放、继承与创新、批判与包容于一体的文化理性。没有文化自信的大学无以实现大学的文化自强。蔡元培与梅贻琦先生时代的北京大学、清华大学的成功,其可以效仿的经验之一即,在"兼容并包、思想自由、网罗众家"这一文化自信的办学治校原则下,对大学发起了彻底的文化改造运动。

所谓文化自律,即在价值追求、组织意志、思想意识层面的文化自我规范、自我要求和自我约束。文化自律是大学必需的一种修养及文化理性的最高目标。理性是西方文化的基本特征,这使西方文化具有全球性,理性的重要意义就在于使个体或组织自觉于自律。在以利益最大化为价值取向的社会,非文化理性或许可以抓住所谓的机遇并获得所谓的暂时成功,但其"江山留给后人愁"的后果导致的却是组织或民族长远利益的伤害,凡大学必须以此为戒。所有值得追求的目标都是需要文化自律才能实现的终极。认真审视大学文化的现状,不得不承认当前有相当一些大学出于对市场和政治利益的过于追求,从而暴露出了大学不能不忧的文化失律问题,如大学的日益市场化、官僚化、庸俗化等问题。

当下,不少大学在做一些大学本不应该做的事情,犯着大学本不应该犯的错误,而同时对大学的本真和本分却不懂坚守、不肯坚守、不能坚守。这些问题反映了大学最深层的危机,就是大学核心价值的错位、大学使命的背离和大学文化自律的失守。大学若失去了自己必需的文化自律,就可能堕落为只顾物质追求而不求精神支撑的一类自我放纵的社会组织,因此不会也不可能担负好民族和人类社会的责任。

大学的成长成熟,取决于大学内在文化精神的培养和形成,而非外部的机遇和手段。大学必须有认识和坚持自己使命的文化自识、文化自觉、文化自信和文化自律,只此大学才会、才能成为社会的人文精神和道德榜样。

三、关于大学文化育人的思考

胡锦涛总书记在清华大学百年华诞纪念大会的讲话中，特别强调"要积极发挥文化育人作用"。教育部长袁贵仁教授关于"在一定意义上可以说，大学即文化。大学的教育教学过程，实质上是一个有目的、有计划的文化过程。所谓教书育人、管理育人、服务育人、环境育人，说到底都是文化育人"①的观点，把大学文化与育人的关系已经揭示清楚。讨论大学文化理性的主要目的之一，亦在于通过加强大学文化建设，使大学更加自觉地发挥文化育人的作用。

笔者在分析教育存在的理由中曾经指出：青少年包括大学生的素质改善、发展、提高是不能完全靠自发完成即完全自我实现的，但教育能否产生预期结果不仅取决于教育者的外加作用，更取决于或最终取决于受教育者自身的内部接受，即外来教育的效果取决于受教育者内化过程的质量。② 大学文化正是通过把具有外律目的的教育环境的形成或改善，使受教育者在这样一种特殊的文化环境中耳濡目染产生内律要求从而实现自我教育。利用文化的影响达成教育目的，这是一种教育的最高境界：不教之教。

我们一直在谈重视教育，可是我们是否思考过如何使教育达成其必要效果？大学制度固然重要，但是无论是教师还是学生，我们都不能单靠强制性的制度使他们教得更努力学得更刻苦，而应该依靠的是他们已经建立起来的使命感和价值信仰使之自觉、自律于教与学，这就是文化的意义和作用。文化育人并不在于通过什么制度化的规制和约束给人以影响，而是营造一种大爱无声的大学精神氛围使置身其间的学生无不感受到学府气息而自觉于向学修身。所以，把大学文化营造纳进人才培养体系是大学之必要。

大学文化育人最重要者是培养人的理性精神。笔者以为大学育人于理性精神的最高境界是，通过大学文化的熏陶使受教育者形成并守

---

① 袁贵仁.加强大学文化研究 推进大学文化建设[J].中国大学教学，2002(10).

② 眭依凡.关于大学文化建设的理性思考[J].清华大学教育研究，2004(1).

持崇真、向善、求美和社会担当的理想主义,从而在任何时候能够:知其伪而守其真,知其恶而守其善,知其丑而守其美,知其不能为而守其必须为,知其辱而守其尊。大学文化对育人于理性精神之所以重要,只有理性精神才能使受教育者形成并守住信念之真、内心之善、行为之美及守持社会担当的大道,让受过大学教育的青年人不仅自觉远离于"有酒则欢,寄情于乐,逐铜寻臭",而且养成"国家兴衰匹夫有责"、"青年者我不作为谁作为"的社会责任担当精神,以防止未来公共知识分子群中滋生出如欧文·白璧德所说那种"他在估量事物的时候远离了事物的真实、内在价值,而是迷惑于外在的财富、权力和地位带来的利益"①的"势利小人",及北京大学教授钱理群严厉批评的那种"高智商、世俗、老道、善于表演、懂得配合,更善于利用体制达到自己目的"的"精致的利己主义者"。

就理性精神而言,陈寅恪、胡适堪为我们的楷模。两位文化大师在推动我国近现代文化的进步中起了功不可没的重要作用,分别成为中西古典主流文化与西方近代主流文化价值在20世纪中国的积极传播者。他们人格磊落,正直不阿,恪守传统人伦道德,善于独立思考,倡导思想自由,"致力于将个人生命的终极意义落实在对中国文化的贡献上,都自觉通过立德、立言、立功来实现人生的不朽价值"②,他们既是传统儒家意义上的君子儒,也是西方文明意义上的绅士知识分子。"大学的主导精神如果要继续存在下去……就必须坚持维系人文标准。简言之,大学的目的就是:它必须在这个量化时代中造就有质的人。"③传授大学生以专业知识仅只是大学教育的部分责任,培养健康人格及有为于社会和人类文明进步的世界观、人生观、价值观及思维方式才是大学教育更为重要的培养"有质人"的目的所在。因此,大学文化育人之首要,即培养年轻人崇真、向善、求美和社会担当的理性精神。

大学文化之育人要务之二,是营造和强化大学学习化社会生态环

---

① 〔美〕欧文·白璧德. 文学与美国的大学[M]. 张沛,等译. 北京:北京大学出版社,2011:50.

② 杨丹荷. 文化保守者陈寅恪与自由主义者胡适[EB/OL]. (2009-11-03). http://www.gmw.cn/content/2009-11/03/content_1000367.htm.

③ 〔美〕欧文·白璧德. 文学与美国的大学[M]. 张沛,等译. 北京:北京大学出版社,2011:56.

境,使热衷于努力于探索真理和求知向学成为师生一种共同的生活方式。既然是一种生活方式,就无须什么外加的压力而是自觉自愿的意志和行动。大学的核心使命是传播和发展科学,大学文化能否营造使受教育者形成敬畏科学、热爱科学、忠诚科学、探索科学之定守的求学环境,关系到大学及其人才培养能否抵制外部社会各种利益的诱惑,确保年轻一代热爱和努力于知识学问并以真才实学有为于社会、国家进步乃至人类文明发展的责任担当。

当我们强调民族创新精神和创新能力的时候,我们是否注意到如下的问题:“在一种学术功利、学风浮躁,缺乏科学信仰之定守的环境中,当今大学有几人能淡泊名利、气定神闲地安于学术?缺乏做艰苦细致的基础研究工作,又岂能期待大学培养宁静致远的学者和产生影响深远的原创性成果,更何来科学的创造力?大学及其教师如此,学生又何不如是?”①今日之大学及其学人还能放下一张平静的研究学问、求知向学和探求真理的书桌吗?有多少大学以及大学人坚持了为求知而学问、为求真而研究的科学信仰?

在极端物欲的功利主义驱使下,当前为功利做学问的大学及其学人已成气候,大学时常暴露出来的学术腐败问题亦源出于此。北大教授周赋成先生曾尖锐地批评时下:“现在的时代似乎不是做学问的时代,做学问的人没有市场,没有学问的人满天飞。这不是出人才的时代,而是毁人才的时代。”②此言是否过于尖锐?其实,“大学生从跨进大学校门起,只要自己不想学就大可不必学”已经成为一种较为普遍的现象。在物欲横流、权势可以创造一切的时代,大学需要有足够的出世精神和警醒,必须营造有利于青年人奋发向学而非投机取巧的育人文化,要“力图根据学生的能力而不仅是他们的出身来提携学生,使他们超越自己原来所属的层次”③。如果大学连对学习化社会应有的求知向学的育人文化都不能守护,岂能期待她是科学发展观的积极维护者、践行者?

大学文化育人之重要就在于她使大学及其教育者固守求知、崇真

---

① 眭依凡. 大学的理想主义与大学的人才培养[J]. 教育研究,2006(8).

② 赵越胜. 忆周赋成:燃灯者[M]. 长沙:湖南文艺出版社,2011:169.

③ 〔美〕欧文·白璧德. 文学与美国的大学[M]. 张沛,等译. 北京:北京大学出版社,2011:50.

的科学信仰,并以此教育和影响学生使他们任何时候都能按科学发展观思维和行动。大学何以受到尊重,因为这里有思想知识的尊严。如果大学培养的都是“武不能剑行天下,文不能笔写华章”的人,岂不是大学培养人才之天职的失守?

现代科学为什么没有源于中国?施一公教授直言不讳道:不得不说到中国的文化环境。为此他提出如下的质疑:“文化的创新需要自由之思想,独立之精神,以及包容百家之氛围。中国的大学鼓励创新文化吗?我们的文化强调平均、平和,几乎无条件地尊敬师长,我们往往枪打出头鸟,这与创新相符吗?”①在全球激烈的科学技术竞争及创新型国家建设中,我们缺乏自己的优势,几乎没有什么知识领域可以领袖自居,我们至今也尚未培养出改变世界的杰出人才,所以我们的大学还不能居功自傲。美国大学之所以对世界最聪明最具创造潜力的年轻人具有巨大吸引力,并不止于它们具有世界精英人才培养卓尔不群的经验和事实,更在于它们有遵循学术发展、知识创造规律的有利于培养各学科专业领袖的以人为本、思想自由、人格独立、学术民主的大学文化营造。

胡锦涛同志在2006年院士大会上强调:“培养造就创新型科技人才,要全面贯彻尊重劳动、尊重知识、尊重人才、尊重创造的方针”。②知识创新是一种有其独立性、创造性、批判性特征的艰苦的智力劳动,只有尊重人才和遵循智力劳动的基本规律,我们才能期待知识创造者取得创造性的成就。斯坦福大学校长约翰·亨尼斯认为,创新需要充满勃勃生机的人的环境。心理学研究的结果是:要培养创新人才也许只有一件事情要做,即消除人才创新的文化障碍。所以,回归以人为本,营造重视尊重知识、尊重人才、尊重学者、尊重学生的“有大略者不问其短,有厚德者不非小疵”的包容文化,是大学能否培养创造性人才的文化基础。包容性不仅是思想自由、学术民主大学理想的体现,更是大学尊重知识、尊重人才、尊重学生的文化体现。缺乏学术组织特有的而且是必须具有的包容性,学术民主、学术自由的空气就会窒息,学者

① 王晓映,王拓.施一公:当院士不是我的归国目标[EB/OL].(2011-12-26).http://news.sciencenet.cn/htmlnews/2011/12/257543.shtm.

② 胡锦涛.在中科院第13次院士大会和中国工程院第8次院士大会上的讲话[N].人民日报,2006-06-06.

和学生的创造欲望、创新精神、创业冲动就会抑制,大学因此就会死气沉沉、毫无生气和活力。

所以,大学文化育人要务之三是,必须从关系国家和民族未来命运的长远利益出发,积极营造有利知识创新及创新者培养的,蔡元培先生早年就极力倡导和践行的"囊括大典,网罗众家,思想自由,兼容并包"的大学办学治校和育人文化。无此大学文化为基础,培养拔尖创新人才则永远是大学遥不可及的梦。

大学文化建设之要,重在涵养其文化理性。没有文化理性对大学文化的守护,大学就不会安然于育人的本分并注重育人的质量,更不能自觉于以文化教育人、影响人、改造人,以及创造出新的文化。

大学的创新文化与创新型人才培养

党中央、国务院提出要用15年时间使我国进入创新型国家行列，实现这样一个重大战略目标，大学责无旁贷。因为大学之知识传承、知识发展、知识运用的基本属性，决定了大学必须担负起对国家发展进步负责的使命。国民之魂，文以化之；国家之魂，文以铸之。以知识创新和创新型人才培养为立身之本的大学其能否完成这样神圣的使命，取决于其创新文化的存否。

一、大学为什么要重视创新文化的弘扬和建设

何谓创新文化？创新文化可泛指一切创新活动及其活动方式和活动氛围的总和，是一种激发创新意识、崇尚创新精神、鼓励创新活动、促进创新发展的文化生态。其要素包括：创新的价值追求、创新的思维方式、创新的传统风气、创新的心理氛围、创新的制度保证和创新的物质支撑等。创新文化的作用在于：倡导和弘扬敢于独创、敢为人先、敢于竞争、敢担风险的科学进取精神，营造和形成尊重知识、尊重人才，鼓励人才干事业、支持人才干成事业、帮助人才干好事业的社会环境。创新文化是一个国家生机活力的标志，一个国家的文化是否有利于创新，决定了它所造就国家的兴衰强弱。为此，创新文化建设既是先进文化又是国家创新体系的重要组成，是知识创新工程的基础和保证。只有大力发展创新文化，才能不断丰富先进文化和推动国家科学的可持续的发展。

大学必须重视创新文化理由有四:第一,大学本身就是负有选择、批判、传承和创造人类文化职能的文化属性的社会组织,大学的经久不衰缘于其持续不断地以文化影响改造社会,没有文化大学就不称其为大学更无以引领社会的进步。

第二,大学以探索、追求、捍卫、传播真理和知识为目的,而探索和追求知识的本质就是创新。因此,大学天然就是一个以知识创新为使命的组织,没有创新大学的生命就会枯竭,缺失创新文化大学就会失之生存发展的土壤和生态环境。

第三,大学不仅是研究和传授科学的殿堂、教育新人成长的世界,而且还是负有引导社会价值观、规范社会行为之使命,对民族素质改善和提高、社会文明发展和进步具有不可替代之重大公共影响力、推动力的社会组织。杜威说:教育是社会进步和革新的根本。林肯在给美国国会的国情咨询报告中指出:人类最后和最美好的希望之一就是教育。作为实施最高层次教育的机构,大学是承国家科技创新之重的脊梁,肩负着培养有国家责任感之建设者接班人的天职,是民族社会的道德榜样和先进文化的推行者,是推动社会文明进步不可或缺的力量和国家民族发展的希望。创新既是国家赋予大学的责任,也是大学服务国家和社会的立身之本。大学是否具有创新能力不仅决定大学自身的兴衰成败,进一步决定了国家和民族的兴衰成败。因此,大学应当有这样的使命高度,对民族的复兴和国家的发展自己有无限的责任。

第四,创新文化是大学最为重要的,有利于大学挑战自我挑战他人形成竞争局面的,具有激励作用的组织文化。它有利于营造一种奋发向上的大学氛围和进取精神,激励平凡的人做出不平凡的事,激励不平凡的人做出卓杰的事,激励大学及其成员树立和鼓足超越自己极限的志向和勇气。历史遗产当然是大学的宝贵财富,文化继承毫无疑问亦是大学发展的基础,但大学决不能简单的复制,唯有创新大学及其组织和成员才能跳出包裹自己的外壳有所突破和自我超越,激发出大学师生无限的创造潜力和创业潜力。美国大学文化极其强烈的特色之一就是:凡大学无不强调创新,研究型大学尤是。

看一个国家可以看她的大学,看一所大学可以看这所大学的精神。台湾大学终身校长傅斯年先生长台大的时间虽然不长,但作为北大曾经的代理校长他把北大崇尚学术、追求真理的创新文化带到了台大，他给台大师生留下一句名言："贡献这所大学于宇宙之精神"。大学庄严而神圣的使命因此清晰，大学的发展因此奠立了正确的价值基础。"宇宙之精神"不仅表达了大学之庄严神圣，更表达了大学之探索和追求知识和真理的精神。

大学是需要精神支柱的组织，而创新精神是当今时代大学之精神的核心。没有创新精神，大学如何能够自觉担负起引领科技创新引领社会发展引领文化进步的使命？没有创新精神，大学又岂能经久不衰、亘古常新？大学创新能力的高低取决于其创新精神的强弱，而创新文化更多体现的就是一种旨在进取的创新精神，有创新进取精神的大学才会有成功的希望。

二、大学是否形成了浓郁的创新文化

有人曾经这样比较过美国及海峡两岸的大学：大陆的大学和美国、我国台湾的大学最根本的不同之处，就在于对于大学的地位、使命、格调定位不同。大陆的大学，即使是名牌大学，培养的是螺丝钉；美国的名校和台大，培养的是人才。大陆的大学，即使是名牌大学，比较像职业学校或技术学院；美国的名校和台大，培养的是爱猫扑、爱生活思考的领袖人才。大陆的大学，尤其是名牌大学，很像是在开店开公司；美国的名校和台大则把自己看做是学术殿堂。

我们当然不能苟同这种过分夸张的结论，但我们能否以博大宽容的胸怀视其为逆耳忠言，并冷静思考一下我们当下大学不尽如人意的文化现状呢？若我们有这样一种胸怀，那我们不妨给自己提出如下的设问。

我们一些大学包括名校不是也经常在各种各类报刊的边角中缝做不亚于"叫卖"的商业广告吗？我们的大学能安于学问安于创新安于人才培养还能放下一张平静的做学问的书桌吗？我们的大学思考过自己民族复兴国家振兴的历史责任和时代使命吗？面对我国由于科技创新能力不足导致的国际竞争力还不强、科技生产力水平和经济效益还不高、科研及其成果对国家及世界的贡献还不大的事实，大学难道就没有一点责任？我们拥有世界上最大的高等教育体系，可是我们的大学究竟产生了多少值得自豪、影响世界的原创性科学技术成果？近百年来我们为什么缺乏带来影响世界科技革命、产业革命和改变人类生活方式的科技发明创造？

就基础研究而言，即便1991年以来我国（包括香港）的SCI论文总数，从世界排名第15跃居到2004年第5，超过了意大利和法国，引用率也从过去的几十位跃到前14名，至2010年我国的SCI论文数又提高至世界第二位。对此，我们当然应该感到欣慰，因为一个国家发表论文的总量也是这个国家科学研究水平的反映。但我们必须清楚地认识到，这个论文总量还不到美国论文数的一半，而且与发达国家相比，我们论文的篇均被引次数低于世界平均值，且35%以上是零被引论文，而英国的零被引论文不到25%。[①] 2011年我国论文的被引用次数仅排在世界第七位，与论文总量排名第二的地位还不相符。另据统计，从1993年到2003年的十年间，在国际科学引文检索排名中，各学科被引证最多的前20篇论文中，没有1篇是我国科学家的论文；前100篇中，我国只有2篇；前1000篇中，我国只有14篇。

另据2013年6月20日《自然》增刊发布的《2012全球自然出版指数》（所谓自然出版指数NPI是以国家和机构为单位，根据它们2012年在18本《自然》和自然子刊上发表研究型科研论文数量的排名）显示，入选全球200大科研机构的中国科研机构数量从2011年的3所增至9所，中国科学院在本次2012年的排名中，从2011年排名第22位大幅上升到第12位，跻身全球前20大科研机构；我国作者2012年度在《自然》和自然子刊上发表的论文数也大幅增长达303篇论文，占《自然》系列研究期刊上所有发表论文的8.5%；上述数据使我国跻身10大科学强国行列，位列美国、英国、德国、日本、法国之后的第六名，为此《自然》杂志增刊编辑将中国确定为“五大重点关注国家”之一。

我们当然应该为自己科学研究水平的巨大进步感到自豪，但是自豪之余我们还要清醒地看到与科技大国相比，我们的差距依旧不小：其一，在2012年的全球百大科学强国中，美国以2236篇的自然系列期刊

① SCI论文数量世界第二[EB/OL].(2012-09-26).http://roll.sohu.com/20120926/n353960644.shtml.

论文总数排名第一,发表论文的总量是我国的7.4倍之多;其二,2012年度哈佛大学在《自然》系列研究期刊上发表368篇研究型论文,这比我国所有科研机构同年在上述期刊发表论文的总和还多65篇;其三,在全球200大科研机构的排名中,美国科研机构占据了前50名中的32个席位,哈佛大学位居全球第一,斯坦福大学(Stanford)、麻省理工学院(MIT)、国立卫生研究院(NIH)及华盛顿大学跻身世界前10大科研机构。①

以上的事实,使我们有必要承认与发达国家相比,无论从基础研究的高水平成果数量还是质量以及国际影响力、创新度等我们都存在较大的差距。此外,我们还要问,我们大学拥有多少以及培养了多少在国际学术舞台具有崇高威望的杰出人才?缺少杰出人才会怎么样?我们则无法在高端科学技术上与人家较量和竞争。在国与国的激烈竞争中,败下来的无疑是那些科技落后的国度,而科技的落后无不归因于你具有创新能力的杰出人才的匮乏,这是一个不容置疑的残酷的事实。

在提升大学核心竞争力的过程中,我们注意到不少大学关心的是物质资源的多寡、教师队伍的强弱、历史基础的好坏、办学条件的优劣等等,对大学的创新文化则关心甚少。可是缺乏创新文化,大学就会忽视大学知识创新的责任和使命,就会偏失办学的正确方向和目标去做它不应做的事,其竞争力因此就会丧失。大学的强盛首赖于大学教学和研究人员的素质,然而杰出的教学和研究人员通常选择有创新能力和重视创新文化的大学。有创新文化的大学才能吸引最出色的教师和学生从而形成杰出的有创造力的学者群体,并培养出有创造潜力的学生群体。

缺乏创新文化,大学就无法凝聚杰出人才并培养出杰出人才,更不要说产生学术大师和科学帅才了。由此见,大学的创新文化已经成为一所大学不可或缺的核心竞争力。美国科技创新和经济发展长盛不衰的一个最成功经验就是依托大学尤其是研究型大学的知识贡献,他们把大学尤其是研究型大学视为基础研究、技术研究和创造发明的重要力量,不仅聚积了最优秀的科学家,而且特别重视在大学营造浓郁的创

① 邱晨辉.中国去年在《自然》发表论文总数不如哈佛[EB/OL].(2013-06-22).http://news.sciencenet.cn/htmlnews/2013/6/279203.shtm.

新文化。当我们反思大学在科技创新和创新人才培养方面做了什么以及还有什么没有做时，大学创新文化的缺失就不再是可以视而不见的问题。重视创新文化的营造绝非是应景之需，而确实是我国大学教育的当务之急。

三、大学应该营造怎样的创新文化

创新文化是一个体系，包括有利于创新的精神文化、制度文化和物质文化。这里，笔者从另一个视角切入本题讨论创新文化的三要素：使命文化、包容文化和竞争文化。

1. 回归大学本真，营造“追求科学、崇尚真理”和“对国家负责”的使命文化

一所大学能不能坚持知识创新和培养创新型人才，首先取决于这所大学的价值选择即使命确定，使命决定大学的办学方向和办学定位。大学的核心使命是传播和发展科学并通过传播和发展科学为人类、为国家、为社会作出应有的贡献。没有这样一种坚定的使命选择，大学就不会有敬畏科学、忠诚科学、信服科学、遵循科学、探索科学、发展科学、维护科学的定守，就不能形成坚定的、明确的、符合大学发展逻辑和规律的目标和追求，就难以抵制并可能屈服于外部社会各种利益的诱惑；没有对科学的坚定信仰，大学就难以自觉坚持和守护大学的学术属性，也不能很好实践教育影响年轻一代热爱科学探索科学坚持真理并对科学对社会对人类未来负责的责任，大学就不能把有限的资源和更多精力集中于创造性人才的培养和创新性研究的努力，大学就会热衷于那些必须牺牲大学基本原则而去追求本不属于大学的权利和利益。

大学要让大学里的学者和学生安于学问、热爱学问、忠诚学问并献身学问，这既是大学的本分也是大学对国家负责的资本。大学应当有足够的清醒和理性，知道自己的使命和方向所在，不仅自觉坚持和守护大学的学术属性和办学原则，而且有意识有力量有制度唤起和保护学者、学生对专业对学问追求的真正兴趣和热情，使他们不受学问之外种种利益的干扰和驱使，安于在实验室和书房里做淡泊名利的学问研究。大学及其成员必须有一种追求科学的殉道精神，如果大学不能放下一

张平静的研究学问、探求知识和坚持真理的书桌，就不能期待大学培养宁静致远的学者和产生影响深远的原创性成果，也不可能培养出甘于做艰苦细致的基础研究创新型人才。科学是什么？科学是女神，不是挤奶的母牛！

曾子在《大学》开篇道：大学之道，在明明德，在亲民，在止于至善。知止而后有定，定而后能静，静而后能安，安而后能虑，虑而后能得。大学何以能知而后止、而后定、而后静、而后安、而后虑、最后而能得？其前提就是要坚持“追求科学、崇尚真理”和“对国家负责”的大学使命，并由此形成一种追求科学、热爱科学、献身科学并通过对科学的贡献造福人类、造福国家和造福社会的文化环境。子夏曾向孔子讨教如何做官，孔子曰：无欲速，无见小利。欲速，则不达；见小利，则大事不成。做学问何不如是？当前我们不少大学有一个通病：浮躁和急功近利。具体表现为媚上、媚钱和媚俗，唯独不媚科学。在这样一种缺乏崇尚科学、追求科学并以知识创新为人类和国家作出贡献的文化环境中，大学有几人能安于做真正的学问和科学研究？因此又如何期待大学做出一流的原创性成果并培养出创新型人才？

北京大学在20世纪20年代名声很大，但时任北大教务长的胡适先生对北大的“暴得大名”则忧心忡忡，他对北大因为满足各种现实需要疲于奔命不能从长计议，而且由于获誉太多不能清醒意识到自己的真实处境发出这样的呐喊：“希望北京大学的同仁们能痛痛快快的忘记了这几年得来的虚名。”[①]忘记功利虚名的大学，才能记住自己知识创新的本真使命和责任。

2. 回归以人为本，营造重视尊重知识、尊重人才、尊重学者学生的包容文化

对人才的尊重和包容，是一所大学富有创新力的文化基础。为此，胡锦涛同志在院士大会上强调：“培养造就创新型科技人才，要全面贯彻尊重劳动、尊重知识、尊重人才、尊重创造的方针”。[②] 创新文化提倡的是创新面前人人平等，不以权威压制人，不以名望排挤人，不以资历

---

① 陈平原. 北大精神及其他[M]. 上海：上海文艺出版社，2000：13.

② 胡锦涛. 在中科院第13次院士大会和中国工程院第8次院士大会上的讲话[N]. 人民日报，2006-06-06.

轻视人,尊重劳动,尊重知识,尊重人才,尊重创造,才能让全民族的创新意识竞相迸射、创造活力充分涌流。温家宝同志看望国学大师季羡林先生时也指出:科学、文化、艺术的发展,最重要的是要贯彻百花齐放、百家争鸣的方针,提倡学术民主。他还举例说:中国历史上的先秦、魏晋南北朝,出了不少大思想家、大哲学家,重要的一条是思想解放。我们要广开言路,集思广益,兼收并蓄,博采众长。

知识创新是一种艰苦的智力劳动,有其独立性、创造性、批判性的特征。只有尊重人才和遵循智力劳动的基本规律,我们才能期待知识创造者取得创造性的成就。

大学何以为大,不仅在于其规模、人数、学科之大,更在于她对不同知识、不同学术思想、不同价值观及其持有者的海纳百川和有容乃大。蔡元培先生之所以上任之初就从旧北大教师的聘用体制的革故鼎新开始他的北大改革,提出"大学者,囊括大典,网罗众家之学府也",从而奠定了北大兼容并包、思想独立、学术自由的大学精神。就在于他深悉:文化的封闭与自大,是文化衰落的主要原因。"兼容并包"不仅是一种教育主张,更是一种大学包容文化的倡导。其涵盖如下方面:其一,各种学说观点及学科内容的兼容并包;其二,各种各类各派学者专家的兼容并包;其三,各种思想的兼容并包;其四,大学及其教师对学生的包容。

大学的包容文化主要体现在以上方面,但以对教师和学生的包容为核心,有此兼容并包,学术和思想的兼容并包自然其间,因此尤应加以重视。对学生的包容更要特别强调,否则如何培养有创新精神有创造力的人才。凡世界名校无不如是。哈佛大学何能以培养卓绝人才而著称?原因固然多,但哈佛重视在教学中营造学生敢于质疑和批判的文化并注重培养学生勇于质疑和批判的精神功不可没。其教授不仅习惯学生对自己以及学术权威的怀疑和批判,而且鼓励学生向自己和学术权威的观点提出挑战。有质疑才有学术的生气、活力和创新,而这种学术质疑的勇气来自学生的自信和批判精神。

包容性不仅是思想自由、学术民主大学理想的体现,更是大学尊重知识、尊重人才、尊重学生的文化体现。大学不仅应当"有大略者不问其短,有厚德者不非小疵"的博大胸怀,还应当有杨福家先生所说的"大爱"。这种胸怀和大爱就是包容,就是有利学术发展、有利创新人才脱颖而出的文化。缺乏学术组织特有的而且是必须具有的包容性，学术民主、学术自由的空气就会窒息，学者和学生的创造欲望、创新精神、创业冲动就会抑制，大学因此就会死气沉沉毫无生气和活力。

3. 回归大学精神，营造大学的竞争文化

世界一流大学都有其独具的精神气质：敢于竞争并勇于面对竞争。欧美国家大学校长一个通行的格言：不做他人可以胜任或做得更好的事情。大学应该有一种英雄气概：人不敢言，我则言之；人不敢为，我则为之。回顾大学历史，世界一流大学怎么产生的？一个很重要的原因就是竞争。剑桥是与牛津竞争的产物，哈佛是与剑桥竞争的产物，耶鲁、斯坦福是与哈佛竞争的产物。世界一流大学都有一种非一流不当的霸气：一流教授是我的我要，一流学生是我的我要，一流课题是我的我要。同样，世界一流大学亦有泱泱大校的大气，如果当年牛津大学阻拦自己的人才出走剑桥，就不会有今日剑桥大学；如果当年剑桥大学禁止自己的人才出走哈佛，也就不会有今日的哈佛大学；如果哈佛大学当年堵截自己的人才出走耶鲁，那么耶鲁大学的发展也许就会迟缓。

什么是世界一流大学，不就是由一大群世界一流的学者和学生在一起自由传播和探索知识而形成的按一定规则行事的特殊学术生态环境？没有科学和人文大师和杰出人才的云集，凭什么说你就是一流大学？你哪来大学的声誉和吸引力？在美国不少大学都有自己竞争的目标，如哈佛大学和耶鲁大学、加州大学伯克利分校和斯坦福大学、加州理工学院和 MIT 等都是彼此竞争的“劲敌”。大学之间的竞争不仅激发大学的生机、活力和动力，同时也会有力促进学生不甘示弱、奋发向上的进取精神，并留下不少传为佳话的彼此竞争。

1997 年《美国新闻与世界报道》首次把耶鲁排在了第一位，而多年来一直排名第一的哈佛反而掉到了第三位。耶鲁的学生在校报《耶鲁每日新闻》发表文章，大大的标题写道：“《美国新闻与世界报道》终于承认了明显的事实：耶鲁是第一，哈佛连第二都不是！”耶鲁本身就是与哈佛竞争的产物，两强相争互不相让的竞争由来已久。这几年来两校的学术排名彼此不相上下屡屡居全国一二，无不得益于它们不断比拼带来的好处。

又如 MIT 和加州理工学院长期以来自视竞争对手，为此两校学生常有彼此“作恶”的竞争。在继 2005 年加州理工学院的学生跑到 MIT

所在的麻省剑桥，向准备加入 MIT 的学生散发一种看上去很像该校校服但背面却印着"因为并非所有人都能加入加州理工"的 T 恤衫之后，MIT 的学生则在 2006 年假搬运公司之名把加州理工学院有 130 年历史且在每年开学典礼都要鸣放的镇校之宝——弗莱明加农炮，从西海岸运到东海岸穿越了整个美国把它带到 MIT 的校园。当加农炮突然消失后，加州理工学院师生首先就怀疑到了麻省理工。不过他们并未为此愤怒，相反还承认 MIT 的对手们干得不错。加州理工学院校长戴维·巴尔的摩是诺贝尔奖得主且是前 MIT 教授，他称 MIT 此次行动是一个"富有想象力的回应"。有趣的是许多加州理工学院的学生正在为此事激动，因为这次事件预示着两校学生新一轮的竞争和较量即将开始。

我国大学包括著名大学当前的问题是，不仅缺乏与世界优秀大学进行人才竞争的实力，更缺乏的是与之竞争的意识，即便在国内大学之间尤其是著名大学之间也没有形成竞争局面，尤其在人才问题上各校之间似乎保持着高度的友谊，彼此极少有人才的竞争和流动，普遍缺乏竞争意识这是我们大学文化中的一个很大的遗憾和缺陷，这种状况对大学的发展尤其是对一流大学的建设极为不利。大学要鼓励和强化竞争意识。

对大学而言创新即有创意、能创造、善创业。大学创新文化营造的目的，就在于吸引和拥有一批有创意、能创造、善创业的人才，努力培养一批批有创意、能创造、善创业的人才，做出有创新意义的创造、创业之贡献。没有创意、不能创造、不善创业，你凭什么参与竞争？然而创意也罢，创造也罢，创业也罢都离不开想象力，换句话说，竞争既要实力基础也要想象力空间，我们大学当前在这方面的问题是：重视物质实力的积累却甚少对人才想象力的培育。美国大学相信任何创新都有赖于丰富的想象力和大胆的创意，他们相信如果天才学生有了想象力或者遇到了有待人类攻克的难题，那么就会在学校上演一场场天才对知识咄咄逼人、比智较劲的惊心动魄的好戏。

为此，MIT 特别重视对学生创意的培养，任何学生只要有了好的创意，都可能在学校的鼓励和支持下将计划书发展成为一个富有潜力和生机的新的专业领域。MIT 著名的媒体实验室创始人尼洛庞蒂说，当时他产生了一个把科学和娱乐、技术和艺术结合在一起的想法并写成了计划书，不料学校却鼓励和支持他将这项计划发展成了一门横跨所有通信媒体、电影、电视、电话、录音多个专业领域把色彩和音乐、感觉与情趣完美结合在一起的跨学科专业的研究领域。

MIT 的人说，在 MIT 每天都会激发你产生想法，有时一天甚至会有 20 个创意。为了缓解超高的学习压力，MIT 学生常常在某些特殊的时刻搞一些惊世骇俗的“恶作剧”，由于这些富有创意和创新精神的恶作剧都是标新立异的杰作，因此校方不仅以博大的胸怀接受了同学们的这种影响极大的“嬉闹”，并且收藏同学们的恶作剧作品，所谓的恶作剧从而也酿为鼓励 MIT 学生创意、创新、创造的并被师生期待的文化传统。缺乏对学生想象力的鼓励、激励和支持，这不能不说是我们大学生创新冲动、创新动力、创新精神不足的一个主要原因。

有容乃大:大学必须守持的文化理性

2012 年奥运会在伦敦举办之前,中央电视台摄制组走进英伦。在专访剑桥大学校长乐思哲·博里塞维奇爵士之后,柴静在博客里说,这一个月在英国采访,有几句话印象很深。第一句是问到剑桥大学怎么会有全世界最多的诺贝尔奖获得者,校长一笑说:"最近这位得奖者,他的领域从来没人看好,我们等了他 14 年——质量需要耐心和时间。"

剑桥校长所说这位 2010 年诺贝尔生理学或医学奖得主就是试管婴儿奠基人罗伯特·爱德华兹教授,他的这项改变了人类文明生活的重大医学技术发明,为众多因各种原因无法生育后代的夫妇点燃了希望之光,迄今已经让四百余万新生命得以诞生。然而这位剑桥教授在成功之前,长达 14 年没有任何成果。

对此,柴静又问乐思哲校长:"您不觉得这个过程太漫长了吗?"剑桥校长答:"作为一个大学,剑桥带给学者最重要的财富之一,是足够的时间和空间。时间是关键因素,它能让学者从容地选择他们所想要研究的领域。而我们所说的空间,指的是让学者拥有如何支配研究时间的自由。"柴静追问:"如果他失败了呢?"乐思哲这样回答:"问题是你怎么定义失败。没获得诺贝尔奖并不意味着失败,他们也为学校的知识体系作出了杰出贡献,而这体现在剑桥的崇高地位上。"

其实,在世界著名学府这样的例子比比皆是。剑桥若不能容忍 21 岁就不幸患上肌肉萎缩症而终身禁锢在轮椅上,后又因肺炎彻底失去说话能力的霍金,他根本就不可能成为继爱因斯坦之后的全球最著名的科学思想家和最杰出的理论物理学家。对学者及其研究予以不以急功近利论成败的包容,这是世界名校之所以人才济济、成就斐然独有的文化特征。这就是大学文化的魅力、文化的价值。

大学作为一个教育和学术组织,不仅要培养人才、科学研究并通过人才培养和科学研究服务社会还要传承和创新文化。然而,与人才培养、科学研究及社会服务所不同的是,大学之文化传承和创新不仅关系到国家民族乃至人类社会的文明程度及其进程,而且直接决定了大学能否自觉于及怎样自觉于上述大学的社会职能及其使命。负有传承和创新文化使命的大学组织,其自身之文化则必须代表人类文明的方向和高度,是引领社会进步的旗帜。

此如笔者早年所述,由于大学文化是大学经历史的积淀、选择、凝练、发展而成的,高度成熟并为大学及其所处社会高度认同的高层次精神文化,其意义不仅体现在它对内能创设一个积极、奋发、向上,影响其成员价值选择、思维方式、精神气质、道德情感、行为模式的大学文化氛围,同时对外它表现为大学的价值观和理想追求,并以此树立了被社会敬畏、尊重的守持崇真、向善、求美、担当的形象。大学文化不仅通过大学核心价值、大学理想使命的确定,从而决定大学发展的方向目标继而决定其对社会作为的大小以及大学自身生存发展的质量;同时,大学文化通过对其所有成员价值选择、思维及行为方式的影响,及大学师生所处精神和制度环境的营造,从而决定他们的所思所作所为。从这种意义上说,大学及其成员是大学文化浸润并受其深刻影响的产物,任何大学的形于外都是秀于内之大学文化精神的结果。此即,有什么样的大学文化就有什么样的大学及其成员。

正是此因,大学文化是大学最不敢也最不能忽视的,其关系到大学能否守持自己本真、属性和使命。一所选择以人才培养为天职的大学与一所热衷于好大喜功、急功近利之大学,其行为就有天壤之别。前者以学生为本致力于人才培养质量,后者则以追求所谓“政绩”为目标无视学生需要。笔者曾言:教育家之大学领导人是自觉于求长效的,故其办学治校始终有大学属性和使命的坚守,非大学之为绝不去为;政客之大学领导人则是取近功的,所以其办学治校以哗众取宠、迎上讨宠之见物不见人、求闹不守静、图近不顾远之政绩工程、面子气氛为目的。两者之别,归根结底是大学文化价值观的区别。

回到本文开篇提到的大学包容性文化问题，由于大学组织的学术属性和特征及大学知识创新的使命和规律，决定了大学不仅必须需要陈寅恪先生所倡导和追求的“思想自由，人格独立”之文化精神，而且需要受此文化影响有利于鼓励和保障学者知识创新的大学制度设计。杜维明先生说：“没有一个制度可以没有价值、没有理念，即缺乏文化素质而能够建立起来的。”①我以为，大学不仅需要本人致力推崇的理想主义这一统领大学文化的灵魂，而且需要对大学之知识创新使命具有保护和直接推动作用的文化要素，包容性则是大学最不可或缺的对大学成员求学设问、探索新知具有直接影响力的文化理性。

在北大两年任教的经历，让我感受最深的就是从蔡元培先生起形成的海纳百川、有容乃大的大学文化。其实，北大在创建之初就提出了“兼收并蓄，广纳众流，以成其大”的办学思想，但“囊括大典，网罗众家，思想自由，兼容并包”这一既揭示又遵循大学办学治校规律的、卓然独立的北大文化，却是蔡元培执掌北大身体力行的结果。基于蔡元培先生对北大的贡献，我极为赞同关于“北京大学文化百年对中国的贡献可以概括在两大端：发轫于五四的民主、科学、平等、自由的启蒙；另就是囊括大典，网罗众家，思想自由，兼容并包”的总结。前者之作用是针对中国社会的思想启蒙改变了中国，后者之意义是对大学办学治校的总结影响了中国的大学。

严复早年说过：中国不可一日无北京大学。《大学之道——北京大学的传统》主编刘军宁先生在其序言中亦有这样的评价：“北大是近代中国为数不多的精神的家园。北大对中国精神传统的影响，高于任何一座大学对一个国家的影响：不论是哈佛、耶鲁之于美利坚，还是牛津、剑桥之于大不列颠。一所大学能在本国的思想进程中起到如此重大作用的，全世界似乎只有北京大学。没有一个大学像北大那样如此奠定了一个古老文明的新精神传统。”②我以为北大若真是这样，其就必须是以思想改造和知识创新引领国家发展乃至人类进步的北大，后者是中国所具有的世界地位对北大提出的要求。北大若要做出此等影响或贡献，其学者非得有北大老校长马寅初先生所言“集纳‘做人民思

① 杜维明. 新儒学的机遇与挑战[M]//张冠梓. 哈佛看中国. 北京：人民出版社，2010：5.
② 刘军宁. 大学之道——北京大学的传统[M]. 天津：天津人民出版社，2008：1.

想之先导、虽斧钺加身毫无顾忌’,‘服务国家社会,不顾一己之私利,勇敢直前,以达其至高之鹄的’”的“牺牲之主义”。

然而,学者之“牺牲精神”的形成及蔚然成风,必先有大学“思想自由,人格独立”包容文化之环境。我心目中的北大,似乎多少还保留了这样一种包容的文化。在北京大学百周年纪念讲堂附近的一个书店,我不经意间发现在极其醒目的位置上摆放着一本有“中国公众意见领袖”之称的旅美学者薛涌之作《北大批判——中国高等教育有病》。由于作者是北大的校友,书名可以理解为北大人对中国高等教育的批判。其实不然,从标题“北大不教的东西”、“北大的经验与反省”、“北大应该怎么办”看,其不少确实是对北大办学治校的批判。在北大校园里卖批评北大的书,不是包容精神又是什么?

没有世界一流大学不仅是中国之痛,更是中国大学之痛,但大学绝非只是金钱可以堆砌起来的产物。大学是文化的积淀和成长而非一蹴而就的大楼之建,同理世界一流大学更是优秀文化的结果而非巨额金钱及物质的垒叠。在政府推动下也许总有一天我们的世界一流大学会产生,但那会是一个非常漫长的过程。实现世界一流大学之梦,一方面就政府管理而言,应该为大学创造走出体制之外的条件,以便大学自主按规律办学治校更好地履行体制之内的使命,另一方面大学必须自觉于大学应有的文化坚守尤其是包容文化,让大学更像大学。

王晓明教授在其《何为大学文化》一文中这样写道:“美国社会当中发出最强烈的反思社会的声音来自大学,尤其是最好的大学……在哈佛大学,学生们会明确地挑战社会的主流思想。在欧洲、日本、印度、印尼这些地方最好的大学里……总不断回荡着对社会流行思想的质疑的声音。为什么大学的人总不那么容易跟着潮流走?简单说就是,他们见多识广。大学是集中人类全部知识的地方,社会生活当中没有哪个地方像大学这样集中了人类最多的知识……大学的学生可以听各种各样的课程。正是这个见多识广,造就了大学的人总是要问为什么是这样,他总是要想想你说的对不对,因为他们明明还知道另外的事情……这就是大学文化的魅力和它的价值所在。”[①]金耀基先生这样评

---

① 王晓明.何为大学文化[EB/OL].(2007-12-12).http://www.douban.com/group/topic/2319032/.

价哈佛:“无论世事怎样瞬息万变,人们如何浮躁地追潮逐浪,它有一种任凭举世中风狂走,我只卓然独处的孤傲和镇定。是自由和宽容使置身于大学中的师生去掉了心灵的镣铐,让思想和精神自由生长;是自由和宽容使她具有一种朝向未来的飞翔。”①这就是世界名校的文化理性:有容乃大!

一所大学只有尊重其历史文化才会重视其未来,一所大学只有尊重其师生个性的包容文化,才能造就出为国家为人类作出思想和知识贡献的富有创造力的杰出人才。如果说理想主义之文化精神使大学:知其伪而崇其真,知其恶而向其善,知其丑而求其美,知其不能为而肩其社会之担当;那么,有容乃大之大学文化理性则使大学师生:在“思想自由,人格独立”的精神生态下,无私无畏地追求真理、探索真理、坚守真理,并以此无私无畏地报效自己的国家和人民。

有容乃大,这是大学必须守持的文化理性。

---

① 梁启超,等.大学的精神[M].北京:中国友谊出版社,2008:14.

论大学校长之文化治校

在世界一流大学的建设进程中,我国一个研究型大学校长代表团出访美国取经,这无疑是中国研究型大学校长的一个明智之举。因为,美国大学的历史不仅比我们早了两个半世纪之久,而且其世界一流大学几近三分天下有其二。此外,就经典意义的大学而言,现代大学毕竟是西方制度和文化的产物。尽管任何大学都不能避免所在国度的本土影响,但是在开放竞争的世界加之大学天然的学术属性和人才培养的规律性,凡大学尤其是瞄准世界一流目标的大学有其办好学治好校的基本共性。因此,跨国界的彼此学习交流尤其是与世界最好大学的学习交流是大学在国际比较中以更开阔的视野、用更有效的策略引领和加快改革发展进程的必由之路,亦是现代大学放弃自满足从自适应向自完善过渡的成功之路。

据称,这次出访美国大学校长告诉中国同行创建世界一流大学的法宝之一即:拥有世界一流的大学校长。

我们有人肯定会对此不置可否,理由是体制、制度对大学的制约是根本性的,何况中国大学校长治校的权力有限。而问题是在一个极其强调思想自由、学术民主的国度,美国大学校长的权力比我们的校长更为有限。尽管美国政府赋予了大学自治更多的权限,但这种权限并非是大学校长独享的权力。所以,无论是美国公立大学还是私立大学其校长绝无权力自主向银行借巨款修建新校区,亦没有权力要求学术机构及其教授必须做什么以及绝对不能做什么。笔者以加州大学伯克利分校高级访问学者身份在该校高教研究中心工作期间,曾收到加州政府审计长签发的、通过电子邮件发给加州大学系统所有注册员工的有关加州大学总校及其10所分校的审计报告，其中对包括伯克利分校、旧金山分校等诸多分校经费使用的不规范情况及过度花钱等都予以了无情的披露并提出了整改要求。公立大学如此，私立大学也未必能超脱于监督。由此可见美国大学校长的成功治校并非主要依赖于资源的丰富，更不是依靠行政的权势。但美国大学又十分倚重校长的作用，甚至认为一个新校长的到任将意味着该大学一个新时代的到来。

何以如此？因为，新校长往往带来引领大学发展变化实现办学治校突破的新思想新理念，由此可见文化治校在美国大学的功不可没。这对一个以实用主义价值观为大学引领的美国大学而言似乎是个悖论，然而事实就是如此。所以，美国著名高等教育学者劳伦斯·维赛在其专著《美国现代大学的崛起》的开篇就总结道："美国大学形成时期最突出之处，就在于促进大学发展的人们所表现出的思想性。他们的故事激动人心之处即在于此。"①

芝加哥大学校长罗伯特·J. 吉莫在其就职演说中也强调了文化对大学的作用：芝大与众不同的一切均源自于以下的承诺：我们提倡发展这样一种教育模式，它能让学生沐浴在一种浓厚的学术氛围中，如此一来，无论学生最终选择什么职业道路，他们所接受的教育都会赐予他们无穷的力量；我们努力吸纳那些对学科具有创新品质的教师和学生，使他们最大限度地受益于我们的学术气氛，从而能为我们作出更大的贡献；我们深知，我们能否对社会作出更大贡献关键取决于我们的思想是否具有影响力，我们能否打开校门去校验和发展已有的思想。以上这些永恒的价值观和基本原则已构成学校的主导文化，并经过一代代的芝大师生和行政人员不断地传承下来。

遗憾的是，被功利而且是急功近利和绩效而且是为迎合上级以及哗众取宠新闻需要之绩效所迷惑的我国大学校长，则少有重视文化治校的清醒者。我以为，胡锦涛同志在清华大学百年校庆的讲话中，特别把"必须大力推进文化传承创新"作为"全面提高高等教育质量"的四大举措之一，其意也在强调文化对大学的作用。西班牙著名思想家奥尔特加·加塞特说："没有文化的生活是有缺陷的生活，是遭到破坏、

① 〔美〕劳伦斯·维赛. 美国现代大学的崛起[M]. 北京：北京大学出版社，2011：1.

不真实的生活。”[①]大学根本就是一个以文化为血脉的组织，缺失了文化及其治校的大学是不可理喻的，其治不仅有缺陷亦会扭曲。下文从理论和实践的角度讨论文化治校之意义及其可行，目的就在于引起大学校长对文化治校的重视。

一、文化概念及其讨论

人类学研究的结论：人是环境的产物。演绎之，即人之存在不能脱离环境并极大受制于所处环境的影响。马克思的“社会存在决定意识”一说影响之广之久远，亦缘于环境就是人们赖以生活其间且无法逃离其影响的社会存在。文化学者的观点：文化是人的生存环境。此说虽有把文化概念无限放大之可疑，但细究其内涵并不含糊，尤其是其揭示的的确是人类学及文化学的一个基本事实：凡人类存在及生活其间的环境必附着某种或多种文化，剥离了文化存在的环境已经不再是具有社会学意义的环境概念，而是一种与人类之生活不发生任何关系的与世隔绝。

凡人无不生活在充满形形色色、林林总总的文化环境中，脱离了这种环境人也不再是具有社会学意义的人。所以在人类学家C.克拉克洪看来，文化其实就是人类的全部生活方式的反映。早期的文化学者萨姆瓦在其专著《跨文化传通》亦指出：文化教给我们如何在特定的社会环境中生活，离开了文化，我们将会是一群孤弱无助的两足动物，游荡在漫无际涯的天地之间。[②] 人类生活与文化的关系是彼此依赖且互为影响的一对范畴，尽管人类生活本身就在营造文化，然而人类生活的不断演进、改良及发展飞跃，绝不是自发的结果而是文化引领和文化创新导致的变化。人类发展史已经证明了这个结论的真理性。由于人类生活无不受文化环境的影响，因此，人类文化创造的环境质量决定人类生活的质量。

在简单讨论了文化及其环境与人类生活的关系之后，我们容易把文化理解为“人类创造的物质财富和精神财富的总和”。当然这种对

---

① 〔西班牙〕奥尔特加·加塞特．大学的使命［M］．徐小洲，等译．杭州：浙江教育出版社，2001：7．

② 眭依凡．校园文化：以环境创设影响教育佳效的教育手段［J］．华东工学院学报：哲社版，1992(1)．

文化广义的诠释不无道理，因为人类生活的目的就在于创造物质财富和精神财富，而且人类生活的方式亦有赖于并决定于人类自己创造的物质和精神财富。然而，当人们在寻求对文化概念边界更为清晰的定义时，遇到了无法准确提炼文化内涵的困难，于是人们只好借助逻辑学允许的用概念涉及的外延亦即概念包含的要素表达概念。这就是萨姆瓦关于“文化是一种积淀物，是知识、经验、信仰、价值观、处世态度、社会阶层的结构、宗教、时间观念、社会角色、空间关系、宇宙观及物质财富的积淀”[①]之定义广为人们认可的原因，其实这种界定确实有助我们更直观更清晰地理解文化概念。

最早研究文化的学者之一爱德华·泰勒也是通过描述概念外延的方法以理解文化的，他认为：文化不仅指文学、艺术、音乐等，也包括人类赖以生存的价值观、信仰、观念、语言，亦即人类在社会中所习得和所获得的一切事物和观念。当然关于文化还有诸如：文化是社会规范或社会行为的整体，包括思想、语言、行动和成果，以及依赖人类学习和传递知识留存给后代的模式，等等相似的观点。不论对文化的表述有多少争议，但对文化要素无不包含在精神文化、制度文化和物质文化三大层面的观点似乎已经成为文化学研究达成的共识。

文化概念的厘清，使我们看到文化作为人类社会的一种存在与人类赖以生存的物质所不同的是，其无时无刻不对生活其间的人们发生着包括价值观念选择、思维方式形成等方面的直接影响，并成为人类不可或缺的精神需要。而这种精神需要决定了人们的物质需要及其对物质需要的选择和创造。所以文化并非是虚无缥缈的东西，其存在及其影响均通过现实环境的营造而体现而发生，此即文化产生环境，环境反映文化。

二、大学文化及其治校的学理性

对上述问题的认识，为我们关于大学文化及其何以治校的讨论奠

① 眭依凡. 校园文化：以环境创设影响教育佳效的教育手段[J]. 华东工学院学报：哲社版，1992(1).

定了基础。

有学者认为，大学文化指大学每个人之共同价值观及信念之体系。这一对大学文化的理解似不甚准确亦有局限性。笔者作为改革开放后较早研究大学文化的学者，在早期的论文如《校园文化：以环境创设影响教育佳效的教育手段》《对校魂文化的教育学思考》《学校精神刍论》，以及近些年的研究成果《关于大学文化的理性思考》《好大学理念与大学文化》《大学的文化理性与文化育人》等，已有诸多关于大学文化及其意义的论述。我坚持以为自己对"大学文化是相对所有社会成员必须参与其间的普遍文化而言的一种主要是大学成员参与的特殊文化，即一种针对大学特殊群体而言的区域文化。大学文化含有文化概念应有的内涵，但它又是对社会文化反复选择加以吸收并融入自己大学意志和个性的文化结构，这就使它又内含不同一般的诸如理想化、集约化、稳定性、批判性的特征。也正是这些特征使大学文化以其文化的形态影响教育的作用及重要性既突出又持久"，以及"大学文化对学校所有成员尤其是对学生具有现实影响和潜在影响的所有文化要素包括：价值观念、理想信念、思维方式、道德情感、传统风气、生活方式、心理氛围、人际关系、行为规范、学校制度、物质环境等。它们涵盖于主要由价值观、理想追求、思维模式、道德情感等构成的精神文化，主要由大学的组织架构及其运行规则构成的制度文化，以及主要由大学的物理空间、物质设施构成的环境文化之中"①的认识，基本揭示了大学文化的本质及其特征。

其实，对大学这样一个相对独立的以人才培养和学术研究为核心使命的社会组织而言，其本质上就是一种文化的存在和反映。换言之，大学之存在其实质就是大学文化的产物。

在对大学文化概念的认识基础上，大学文化治校发生的脉络也就基本清晰，可以归纳如下：价值确定、制度安排、环境营造。这三条路径对应大学文化的三个层次：精神文化、制度文化和环境文化。总体而言，大学作为文化属性的组织其办学治校的全过程都无法摆脱大学文化的参与和影响，亦即大学文化对大学及其成员的影响是任何其他手段都不能替代也无法替代的，大学文化的品位并非间接而是直接影响

① 眭依凡. 关于大学文化的理性思考[J]. 北京：清华大学教育研究，2004(1).

大学办学治校的质量。

美国教育家杜威认为,学校就是按照教育的预期效果,设置并加以控制以影响学生智力和道德倾向形成的特殊环境进行教育的。这话虽然是从文化的育人角度说的,然而当文化的教育价值得以确定时,文化治校的意义就已经涵盖其间了。大学作为以有组织有目的的教育人、影响人为核心使命的社会组织,其组织属性决定了大学不仅需要而且实质也是通过文化营造的环境对大学内部的办学治校发生诸多其他无法替代的影响。

1. 价值确定

价值作为政治经济学的概念是针对商品而言的,其大小取决于生产要素和供求关系。马克思认为价值概念"是从人们对待满足他们需要的外界物的关系中产生的"①,是物对人是否有用及其有用之程度的反映。即物的价值是为人的需要而发生而存在的,这与哲学和社会学主张的"价值的主体性"观点就有了一定程度的接近。价值主体论认为,价值是作为人的主体根据自己的需要自觉地、有意识地赋予客体的属性,反映了主体对客体的态度。这种态度决定了主体如何对待客体及其如何利用客体。如果客体是一个组织,那么主体对其的价值态度则决定了该组织的目标所在及其运行,继而决定其兴衰成败。

严格说大学的组织属性是一种内生的客观存在,但是不同的办学治校主体对大学的价值认识是存在差异的,由此产生的大学治校行为包括对大学发展具有顶层设计意义的远景规划都大相径庭。事实上,当我们惊叹世界名校为人类社会做出了如此辉煌的成就,而对那些热衷于急功近利且无心于人才培养、知识贡献的大学感到扼腕痛惜时,其天地之别首先就产生于其办学治校者对大学的价值认识的不同。

大学是一个具有高度理性自觉的学术组织,这种理性自觉的基础源于其办学治校者对大学价值的认识、大学价值的确定、大学价值的选择和大学价值的坚守。价值确定作为大学的核心精神文化是引领大学的灯塔,其不仅决定大学组织及其成员能干什么,同时要求大学组织及

① 马克思恩格斯全集(第19卷)[M].北京:人民出版社,1965:406.

其成员不能干什么,正是这种价值确定和是非判断引导了大学的办学方向及其治校准则,创设了大学及其师生共同守持的对自己言行既具有思想引领价值又对自己言行具有约束作用的精神氛围。这就是大学价值确定的文化影响所在。

2. 制度安排

就学术概念的严谨性而言,组织制度本身并不等同于文化。然而任何制度都是一种价值文化的反映,即制度设计是以某种价值文化即价值确定为前提的,否则制度安排的意义就会不甚清晰,制度设计亦会由于方向迷失而无所适从。此外,制度一旦形成及其执行继而就会转化为一种文化——制度文化,久而久之其对组织及其成员的影响也会从一种外来的制约即外律,演化为组织及其成员的内在要求即自律。制度毫无疑问是一种有效的具有合法性的组织管理工具,但是它是从设计起始到执行操作都附着了充满人性色彩的价值文化的管理工具。

对大学而言,其组织构架的学科性、专业性以及其成员智力劳动的独立性、创造性等特点所决定的学术自主及学术民主的属性,虽然极大弱化了大学组织的科层性及其管理的强制性,但大学毕竟还是有其统一目标的高度复杂性的组织,从而决定了大学必须借助必要的制度规范其内部有诸多目标追求和利益诉求的学术机构及其成员。这亦是当前我们十分强调大学章程建设的必要性与合理性所在。

然而,大学的制度设计和安排,绝非旨在通过制度限制大学组织及其成员的学术自由和学术民主、学术创新为目的,而是通过制度为其内部的组织及成员创造一个思想活跃、精神舒快,有利于杰出人才培养和知识发展的学术环境。这样一种制度环境的营造必须有文化的引领并反映大学的文化取向。

3. 环境营造

笔者在伦敦大学教育学院、加州大学伯克利分校、柏林自由大学进行访学研究,以及在清华大学任特聘访问教授、北京大学特聘教授的经历,让我更加坚定了过去形成的观点:大学不仅在课堂上教育人,更是通过大学特有的文化环境熏陶人感化人塑造人。不同大学的学生其气质神韵迥然各异,这其实就是不同大学文化浸透在大学生的灵魂和骨子里的结果。大学文化对其师生的影响是无时不在无刻不休的。走进世界名校，扑面而来的学术圣殿特有的文化气息使你首先感到置身于充满精神神圣和知识活力的强大势场中，其建筑、其草木、其溪流、其空气、其海报、其人群、其活动等等可视的景物、人群、活动，使你无不感受到弥漫于整个大学校园间的特有的崇真、向善、求美及社会担当的文化积淀和精神追求。

美好的环境是塑造美好性情和心灵的基础，正是此因，美国著名高等教育家弗莱克斯纳把大学视为不应该有杂草生于其间而是呈现于人们美丽美好的花园。需要说明的是，我们这里所说的环境概念并非仅指物质及自然条件共同构建的，供大学师生从事正常教与学之生活的物理环境，而是同时包含大学之价值文化、符号文化、活动文化、遗产文化以及教学风气等诸多学府文化交融集成的大环境。事实上，所谓的大学环境往往也是以整体文化的形式作为教育以及治理手段对大学的人才培养及办学治校发生影响的。单一的文化形式绝非能产生具有整体教育影响及治校成效的大学环境。

比如，江西有所大学其书记兼校长少于对大学精神及制度文化营造的关注，极度热衷于豢养野生动物、挖湖建桥、造庭修园并美其名曰生态校园环境建设。说轻点此举无非是夺人耳目的花拳绣腿、表面文章、形式主义，若一针见血揭底就是该领导者灵魂深处之享乐主义、奢靡之气的作祟。每每有上级领导或兄弟院校来访，该领导引以为豪的无非就是鹿园观鹿、浮桥漫步、湖畔戏鸭、庭院听歌……以至于一位同样痴迷于此的省领导在视察该校并受此款待后，生“不忍离去”之情并一吐真言：“退休后，真想来这里居住。”一所大学不以守持学府文化应有的底蕴和厚重为追求，而不惜代价热衷于宫廷环境的营造以迎合少数人“玩物丧志”的需要，其不是中央批评的享乐主义、奢靡之风又是什么？大学若这样，其暴露的岂止是办学治校者文化的苍白和浮躁？在党的群众路线教育实践活动工作会议上习近平总书记强调：“这次教育实践活动的主要任务聚焦到作风建设上，集中解决形式主义、官僚主义、享乐主义和奢靡之风这‘四风’问题。”[①]对大学而言，“四风”问题同样是大学文化及其治校所不能容，更是大学领导人必须自觉自律

① 解决“四风”问题 对作风之弊来次大扫除[EB/OL].(2013-06-19).http://whb.news365.com.cn/yw/201306/t20130619_1246411.html.

的远离。

概而言之,大学文化所产生的治校作用有如下特点。其一,目的深层性。大学价值文化是揭示大学属性的核心文化,其决定甚或主宰大学及其成员办学方向和价值取向。其二,要求隐蔽性。大学文化的治校作用是通过环境营造使大学内部的组织及其成员通过文化熏陶和吸收而产生自觉自律的,这种隐蔽的治校要求没有明显的直接强制色彩,有利于组织及其成员感受到尊重,从而使他们在组织活动中以主人翁的姿态更具积极性、主动性、亲和性及创造性。其三,过程渗透性。大学文化是最富渗透性的一种影响,其治校的运用与简单直接的说教和管控不同,而是通过大学价值取向和信仰追求等精神环境的营造,使其成员在不知不觉的潜移默化中获得精神陶冶、观念形成,其对大学治校理念和目标建构的接受是全面且自觉的。其四,影响持久性。教育的最佳境界是不教之教,同样治校的最高境界亦是不治之治。

大学文化治校不仅在于文化的营造更在于大学成员对学校文化价值的认同,这种文化价值的认同使大学成员从被管理者的角色中获得解放,并产生与大学的思想共鸣及与大学价值追求的一致性。

三、大学校长的文化治校

美国哲学家、教育家杜威曾这样评价蔡元培:以一个校长身份,而能领导一所大学对一个民族,一个时代起转折作用的,除蔡元培以外,恐怕找不到第二个。蔡元培的继任者蒋梦麟先生也对蔡元培有这样的评价:维新的浪潮已经从这千年的古城消退成为历史,把叛逆的石子投入死水的正是1916年执掌北大的蔡元培。那么这位被毛泽东誉为“学界泰斗,人世楷模”、51岁出任北大校长于61岁卸任、任职十年但实际在校时间不足五年、据称期间还七辞北大校长而不准的蔡元培先生,是怎样领导北大并改变北大,而后以这所大学引领和改变我们整个民族的呢?他究竟率先往当时的北大这汪死水里投下了一个什么样的叛逆石子呢?我以为,那就是蔡元培先生提出并身体力行藉此彻底改革旧北大的“思想自由,兼容并包”。

北大之变首赖于其文化精神之变,蔡元培先生也正是凭借“思想自由，兼容并包”这样一种办学理念并在日后传为北大的学统精神对旧北大进行了一系列的革故鼎新。清华大学何尝不如是？寡言温和的梅贻琦以“所谓大学者，非谓有大楼之谓也，有大师之谓也”之办学理念治校而功勋卓著，并被清华人誉为终身校长，其后历任清华校长无不以守护和弘扬“行胜于言”、“自强不息，厚德载物”务实担当的清华精神为治校“家法”。这就是文化治校的意义与力量所在。下面讨论大学校长如何文化治校的问题。

1. 大学使命文化治校

恩格斯在《路德维希·费尔巴哈和德国古典哲学的终结》一文分析指出：社会发展史有一点是和自然发展史根本不同的，因为“在自然界中（如果我们把人与自然的反作用撇开不谈）全是不自觉的，在所发生的任何事情中，没有任何事情是作为预期的自觉的目的发生的”。反之，“在社会历史领域内进行活动的，全是具有意识的、经过思虑……追求某种目的的人；任何事情的发生都不是没有自觉的意图，没有预期的目的的。”①在这里，恩格斯把社会活动的特征和人的自觉意识、观念的重要性已经揭示的十分清楚。大学使命是办学治校者对大学是什么应该干什么的价值认识和价值提炼，大学使命文化的意义不仅体现在其决定大学的理想追求、发展方向，是大学愿景和目标设计的指导思想及大学制度设计的假设前提；同时，它亦是决定大学组织成员价值选择、思维及行为方式、道德情感、精神风貌，以及组织责任感、归属感的思想熔炉。有什么样的大学使命文化，就有什么样的大学及其成员。正是大学使命使大学组织的活动尤其是关系到大学之社会作为大小以及大学自身生存发展之质量的顶层设计、制度安排等，具有了恩格斯所说的“自觉的意图和预期的目标”，从而使大学行动有了不会误入歧途的明确清晰的正确方向。

正是此因，大学使命文化是大学最不敢也最不能忽视的，其关系到大学能否守持自己本真的属性和使命。一所选择以人才培养为核心使命的大学与一所热衷于好大喜功、急功近利之大学，其行为就有天壤之别。前者以学生为本致力于人才培养及其质量保证，后者则以追求所谓“政绩”为目标无视学生需要。笔者曾言：教育家之大学领导人是自

① 马克思恩格斯选集[M]. 北京：人民出版社，1972：243.

觉于求长效的,故其办学治校始终有大学属性和使命的坚守,非大学之为绝不去为;政客之大学领导人则是取近功的,所以其办学治校以哗众取宠、迎上讨宠之见物不见人、求闹不守静、图近不顾远之政绩工程、面子气氛为目的。两者之差,归根结底是反映大学价值选择判断的对大学使命认识的有别。

杜克大学校长詹姆斯·特里·桑福德说,一所大学的决议影响着这所大学的未来走向。错误导向的决策、狭隘的思想会使大学畸形发展,而开明的策略和远大的志向能使大学持续成长并拥有不断自我繁荣的特征。从任何角度来看,一个大学的发展都应该是要有长达一个世纪的眼光。那并不意味着我们需要等待一百年而看到结果,而是指从现在开始所要做的要对大学有一百年的影响。大学的决策尤其重大决策完全是大学使命导向的结果。桑福德还说:杜克立志要给她的学生留下一些宝贵的东西,即永远关注正义,坚持同情和关心他人,毫无种族歧视及其他偏见的思想,致力于服务社会,拥有敏锐的判断力,在现在和整个生命历程中有能力去正直地思考。对大学生价值观、伦理观的影响不是说教所能达成目的的,非大学使命蕴含的文化精神渗透到大学生的灵魂而不能为。

大学若要避免桑福德所批评的急功近利的决策,确保大学的长远发展都自觉于对社会对大学负责,忠于学术原则并坚持卓越的标准,其校长就必须是教育家。而大学校长教育家的首要素质,就是对大学的使命有清晰的意识并在其认识基础上坚守大学使命。大学校长并非一般意义上的管理者,而是负有办学治校主要责任的大学领导人。大学校长能否领导好大学,首先取决于他能否为大学的使命、目的、方向等做出正确的判断和选择。奥尔特加·加塞特认为,“大学改革的实质是为了能够系统地实现其目标,因此,对我们的大学目标只做一些调整、修饰或变更,最终只会空欢喜一场”,“大学的改革如果仅限于纠正大学中懒散草率的弊端,那么改革也会不可避免地变得非常草率。重要的是大学要重新认识其使命,使大学活动真正发挥出应有的力量”。①

---

① 〔西班牙〕奥尔特加·加塞特.大学的使命[M].徐小洲,等译.杭州:浙江教育出版社,2001:4-5.

香港大学校长徐立之在参加浙大2012文化中国年度论坛时讲了这样一个故事:一位女士拥有一座大房子,带着一个美丽的院子,附近的孩子经常成群结队过来踢足球,把她的院子给毁了,轰都轰不走。于是她改变策略了,每次有孩子来玩的时候,她就每人给一美元。一个月之后,她突然停止给他们钱。然后那些孩子就拒绝来这里玩,他们忘了到这块地方玩的初衷。这个故事使我想到,如果我们仅仅利用物质的刺激或严苛制度去利诱或管控大学的师生去科研、去教学、去学习,倘若哪天这些来自师生内心需要之外的外部刺激突然消失,还会有人自觉于和努力于科研和教与学吗?大学的办学治校要避免进入这样的误区,唯一有效的办法是通过大学使命文化的营造把大学的使命感、责任感、归属感以及求学欲、创造欲等深深植入其成员,其实这才是大学师生最本质、最自然、最持久的驱动力,当然也是大学最必须守持的大学精神文化。

2. 大学章程文化治校

在《国家中长期教育改革和发展规划纲要(2010—2020年)》的推动下,现代大学制度建设已经列入政府及大学管理改革的议事日程,《规划纲要》对大学提出了“加强章程建设,各类高校应依法制定章程,依照章程规定管理学校”的具体要求。至此,大学章程建设被我国大学广为重视。

大学章程毫无疑问是确保大学内部依法办学、遵法治校,既防止大学内部人治随意性又防御外界过度干扰的一种制度规范,是对大学与外界以及大学内部各种关系做出详细规定的大学基本法。大学章程是大学成为法人的基本要件,在遵守国家有关法律法规的前提下,大学依章程实行大学自治,对大学事务自主管理。

基于大学章程既是大学自治的规章又是大学运行的基本依据,因此,欧美大学无不重视大学章程的办学治校作用并在创校初期就致力于大学章程的修订。如哈佛大学1636年建校,1650年就修订完善了大学章程且至今还奉其为办学治校之法宝。康奈尔大学在1865年创校时就在特许状基础上制定大学章程,其目前的大学章程几乎穷尽了从大学的名称、性质、学制、学术组织到决策机构、学术咨询、校长等高层管理人员、教师、财务及运行管理等所有元素共26个条款。牛津大学章程由枢密院会议审议批准和大学教职工大会审议批准的两部分共

17 个条款构成，同样涵盖了大学组织、权力、决策、民主、人员、管理及运行等所有要素。

我国民国时期大学章程相对简单，如北京大学在蔡元培回国任校长后主持制定了《北京大学章程》，共七章包括学制、校长、评议会、教务会议、行政会议、教务处、事务等条款；清华大学在 1926 年制定了《清华学校组织大纲》，共八章涉及学制总则、校长、评议会、教授会、教务长、学系及学系主任、行政部、附则等内容。香港的大学均有经过本校立法机构通过的，对大学的主要任务、机构及人员组成及拥有的权限等重要事项做出规定的《大学条例》。总体而言，大学章程从法制上保证了大学运行的合法性和稳定性，避免了大学因人因时因事的变化而受到严重干扰。

大学章程虽有法规的严肃性和执行过程中的强制性，但它毕竟是大学制度设计者对大学制度理性进行提炼和概括的文化产品。一部大学章程并非是冰冷无情的法规文本，而是充满了大学办学者、治校者、教学者、求学者对大学是什么、应该做什么，以及怎样做之理性思考和价值诉求的大学文化之集大成。比如，哈佛大学章程的建立基于“大学是让规则守护的地方”的理念，而康奈尔大学章程在其第一章“大学”就特别强调了其创建者埃兹拉 · 康奈尔独特的大学理想和创校思想，康奈尔在校玺上题词道：“我要建立一个不论男女、贫富均能在此受到教育的场所。”

严格讲，大学章程确实是大学为了适应大学组织及其成员多样化、复杂性特征，从而通过立法使大学依法照章办学治校以实现其特定目标而设计的一种管理工具，但大学章程这一管理工具毕竟是制度理性的产物。这种制度理性不仅表现在大学章程的形成过程中一直受到制度设计者价值诉求的影响，更在于大学章程的建立使大学实现了从一个观念理性的组织向制度理性的组织过度，从而规范了大学组织及其成员的行为空间，保证了大学组织应有的稳定和秩序。而且通过对大学组织及其成员权力和责任的规定，明确了其内部组织及其成员之间的关系，赋予了领导者、管理者合法行使领导和管理的权力。同时，由于大学章程是大学组织成员共同参与制定的组织运作规则，所以大学章程又是大学实施民主管理的制度保障，其使组织成员维系在一定的法定结构关系中，有利于简化大学组织内部的人际关系并有利于大学组织成员发挥积极性、同心同德于大学目标的实现。

以上分析,使我们相信大学章程不仅以铁面无情的制度规范建立大学内部的秩序,同时也在通过营造一种理性的制度文化建立大学内部的秩序,而后者使大学组织成员对大学章程具有了高度的认同并成为人们来自内心的接受,由此导致制度本身强制性的管理色彩也大大减弱。此外,如前所述,由于依法治校是民主治校的逻辑前提和制度保障,因此大学章程民主治校之制度文化的意义和作用亦得以凸显。正是大学章程具有制度文化和精神文化两者存在这样一种互相转化和强化的关系,因此,大学校长必须重视大学章程的建设,不仅运用大学章程确定的制度规范,还必须充分利用大学章程所产生的文化影响参与治校,使附着于大学章程的制度文化慢慢转化为具有持续的、恒久的、影响力无所不在的精神文化。

3. 大学环境文化治校

俄亥俄州立大学校长克伦·霍尔布鲁克十分重视把自己治下的大学建设成一所名校,因为在他看来,在你参观一所名牌大学时,你能感觉到它的活力和知识的力量。就读于名牌大学的学生了解和感激他们所处的环境,并且充分利用那些已经公之于众的前人的伟大成就。名牌大学有着实现卓越的策略以及对基础建设的关注,这包括通过招募和留住高水平的老师、有才能的学生以及开发出一些成功的学术项目,而且名牌大学对于世界面临的一些复杂的问题能寻找出创造性的解决办法。

克伦·霍尔布鲁克校长的这番表述,实际上从知识水平及知识创新的视角阐明并强调了名校学术文化环境对大学师生的影响。无独有偶,芝加哥大学校长罗伯特·J. 吉莫亦在其就职演讲中揭示了学术环境对人才培养所具有的价值:我们提倡发展这样一种教育模式,它能让学生沐浴在一种浓厚的学术氛围中,如此一来,无论学生最终选择什么职业道路,他们所接受的教育都会赐予他们无穷的力量;我们努力吸纳那些对学科具有创新品质的教师和学生,使他们最大限度地受益于我们的学术气氛,从而能为我们作出更大的贡献。他还说:我们深知,我们能否对社会作出更大贡献关键取决于我们的思想是否具有影响力,我们能否打开校门去校验和发展已有的思想。以上这些永恒的价值观和基本原则已构成学校的主导文化,并经过一代代的芝加哥大学师生和行政人员不断地传承下来。

上述两位著名大学校长都从学术氛围这一文化环境对人才培养的影响角度，述及了自己关于文化治校的认识。

毫无疑问，大学及其成员是大学文化浸润并受其深刻影响的产物。此即，关于"有什么样的大学文化就有什么样的大学及其成员"的结论是无须再证的事实。但需要指出的是，我们这里所说的"大学环境文化"是为了区别于前面"大学使命文化"、"大学章程文化"而言的，一种关于大学的整体生态环境文化的概念，是我们在前面"环境营造"部分讨论时提到的，大学精神、大学制度及大学人物、大学传统、大学学风、大学活动、大学自然、大学建筑等多种文化因素彼此交融、彼此呼应、彼此强化形成的，充分反映大学核心文化的精神和灵魂并使之秀内形外，可以感悟、可以观见、可生共鸣的具有整体性的大学环境文化概念，而非就事论事甚至心血来潮诸如号召全国各地学生携故乡之土返校葬大学新区的，不仅无文化育人之效、倒生反育人文化之害的哗众取宠的伪文化。

置身于这样一种精神、传统、人物、活动、景致、建筑及文化遗产整合一体的环境中，比如置身中外著名学府，其使人无不感受到这些大学有种奔涌的、富有生命活力并让你追忆不止、终身受益的东西不断撞击着你的心灵，她使你感动、兴奋、遐想、激越、升腾。在这样的大学里教学和求学，其师生不仅能尽享求学做学问的乐趣，放飞和成型自己的理想追求，还会滋生出对生活、对母校无限热爱的情愫。

由于关于精神文化包括校训、学风文化的作用等已经多有文章论述，下面我想就大学的建筑等物理环境文化的意义加以讨论。

蒋梦麟先生任北大校长期间尤重大学环境的改善，他认为："从教育的眼光来看，教训青年的地方，是在山林花草鸟鸣虫嘶的天然景内，不在臭虫跳蚤的囹圄内。"[①]为此，他曾考虑在西山为北大谋一新的校址，并希望清室能将圆明园送给北大。作为杭州大学董事会成员，他在参与制定的《杭州大学意旨书》中特别强调杭州大学的选址必须具备四个条件：第一必兼有西湖秀美、之江雄伟两者之胜；第二必历数十年或数百年而有扩充余地；第三须与城市隔离；第四须有一大部分公地。

① 朱宗顺. 蒋梦麟的高等教育思想与实践[J]. 高等教育研究，1996(4).

故此，他主张杭大以凤凰山为主体，旁及附近各山，这样面积可数千亩，且官地甚多，足资推广。[①] “其地带江襟湖。登山四望，鸟瞰四境。一日之间，旭日初升，夕阳西沉，均无障目之物。钱江怒潮，西湖游艇，万家烟火，隔岸之树，均历历在目。诚天然胜境，修养身心，研究学术之喜地也。”[②]

是否过于理想主义了？非也。若有可能，大学当如此来建。笔者在加州大学伯克利分校访学期间，多次赴斯坦福大学参观及访谈并被该校学府殿堂的气势大象所折服。其校史告诉我们，斯坦福大学得天独厚的自然条件并非全为自然的恩赐，其校园从选址到整体构图到材料选择等无不渗透了斯坦福夫妇及其创校者、建设者对校园建筑本身就应当产生教育力量的期冀。对此期冀其首任校长乔丹在开学盛典的致辞中这样道出：“这些长廊连同它们的华贵的圆柱，也将对学生的培养教育起到积极的作用。每一块砌墙的石头必定会给学生以美和真的熏陶。”[③]历史证明，斯坦福大学的校园建筑起到了这种作用，并且为它日后成为世界著名学府发挥了功不可没的作用。

可以说凡教育家之校长都会重视并借助于与本校精神文化一致的校园物理环境文化的作用治校。湖南师大前校长张楚廷先生就主张大学校园自然化，强调校园的物理环境建设要有利于人与大自然的接近。因为，他坚信自然也是育人的一种力量，对学生具有精神陶冶的作用。因此，他任职校长时知道自己的校园内有 3 万多棵树，80 多种鸟；因此，他要求学校的绿色植物必须错落有致，草地、盆花、灌木、高树；因此，他要求后勤单位把路边的灌木类树丛修剪成与人胸齐平，以便学生能与树木沟通情感……原上海师大校长杨德广教授亦然，他认为，“创一流师大，育一流师资”，就必须“建一流校园”。因此，他在上任很短的时间内就把学校改造建成了一所“土不见天，绿树成荫，花不间断，四季飘春”的优美、整洁的绿色校园。

谈及大学环境文化的治校，我以为绝不可忽视了大学文化遗产的力量。走进北大，其博雅塔、未名湖、红楼、蔡元培先生和李大钊先生塑

---

① 曲士培. 蒋梦麟教育论文选[C]. 北京：人民教育出版社，1995：233.

② 同上注.

③ 周少南. 斯坦福大学[M]. 长沙：湖南教育出版社，1991：24.

像、北京大学革命烈士纪念碑、西南联大纪念碑、振兴中华碑、斯诺墓、塞万提斯像、钟亭、翻尾石鱼、静园六院、原燕京大学建筑群、北京大学校友门、图书馆等,步入清华,其理科楼、图书馆、大礼堂、同方部、清华学堂、水利实验馆、土木工程馆、世纪鼎、日晷、二校门、闻一多和朱自清塑像、王观堂先生纪念碑铭、清华池、水木清华、工字厅、古月堂、荷塘月色、近春园遗址公园等,它们无不像一把把浸满茶垢的老茶壶,充满了大学悠久历史的文化茶香,让人在品味不尽的历史文化的追忆、感悟、寄托、励志中不断精神升华。若加上一个个声名显赫、性格迥异、思想奇特的已故去及在世的人文大师、科学巨匠的故事,大学的文化遗产就更加立体丰满起来,其让师生倾注感情的教育意义、治校影响为任何其他不能替代。

当我们理解了大学文化遗产的意义,再来看曾经狂热一时的大学更校名、卖老校之言举,就不能不为那些曾经的热衷者的浅薄而感到汗颜和羞愧。

何谓世界名校?她绝非只是课堂教学的高水平、科学研究成果的高成就,还在于她自觉于大学文化环境营造的高质量并藉此教育和影响其师生。大学教育及治校目的的达成与否及其效果好坏,很大程度上依赖由大学整体环境文化的创设与否及其质量高低。以上讨论使我们清楚看到,大学环境文化营造是大学校长应该也必须依赖的治校手段,不重视对大学组织成员具有内化作用即自我感受环境文化影响的治校,其治或许有暂时之利但难有长久之功。因此,有志于治下的大学迈向名校的大学校长,必须建立文化治校的自觉并充分利用大学营造的环境文化去影响治校。

大学之治,重在涵养其文化的底蕴。没有深厚的文化底蕴,大学何以能以文化的精神教育人、影响人、改造人,以及传播和守护大学的理想主义?大学校长的治校是对大学这一复杂系统之社会活动的管理,由此决定它更应是一项需要高度自觉的、有价值引领和明确目的的社会活动。注重文化治校使大学校长的治校行为具有自觉性和目的性,从而使其治下的大学的整体行为也具有了自觉性和目的性。自觉性表现为行为的理性,目的性表现为行为的指向性。文化治校才能使校长的治校成为一项高度自觉的、有强烈意识的、有明确目的的社会活动。

香港中文大学校长沈祖尧先生强调：今天的大学教育更应捍卫人文精神，教导学生明白和欣赏不同文化与哲理，培养他们体察别人的价值与需要的能力。他希望自己能带领中大坚守人文精神、创新和批判思维的原则，保存和发扬大学核心价值。[①] 凡大学校长若要实现沈祖尧先生办学治校的这样一种理想目标，若不高举文化治校的大旗则不可能为。

① 香港中大校长沈祖尧感慨大学教育日渐功利[EB/OL].(2011-01-02).http://news.sciencenet.cn/htmlnews/2011/1/242273.shtm.

大学组织缺陷对大学发展的制约

人们在批评高等教育的不尽如人意时,实施高等教育的组织大学自身的问题尤其是来自大学组织缺陷的问题往往没有得到足够的重视。本文旨在纠正这种认识上的误区,讨论大学内部管理存在的组织缺陷对大学发展的制约问题,在对大学组织缺陷有所认识的基础上,试图使大学回归于和自觉于坚守大学属性和使命的组织理性。

一、问题提出及背景分析

“大学组织的内部管理改革”是否会继 20 世纪 90 年代后再度成为高等教育改革必须高度重视的问题?对此,目前有两种不同的观点:其一,高等教育改革到深水区已经不再是高等教育自身的问题了,制约高等教育发展的体制问题才是关键所在。因此,宏观体制环境问题不解决,高等教育包括大学的根本变化难有可能。另种观点是:大学是一个具有很强自我调控、自我完善能力的理性组织,在知识经济社会和文化时代,其作用从以往适应和满足社会的需要,已经提升为引领和推动社会的文明进步。如果大学连自己内部管理的问题都解决不好,其资源再丰富也难以发挥应有作用,更谈不上作用的提升。所以事实上,我国大学如果存在投入不足和如何保证现有投入产生应有效率两大问题,后者无疑会被社会和大学广大师生更加关注,而这便是大学内部管理改革应予以重视的问题。随着《国家中长期教育改革和发展规划纲要(2010—2020 年)》的出台,所谓的宏观体制制约也会得到根本性解决,因为这绝非只是一份有关未来教育的仅供观赏的美丽蓝图,而是由中央高层制定的极具行政法规权威的对中国未来10年教育改革发展即将发生现实和历史影响的政策文本。

从这份文件,我们解读到中央对建设现代学校制度清晰的思路和决心。《国家中长期教育改革和发展规划纲要(2010—2020年)》强调:为适应中国国情和时代要求,要建设依法办学、自主管理、民主监督、社会参与的现代学校制度,构建政府、学校、社会之间新型关系;要明确政府管理的权限和职责,取消实际存在的行政级别和行政化管理模式,落实和扩大学校办学自主权,推进政校分开、管办分离,明确各级各类学校办学的权利和责任,探索建立符合学校特点的管理制度和配套政策。同时,根据《高等教育法》的有关条文再次强调了高等学校的"七自主":自主开展教学活动、科学研究、技术开发和社会服务,自主设置和调整学科、专业,自主制定学校规划并组织实施,自主设置教学、科研、行政管理机构,自主确定内部收入分配,自主管理和使用人才,自主管理和使用学校财产和经费。

可以相信,随着宏观层面的政府管控大学的大学治理结构的完善和现代大学制度的建设,大学内部的管理改革已经不可避免地紧迫地摆上了大学的议事日程。其实,大学内部管理的诸多问题甚至不少背离大学组织属性和使命的问题早就浮出水面。但遗憾的是我们大学并未意识到其严重性或者干脆把责任简单地推给了政府和社会。

制度变迁理论表明,新制度变迁有两种主要模式。其一,是自下而上的由个人或一群人在响应获利机会时自发倡导、组织和实行的,受利益驱使的诱致性制度变迁。其二,是自上而下的强制性制度变迁,它是由国家强制推行由政府命令和法律引入和实行的制度变迁。当前在教育变革即将发生的背景下,大学作为一个高度理性和自适应的以实施国家高等教育为己任的教育主体,无论是为适应国家高等教育制度变迁的要求,还是坚守大学应有使命和属性的需要,大学内部的组织变革和制度变迁都必须启动。因为大学的改革发展不仅是政府的事,更是大学自己的事。

二、大学之变必须以大学的组织之变为前提?

有学者称从中国长远来看,政府更应该学习制度变迁。对此,笔者不持异议。因为大学按自身规律自主办学治校,必须获得外部环境尤其是来自政府营造的体制环境的支持和保障。但这并不等于可以无视大学自身存在的问题,放弃大学自我管理改革的责任。因为,好的高等教育体制只是大学优秀的必要而不充分的条件,如果大学自身并非是一个有效管理的组织,再好的外部体制环境大学也不可能达成优秀。外部环境只是变化的条件,内因才是变化的根据,这是事物发展的基本规律和逻辑。

为此,本研究提出如下立论:其一,大学的发展最后都躲不开来自大学内部的组织缺陷带来的结构性制约,当前人们对大学颇多诟病其要害之一就是大学组织缺陷所致,因此,没有大学的组织之变绝不有大学之变;其二,大学改革需要宏观体制改革扫清障碍,但这并不能掩盖和推卸大学组织自身阻碍大学之理想向大学现实转变必须承担的责任,对大学组织自身存在问题的反思、批评和批判应该引起重视。以下从理论和现实两个层面讨论这些立论是否成立。

1. 立论的理论依据

曾任剑桥大学副校长的国际著名高等教育家阿什比曾提出一个著名的观点:影响大学的主要力量有三种,一是来自市场和公众对人才需求的社会力量,二是来自国家政策或国家计划对人才需求的政治力量,三是来自大学体系自身内在逻辑发展的大学力量。这三种力量构成比例的不同,将决定着大学发展方向的不同。此即,来自政治和市场的力量并不一定总是比大学自身的力量对大学的影响更大,它们对大学发展方向及其稳定性、持续性所起的作用,取决于三者构成比率的大小及相互作用时各自力量的变化。

由此见,来自大学自身的对大学发展的影响力绝对不能低估。社会和政府只是提供大学发展的外部条件,其是否起作用或作用大小有赖于大学自身的吸收和利用。大学自身的这种内在力量,一方面来自大学的运行规律,另一方面则来自大学组织的结构及其成员的作用。

有学者强调学术自由是大学制度创新的核心，其实阻碍学术自由的因素不仅有市场的、政府的，同样大学内部的阻碍亦是不能忽视的。2003年5月北京大学推出《北京大学教师聘任和职务晋升制度改革方案》征求意见稿，然而，遗憾的是这项其效也许不亚于蔡元培先生执掌北大之初革故鼎新、旨在追求教师队伍整体优秀的人事制度改革，并未实现改革设计者的初衷，原因是来自北大教师甚至包括北京其他大学教师的强烈反对。

2. 立论的现实依据

举大学合并之得失为例加以说明。大学合并是20世纪90年代以来我国政府高层推动和主导的一项重大高等教育改革，十几年过去了情况如何？坦率说，并非设想的那样成功。为什么？大学合并其目的在于通过大学组织和学科专业结构调整、资源重组以根本改变政府管理条块分割、人财物资源分散、学科专业单一等效率低下且久而未决的问题。改革动机不谓不端，改革目的不谓不好，但何以不甚成功？改革的倡导者认为，大学合并通过组织、人员、学科专业及资源等的重组，有利于大学结构及其管理的完善和资源利用效率的极大提高，从而带来 $1+1\geqslant2$ 的效果。

然而问题在于，他们忽视了欲取得大学合并 $1+1\geqslant2$ 的功能预期，必须率先着力解决好大学合并后 $1+1=1$ 这个组织预期的基础问题。否则，不仅 $1+1\geqslant2$ 的功能预期难以实现，甚至适得其反。由于受大学组织过于庞大、决策层次过于复杂、管理内耗激增的消极影响，$1+1\leqslant2$ 的功能结局也未必能避免。至今甚少大学合并完全成功的案例，究其原因就在于合并之大学并未解决好从文化传统到物质实体真正融为一体的问题。改革倡导者以为仅仅给大学提供巨额资金支撑，合并就能大功告成的想法实在过于单纯。因为，多个大学尤其是办学历史悠久、文化传统定型、学科差异极大的研究型大学，其大学组织内部的血肉融合谈何容易，其岂止是金钱所能？

系统理论"结构决定功能"的原理表明，组织功能是由组织的结构设计预先决定的；组织理论强调，一个组织运行的好坏不仅取决于它自身的刚性结构是否合理，还取决于组织自身是否具有根据环境变化的需要自我成长、自我更新的能力；领导科学的行为理论和权变理论认为，组织管理的有效性及领导者的影响力与组织设计及其人员安排所产生的组织情景和人员行为相关。大学尽管有其与众不同的属性、特征及其职能,但大学作为社会巨系统中的一类组织其存在和发展,同样具有上述理论所总结的一般规律性特征。

作为一类社会组织,大学无疑是由劳动分工和协调这样两个最基本要素构成的人化组织,不仅有其明确的目的,并通过形成其系统的结构和社会分工后的责权关系,以设置、安排和规定其内部组织单元及其成员的行为。而这种组织及其运行的结构是否科学合理,直接关系到大学内部成员的工作效率和组织的运行效率。

上述理论和现实的讨论都说明了一个事实:大学行为是大学组织的结果,有什么样的大学组织就有什么样的大学行为,它们呈彼此高度关联的一对变量关系。由此可以得到结论:大学的运行、发展无法避免其组织自身带来的制约,大学之变必须以大学的组织之变为前提。

三、大学组织缺陷及其改革讨论

大学组织应该根据大学的属性、特征和目标要求进行组织设计和权责安排,否则大学就难以成为结构简单、内部协调、运行高效、适应变化的,能自觉履行大学应有的使命责任的教育和研究组织。作为社会发展到一定阶段并受社会多种因素影响的产物,当前大学存在诸多甚至极为严重的问题。其原因当然复杂,但其中也不乏大学组织自身不合理不自律带来的问题。组织的结构是人们根据组织的属性、目的、目标建立起来的,对组织问题的诊断可以首先从其结构的分析找到存在的问题。大学亦然,有必要从大学自身组织的缺陷分析其对大学正常发展产生怎样的影响。

1. 大学行政组织设置过度庞大导致管理效率的低下

大学组织是不是效率低下至少是效率不高的组织?结论可以肯定。当然,我们也可以依据大学本身与生俱来的复杂的组织特性,从而为大学组织效率不高找到种种理由。比如,大学是对高深学问进行选择、保存、传递、批判和创新的,以人力资本和知识资本积累为根本目的的学术组织,其活动构成不是社会化的“一般劳动”,而是具有探索性、艰巨性、长期性、创造性及既有个体性又有群体性特征的、极为复杂的智力劳动,因此具有活动复杂性;大学是一种从学科专业出发,根据诸多不同学科专业发展起来的集劳动分工、权责分配于一体的、有科层性质的、庞大的综合机构,因此具有结构复杂性;智力劳动的复杂性只有由掌握了复杂劳动能力的人来担任,他们是“一群对自己的专业知识和思想有一种庄严的敬意、不肯屈服于知识之外的压力并严肃追求科学、具有独立人格并以科学为是非准绳的知识分子”[①],劳动的性质和对知识的占有赋予了他们更强烈的独立个性、批判精神和参与要求,因此具有成员复杂性;此外,大学还具有权力构成复杂、社会环境复杂、社会职能复杂等等特征。尽管如此,也不能掩盖大学行政组织的过度复杂,是根本制约大学管理效率的主因之一。

我国大学内部管理机构的设计出于受上级政府垂直管理控制、职能部门上下对应的需要,受到来自官僚体制以及大学自身强烈的拜官主义的影响,导致大学管理机构与党政机关的设计有极大的相似性,其结构基本就是政府的浓缩型翻版。不少大学的行政职能部门交叉重叠设置,甚至有些机构完全是因人设事、因事设位的产物,有些大学的正处级行政管理机构多达30—40个。其直接后果是:职能单一,程序复杂,人浮于事,互相推诿,资源浪费,效率低下。

美国高等教育家弗莱克斯纳早年就批评大学,“一所真正的大学是一个有机体,其特点是有高尚而明确的目标,能做到精神与目的的统一。但很明显,我们用来作例证的那些大学——即我们所拥有的最好的大学——却不是有机体,他们仅仅是行政的集合体。”[②]大学的组织设计如果不服从大学教学和科研的学术属性需要,那么这样的大学无论从组织构成还是运行都更像是官僚机构而非大学。

笔者留意一所地方211综合性大学网页时注意到,其职能部门之多令人瞠目。其共设有党群部门11个:纪检监察办公室,党委办公室,党委组织部,党委宣传部,党委统战部,保卫部,学生工作委员会,离退休工作处,人民武装部,工会,团委;行政部门18个:校长办公室,发展规划委员会办公室,人事处,计划财务处,教务处,科学技术处,社会科

---

① 眭依凡.改造社会:未来大学新职能[J].上海高教研究,1995(3).

② 〔美〕亚伯拉罕·弗莱克斯纳.高等教育系统[M].王承绪,等译.杭州:浙江教育出版社,2001:158.

学处，学生工作处，招生与就业工作处，国际合作与交流处，保卫处，基本建设处，后勤管理处，审计处，资产管理处，产业处，教学督导与评估办公室，医学科技处；以及诸如图书馆，档案馆，物资采购中心，现代教育技术中心，网络中心，分析测试中心，科技园等业务部门 11 个。问题是这并非是个别大学的现象。

而比较而言，欧美大学的结构主要由教学科研系统和学术支撑系统两大体系构成，其何以管理效率之高并为社会所称道，就在于其行政职能部门结构简单、职能清晰、成本低下、工作高效。如笔者 2009 年在德国柏林自由大学任高级研究学者时发现，该大学仅靠 8 个行政管理机构，即人力资源和财务部、工程和设备部、国际办公室、学术事务部、科学研究部、数字系统中心、能源审核与电力管理服务部、性别公平办公室，就很好地担负起了 37000 多师生员工的大学行政管理和服务工作。

2. 大学组织的过度行政化导致官本位问题日益严重

2010 年 2 月 27 日，温家宝总理在与网友连线时指出[①]：教育行政化的倾向需要改变，最好大学不要设立行政级别。随后，大学的去行政化问题为大学内外广泛的热议。而正式出台的《国家中长期教育改革和发展规划纲要（2010—2020 年）》，干脆把征求意见稿“逐步取消实际存在的行政级别和行政化管理模式”直接改为“取消实际存在的行政级别和行政化管理模式”。由此可见，政府高层已经认识到尽快解决大学过度行政化的重要性。

大学为什么要去行政化？从学理上说，大学的人才培养和知识创造的组织属性和特征，使之具有与政府部门完全不同的运行规律和管理规则，大学的组织属性决定了大学是最不能行政化、官僚化的机构；从法理上说，行政化使大学失去独立自主办学治校的合法性，导致大学及其成员媚上、媚官、媚权、媚俗，大学失去风范、校长和学者失去风骨，甚而放弃大学的人才培养和知识追求、真理坚守的使命；而从大学内部管理说，行政化导致大学内部的行政职能部门自视为指挥和领导的角色，而他们的实际责任只是为师生的教学和科研提供更好的服务。

---

① 新京报社论：教改先要消除行政化管理倾向[EB/OL].（2010-03-01）. http://opinion.people.com.cn/GB/11043501.html.

当然,大学的行政化有外部行政化和内部行政化之别,对外部行政化大学似乎很无奈,因为根据美国学者 Pfeffer 等人提出的分析组织现象的资源依存理论,组织从外部环境中获得资源的方式会直接影响组织内部的权力关系和运行模式。大学是需要消耗相当资源才能维持生存发展的资源依赖性很强的组织,而我国大学的资源依赖对象主要是政府。用该理论分析大学组织的现象,大学对政府的高度依附性可以得到解释。问题是,对资源的政府依附性并不能成为大学放弃真理和使命坚守而趋炎附势、权力依附的理由。如果一所大学之书记、之校长凡大会、小会只会一味于强调省委书记、省长如何、如何说,凡工作重心就是举全校之力迎合于省委省政府领导的思维思路,那么大学之人才培养、科学研究的基本使命谁来承担?

把大学及其内部机构按行政级别划分为副部级、正厅级、副厅级、正处级、副处级等行政级别的三、六、九等,并按官僚体系的干部模式选拔校长、院长、系主任等学术单位的领导,本质上反映了我们在文化和价值观念上对学术、对大学、对人才的歧视。由此产生的问题,不仅于那些具有依附录用心态的大学领导人既难于也不敢于对大学对师生对学术负责,更严重的是导致大学以官为尊、以官为荣、以官为大、以官为求的官本位文化泛滥。长此以往,不仅不利于尊重知识、尊重人才之大学文化的形成,甚至于容易滋生卖官买官的大学腐败,更谈不上按大学规律办学治校的坚守。江西有所笔者熟悉的地方大学,2009 年在岗的处级干部就高达 399 人。此大学矣?还是官场也?官僚体制及官本位文化的泛滥,使大学已经“校不像校,学不安学”。

创建世界一流大学的国家战略目标提出已经十二个年头了,然而我们在《国家中长期教育改革和发展规划纲要(2010—2020 年)》中遗憾看到的是,到 2020 年“若干所大学达到或接近世界一流大学水平”的目标设计。在创建世界一流大学的问题上为什么如此谨慎?难道是我们不具有创建世界一流大学的经济资源实力?德国对大学的投入并不比我国多,但仍有 4 所大学名列以科学研究水平和杰出人才培养为评价标准的世界百强。当然世界一流大学不能一蹴而就,但在当今人财物信息高速流动的社会,世界一流大学的创建并非只是时间的函数。现在的问题是,我们能不能按温家宝总理说的“让教育家办教育”,尤其是让大学校长按大学的规律自主办学治校?世界一流大学的建设首先需要世界一流的教育家来担任校长。如果说“让教育家办教育”目前尚不是大学自己所能改变的现状,那么“按大学的规律自主办学治校”则是校长们自己完全可以坚持的选择,并不必等待政府过度行政化管理的消失。

大学作为一个人才培养和知识创造的教育和学术组织机构,其固然具有由智力劳动特点衍生出来的学术自由、大学自治的基本特性。但就大学内部而言,毕竟还是一个有其统一目标和管理运行规则的组织,否则大学组织就会是一盘散沙,其运行就会既无效率也无秩序。就大学与政府的关系而言,政府作为投资办学者对大学放任不管和无权管理也非道理。故此,大学的“去行政化”并非完全脱离政府行政监控也非放弃大学的内部管理。所谓“去行政化”,主要在于政府部门不能把大学纳入官僚体系并按下属行政职能部门那样进行管控。同时,大学内部也要根除官本位的积弊,真正建立和营造尊重知识、尊重人才的制度和文化环境。

办好大学首先要尊重知识、尊重学者,使他们在大学有崇高的地位,否则大学及其成员则无心学问、无心教学。大学及其教授、校长的社会地位是由其学术和社会声誉决定的,绝不是以其行政级别的高低来体现的。克服大学行政化倾向,必须以彻底消除大学的官本位取向为前提。

3. 大学学术机构设置的过度细化导致学科专业组织的琐碎化

我国大学在学术组织设计上严重走进追求小而全、多而杂的全学科建设的误区,缺乏有所选择有所放弃的智慧和学术规律的遵循。大学之教学科研机构的设置及学科专业的划分过细已是一个十分普遍的现象,其结果导致学科专业体系缺乏整体性以及知识体系的支离破碎。而管理上学院学系各自为政单位所有,导致包括教师在内的学术资源配置的极度不合理和效率低下。很多大学包括地方大学设有 20 多个学院已不足为奇,不少大学的学院名称设置既不按一级学科也不按二级学科命名,不伦不类极不规范。尽管当代科学正在向高度分化和综合化的方向发展,但即便是新兴学科总体上还是在学科综合化基础上的产物,多学科融合发展的时代已经不可阻挡地到来,并对以学科专业为依据建构学术组织的大学带来不能回避的影响。

欧美大学即便是历史悠久的著名大学,他们从不追求学科及学院的大而全,以此保证学科、学术资源的协调高效的利用和综合型、通才型人才的高素质培养。已有370多年历史且规模庞大有“哈佛帝国”之称的哈佛大学,其包括哈佛学院与拉德克利夫学院两所本科生学院在内,全校只设有13所学院,即文理学院、商业管理学院、肯尼迪政府学院、设计学院、教育学院、法学院、神学院、医学院、牙医学院、公共卫生学院及大学扩展部等。

麻省理工学院的教学单位设置更是简洁,其30多个学科专业全部分布在6个学院内,它们分别是建筑与设计学院、工程学院、人文社科与艺术学院、斯隆管理学院、理学院、惠特克健康科学与技术学院。德国的大学亦然,如柏林自由大学仅设有生物与化学与医药学院、教育学与心理学学院、地球科学学院、历史与文化学学院、数学与计算机科学学院、哲学与文学学院、物理学院、政治学与社会学学院、法律学院、兽医医学院,以及与洪堡大学合作的柏林夏瑞蒂医学院。而耶鲁大学整个工科就是一个工程系。香港中文大学所设文学、工商管理、教育、工程、医学、理学、社会科学、法律等八个学院,涵盖了63个学系近两万学生。

有人以《一个台湾人眼里的上海交大》为题,在网上批评上海交大的系所分得太细,作者说“当知识变得如此支离破碎的时候,你还指望能培养出有全局眼光的栋梁之材?当大学校园变得像个市场商场的时候,你还指望能熏陶出什么优雅之士?”[①]话说的虽然尖锐,但不失为忠言良药。其实,我们大学把学科划分得如此之细碎,甚至于一个学院几乎仅由一个专业所支撑,这对视野开阔、知识全面、适应社会的人才培养并无益处。

4. 大学组织决策体系的混杂导致大学决策的非民主和简单化问题严重

科学决策是一个多种方案博弈的过程,因此其需要遵循一定的决策程序和借用一定的决策工具以确保决策的理性。斯坦福大学周雪光教授基于对斯坦福大学规章制度演变的研究,提出有两种组织决策模型[②]:理性选择和循规行为。所谓理性,是指经济活动的个人或组织在

---

① 一个台湾人看上海交大[EB/OL]. http://wenku.baidu.com/view/3a494b3f5727a5e9856a6100.html.

② 北大社会学系.21世纪与中国社会学[M].北京:北京大学出版社,2004:264-278.

决策之前要经过仔细计算,力求一个于己或于组织最有利的结果即追求最大效用。理性选择模型虽然认为行为受到各种限制,但方向是循着最优化逻辑的。循规行为模型则按合乎情理的逻辑行事,其决策者并不追求选择的最大化,他们考虑最多的问题是,我应该采取的适当的行动方式是什么?

比较两种决策模型,其不同特点可归纳如下。其一,理性选择模型的决策特点是计算,决策者注重收集信息并比较与评价各个选择可能产生的结果;而循规行为则依据按部就班的常规,尽可能减少新选择的可能性。其二,理性选择模型的特点是预测行为,关注决策的具体情景;而循规行为模型则强调解读嵌于环境和历史之中的社会期待。其三,理性选择目的是在即时决策情景下的最优化努力;而循规行为常常以独立于特定决策情景的普遍原则为依据,即产生新行动的抉择取决于已有的规章制度,并注意全局稳定性与局部最大化之间的平衡。

笔者以为,科学决策应该是理性选择与循规行为的有机结合,亦即周雪光教授所指出的科学决策的过程是个人认识其所扮演的社会角色的过程,也是合乎情理的规章制度与具体决策情景相匹配的过程。大学组织及其决策事件的复杂性,决定了其既要强调决策程序的民主性,又要强调决策依据的准确性。然而,遗憾的是由于大学系统是一个容易滋生和激化内部矛盾的多决策权力体系混为一体的组织,换句话说大学其决策权力体系是一个有悖组织管理科学性的,而且责任关系不清的内耗式决策结构。在行政效率和民主管理的博弈中,以教授为代表的民主权力其话语权日渐式微,而行政权力尤其是一把手个人权力则日益膨胀甚至天马行空,以至于大学行政权力的滥用。

正如阿特巴赫所指出的那样:"行政控制削弱了传统上的教授的权力……教授们承认自己影响力的下降……这已成为高等学校中的一个普遍现象。"①在这种决策权力体系下,大学里"党政人员是管理者,教师是被管理者,一切工作和活动都要听从管理者的指挥和安排"②,"教学、科研人员成了执行行政权力意志的工具,丧失了独立自主发展

---

① 〔美〕菲利浦·阿特巴赫.大众高等教育的逻辑[J].蒋凯,等译.高等教育研究,1999(2).

② 董云川.论大学行政权力的泛化[J].高等教育研究,2000(2).

的可能性,教师的行为价值并不是取决于教育价值、学术价值和社会价值,而是取决于对行政权力的顺应程度”①。

这样一种大学的决策权力结构导致两个极端:其决策过程或“争论不休、议而不决”,或“独断专行、决而不议”。典型者如有些大学十几亿、几十亿贷款的新校区建设,既没有理性选择的论证和博弈,也不按包括民主讨论在内的制度程序出牌,完全是特定情境下的少数几个决策者甚至是一把手头脑发热的随心所欲。大学之所以存在与大学组织属性不符的非理性经济决策包括权力腐败现象,就是大学存在可以不对大学负责、不对师生负责、不对成本负责的,既不需要理性选择的科学方法,也不需要民主参与的科学程序,“决而不议”的简单决策之权力体系。

此外,我们的大学组织还存在诸如学术人才选聘机制的封闭性,缺乏开放的甚至面向世界开放的,保证学术人才整体优秀和人才活力的竞争机制,效率优先的人才激励机制和更新机制;导致学术平庸主义的内部资源配置的简单化和“大锅饭”模式的平均主义;以及缺乏主动适应社会变革、社会吸收的,自变革更新、自组织调适、自修正完善的与时俱进的更新发展能力,等等的不足。

朱清时院士曾经提出这样的疑问:我很奇怪,我们教育界的纠错机制为什么这么不灵敏,明摆着做错了,还不纠正。其实,一个组织体系纠正自身错误必须有两个前提:其一,知道错在何处?其二,有纠正错误的自觉和勇气。老子曰:人法地,地法天,天法道,道法自然。其核心是说任何事物有其存在和发展的规律,也必须遵循其存在和发展的规律。大学是有其独自规律的组织,没有如同敬畏自然敬畏生命一样的敬畏去认识并遵循大学的规律,我们就不可能有把握和坚守大学本质属性并按大学应有理性办学治校的自觉。

基于我国大学“行政权力主导化”的倾向极为严重,革除大学官场化之弊应为首要,而克服官本位提高管理效率的一个最有效措施就是精简管理职能机构。我国政府都实施大部制改革了,大学为什么就不能将一些党政机构职能相近者整合为一?此为其一。其二,依法治校。大学是让规则守护的地方,尽快建立健全大学章程和民主治校的理性

---

① 王泽长.我国大学组织权力结构的现状及未来发展的趋势[J].黑龙江高教研究,2004(8).

决策制度,根本杜绝权力尤其是个人权力的滥用。其三,整合教学科研单位,规范学院设置。大学的学术活动是根据学科进行划分和组织的,由此形成分裂的专业和相对松散的学术组织结构。由于学科和专业的高度分化,不仅削弱了组织作为一个整体在管理上的内在一致性,而且也弱化了大学组织的超强秩序结构。如果我们继续在这个基础上进一步分化学科专业使之结构范围小而又小,学校人财物资源的配置及其效率无疑要受到损害。其四,科学配置资源加强绩效管理,强调效率优先和有所为有所不为的资源配置原则,根本杜绝大锅饭不作为和资源效率低下的问题。其五,制定人才优先的竞聘录用机制和激励、更新机制,营造整体优秀的人才组织环境。

大学必须向理性的组织回归,向理性回归的大学必须除去自身组织的缺陷,以一个健康的完美的高效的大学自我要求,担负起历史和时代赋予的为中华民族崛起作出更大贡献的伟大而神圣的使命。

大学管理去行政化与南方科技大学办学困境析

本文旨在思考并讨论以下问题:大学管理为什么要去行政化?南方科技大学之困境源于何因?大学管理如何去行政化?

一、大学管理的行政化问题

高等教育大众化之后,高等教育的质量问题亦即大学的人才培养和科学研究的质量必然就会广为社会关注,世界各国均如此,中国也概莫能外,更何况我们大学规模的迅猛膨胀是在办学条件准备很不充分的情况下发生的,加之严重的急功近利和绩效主义的干扰,最为社会期待的大学已成广被社会诟病的组织。在种种批评和来自大学内部的诸多改革尝试未见成效后,人们把大学不尽如人意的症结归于大学管理的行政化,于是大学管理的去行政化便成为社会热议的话题。

笔者在撰写本文时通过百度搜索平台输入关键词“大学去行政化”检索,竟然出现高达 219 万条结果。官方对“大学去行政化”亦表示认同。2010 年 6 月出台的《国家中长期人才发展规划纲要(2010—2020 年)》明确提出,要“分类推进事业单位人事制度改革,逐步建立起权责清晰、分类科学、机制灵活、监管有力的事业单位人事管理制度。克服人才管理中存在的行政化、‘官本位’倾向,取消科研院所、学校、医院等事业单位实际存在的行政级别和行政化管理模式”。随后颁布的《国家中长期教育改革和发展规划纲要(2010—2020 年)》亦强调,要“探索建立符合学校特点的管理制度和配套政策,逐步取消实际存在的行政级别和行政化管理模式”。政府和社会各界在大学管理去行政化的问题上似乎已达成共识,由此见大学管理的去行政化问题并非无关紧要。

大学管理去行政化问题已有诸多的讨论无须赘论,但如下概念和立场必须确定。

其一,行政管理与管理行政化非同一个概念,对国家或社会组织而言,前者是根据法规制度及运用法定权力对社会事务或组织运行进行管理的活动;而后者则是行政权力和行政管理的滥用,为一种过度依赖行政等级权威并强调行政纪律秩序而无视被管理对象积极性、创造性的毫无权变灵活性的泛行政管理。

其二,尽管大学的学术属性决定其为一个需要学术自由和组织自治的完全不同于政府及其他的特殊机构,但大学作为极其复杂的社会组织,其无法脱离有效的行政管理包括来自政府部门的宏观管理。缺乏必要的行政管理,大学的统一性及其目标、秩序和效率则无法保证。因此,大学虽不是也不能是纯粹意义上的科层组织,但其依旧是一个需要行政管理的社会组织。

然而,大学其教育和学术组织的内在规定性决定了它必须在不受外界任何干扰,尤其是在不受权力和金钱干扰的环境下生产知识和追求、探索和传播真理。同时,大学是一群富有思想、富有探索精神的学者和学人高度集中的学术共同体,他们在思维方式、人格精神等方面具有强烈的独立性。大学的上述组织属性及其成员智力劳动的独立性、创造性、自主性等特征赋予了大学办学治校根本不同于政府及企业等其他组织特有的运行规律,因此过度刻板、僵硬、冷冰冰的,尤其以控制为目的的官僚体系性征的行政化管理,对大学组织的自由发展空间无疑是个极大的挤压,由此必将导致学术自由空气和学术活力生机的窒息,无论这种行政化管理来自政府部门还是大学组织内部。所以,大学又是与行政化管理不能相容的组织。

因此,大学管理去行政化的由来,一方面确实存在政府把大学纳入官僚体系视大学为一类行政机构,而忽视甚至无视大学作为教育和学术组织的特殊性及其规律性,对大学实施了过多过度过滥的行政控制问题,不仅大包大揽了诸如教育资源配置及本属大学自己的诸多学科专业发展等事务的决定权限,甚至包括高等教育法已经赋予大学的办学自主权力,而且把大学组织及其领导者管理者通通冠以行政级别,以淡化其教育和学术属性而强化其官僚意志以利于驾驭和控制。

来自政府层面的行政化问题之所以严重,就在于政府的思维定势把自己视为大学全额投资人,而忘记了政府只是在履行将纳税人的钱财按国家法定程序通过科学合理的统一配置给大学并加以监管的职能,以便让大学更好地为纳税人及其赖以生存的国家发展服务;关键在于大学组织有其自身发展和办学治校的规律,逾越了其规律的泛行政管理对大学更好地发挥其高质量人才培养及科学研究以服务国家社会的作用的制约是不可回避的。正是此因《国家中长期教育改革和发展规划纲要(2010—2020年)》提出要积极推进政校分开、管办分离,并逐步取消实际存在的行政级别和行政化管理模式。

另一方面,大学自身内部也存在行政权力和行政管理的滥用。行政权力过大不仅导致学术话语权的衰微,而且官本位及学术和教学地位边沿化问题亦会日益严重,继而庸俗化社会风气乘虚而入。事实上,有些大学其拜官主义、浮躁虚华、急功近利、贪图享乐等不良风习已经渐成气候,不仅严重侵蚀了大学应有的崇真、向学、育人、社会担当的文化氛围,而且已经使一些大学校不像校、学不像学。在超强的行政权力与衰微的学术权力的博弈中,尤其是缺乏制约的大学行政权力已经蜕变为一把手的行政权力,其通过内部资源配置和干部任命等手段,几乎完全操控了大学的价值走向,大学的学术传统日渐消衰,学术失去了应有的超脱、独立和自尊,而崇官、玩物、享乐等非学府文化却日渐膨胀。

笔者多次提及的一所地处中部不发达地区且背负十多亿债务的地方大学,其时任党委书记兼校长之主要领导热衷于把校园修建成让来访官员和“文人雅士”参观游览后发“退休后就想居此养老”之感慨的“小桥流水、鹅鸭成群、鹿欢小岗、松鼠嬉戏、琴绕馆堂”皇家后院似的国内“最美校园”。为迎合该领导以博宠爱,常有家住校外的中层干部故意在该领导出入的时段跑到校园的池塘边兴致勃勃地观赏群鹅戏水的场面,以示与该领导“志同道合”。大学坠落至此,学术和学者在该校还有什么尊严?对大学的敬畏之心就更不要奢谈!大学失去了学府的风范庄重,大学的成员失去了学者的风骨自尊,这就是大学内部过度行政化的恶果!

作为一个组织之统一性和个体之多样性需要高度融合的机构，必要的行政管理是保持知识分子云集的大学有效率办学治校不可或缺的选择。目前大学面临的最大问题是，这个自以为担负崇高知识使命的组织正面临着一个无法解脱的悖论，一方面要强调学术自由、大学自治，一方面又要保证大学组织必要的效率。实际上，行政权力和学术权力体系的矛盾也就在于一个以效率为由强调控制，一个则以大学的属性规律为由强调学术民主和自由。两者各持其理也各有道理，所以大学成为诉求最多且彼此对立的一个最难管理的组织，但正是大学的最难管理又使其成为最需要管理的组织。这两种权力同时存在于大学这一特殊组织中，但至今我们还没有找到很好的办法来处理它们的关系。

二、南方科技大学办学困境析

深圳南方科技大学的办学困境与大学去行政化究竟有否关系？可以这样说，朱清时校长寄南方科大的成功及自己办学理想的实现之希望于大学管理去行政化，然而事与愿违，南方科大遭遇办学滑铁卢原因恰恰也是大学管理去行政化。如果理性思考和分析之，与其说南方科大举步维艰的处境是教育部对大学高度行政化控制的结果，不如说是南方科大把自己带进了难于自拔的大学去行政化陷阱。何以得此结论？

其一，南方科大的目标和角色定位问题。大学的定位是大学的长远发展目标和奋斗方向所在，管理始于其目标设计。科学的定位不仅是大学发展的宏伟蓝图更是大学运行必要的理性指导，对一所新创建的大学尤其不可或缺，其对大学学科专业的设置、组织框架的构建、人员队伍的建设、文化和制度的营造等无不发生根本性的影响。深圳市政府为南方科大确定目标定位："参照香港科大建校的模式，一步到位地建成一所高水平的研究型大学。"①作为南方科大的举办者、投资者及管理者，深圳市政府为这所新建大学预设一个目标定位无疑属于典

① 南方科大校长朱清时致考生及家长的一封信[EB/OL]. http://edu.sina.com.cn/gaokao/2010-12-17/0907279064.shtml.

型的行政化管理但无可厚非，朱清时校长对此不仅认可称“这个目标定位既是深圳市进一步发展的需要，也是我国高教改革和回答钱学森之问的必要探索，更是香港科大和许多国际一流大学的成功经验。它受到国内外教育界的高度认同，也受到全体深圳人民的热烈企盼”[①]，而且将其提升为“南科大将一步到位地建成一所亚洲一流的研究型大学”[②]。由于至今南方科大还未建立起该校真正意义上的教师团队，故可以推论后者完全不是“教授治校”做出的定位选择。

认真推敲之至少生出如下疑问：任何大学无论其基础如何都可以做出诸如“高水平研究型大学”甚至“一流研究型大学”的目标定位，即便力不能逮那也是举办者的期望和办学者自己的权力。但就南方科大而言，其定位加了一个与时间或速度相关的定语“一步到位地建成”，这就使得南方科大与众不同。此外我们还注意到，朱清时先生从接过校长聘书之刻就高调把南方科大的角色定位为“我国高等教育的改革者探路者”、“我国教育综合改革的试验田”、“国内高等教育改革的风向标”[③]，而非简单地办学校，“希望再过十年二十年，中国的教育已经在走南科大的路了，我们成了先行者”[④]。该校的招生广告干脆用朱清时校长致南方科大考生、家长的一封题为“南科大迈出的一小步，将是我国高教改革的一大步”的信代之。

“一步到位地建成亚洲一流研究型大学”的目标定位和事关中国高等教育改革成败的改革者探路者的角色期待，是否高估了南方科大的价值和意义？如果亚洲一流研究型大学的目标可以一步到位地建成，中国高等教育改革开放 30 多年的成绩该怎样看待？北大、清华包括中国科大等一批国内研究型大学存在的价值是否大可质疑？笔者以为，目前大学的问题并不是要不要定位而是有没有科学定位的问题。没有科学的办学定位比没有办学定位危害性更大，后者是顺其自然充

---

① 南方科大校长朱清时致考生及家长的一封信[EB/OL]. http://edu. sina. com. cn/gaokao/2010-12-17/0907279064. shtml.

② 南方科技大学：培养创新人才和高教改革的试验田[EB/OL]. http://www. sustc. edu. cn/about/sustc/presidentsmessage/.

③ 南方科大校长朱清时致考生及家长的一封信[EB/OL]. http://edu. sina. com. cn/gaokao/2010-12-17/0907279064. shtml.

④ 朱清时：期待舆论“拯救”南科大[EB/OL].(2011-08-14). http://news. sciencenet. cn/htmlnews/2011/8/250836. shtm.

其量盲目发展，而前者则导致大学步入错误的发展方向。

何谓大学的科学定位？即大学在依据自己办学的历史和现实条件、所处社会的发展需要以及高校自己的理想追求的前提下，研究确定的既符合本校现实条件又遵循大学办学规律的发展方向和长远目标。大学的定位理想既要以满足社会发展的需要为依据，更要以大学已有的办学条件和大学自身的发展规律为基础。当然在当今人财物资源高速流动、竞争与合作高度融合的国际社会一体化日趋成熟的时代，大学不再是时间变量唯一的函数，完全可以像香港科大一样通过加大国际杰出人才的竞争力度等以加快大学的发展速度。然而不能忘记的是，大学依旧是文化历史积淀的产物。因此，大学的发展不仅需要办学者高昂的办学激情、高远的办学理想，还要有按大学规律治校的办学理性、办学逻辑。其实，香港科大是一大群杰出的国际学者历经 4 年组织化制度化艰苦卓绝的筹建后才开始招生，再历经 10 多年不懈努力才得以瞩目于世的，而绝非是靠机遇、激情写就的华丽急就章。

必须指出的是：决定南方科大发展起始的目标定位和角色定位本身，其实就是大学管理行政化倾向在南方科大的一种典型反映，其把南方科大逼入了难以自拔的办学困境。

其二，南方科大的办学理念问题。大学理念是人们对大学本体的基本看法，是渗透人们对大学的价值取向和价值要求的关于"大学应然"的理性认识，其意义在于认识大学价值的基础上坚守大学的价值。笔者认为，大学理念对大学校长的办学治校而言具有两个基本的作用：使校长个体的行为具有自觉性和目的性；在此基础上，使大学整体的行为具有自觉性和目的性。[①] 大学理念的形成不仅对办学治校者的价值选择和思维定势产生直接影响，而且会贯穿其办学治校的全过程。对于一个强势的大学校长而言，大学校长办学理念往往决定大学的成与败。

有人认为南方科大的困境源于至今没有一个明确的办学治校理念，因此很难看到这所雄心勃勃的大学在相关办学治校理念引领下产生递进式的进步和变化。其实，"大学去行政化、去官化"是朱清时先生受任校长起坚守至今且个性鲜明的办学理念，其主要表现在：针对政

① 眭依凡. 大学理念建构及其现实问题思考[J]. 中国高教研究，2011(6).

府部门的“自主招生、自授文凭”的大学权力诉求，针对大学内部管理的“教授治校”的学术权力诉求。遗憾的是，朱清时校长最为倚重的来自香港科大的筹建团队核心成员李晓原等三名教授对此办学理念却持完全不同的意见，他们不留情面尖锐地指出：“高校去行政化”不能沦为哗众取宠的口号，“自主招生，自授文凭”绝不是高教改革核心。[①] 对朱清时校长的“教授治校”理念，他们发出了“为什么朱清时校长把南科大的筹建完全变成了展现其个人喜好的私塾？为什么朱清时校长高喊去行政化口号而实际上却在所有的重大决定上唯个人意志定夺？为什么朱清时校长不建立完善的招聘解聘的程序和规章制度？”[②]等等拷问。之后，他们相继退出南方科大。不知这些逆耳忠言是否会引起朱清时校长冷静的思考，否则他就无法用去大学行政化的理念之矛去刺穿自己新筑起的大学行政化之盾。

朱清时校长最为期待的去政府大学管理行政化的改革就是赋予大学“自主招生，自授文凭”的自主权，南方科大迫不及待地自行招收45名未经高考的学生并声称对这些学生负责授发南方科大文凭，恐怕这是南方科大与教育部大胆博弈迈出的充满风险的“一大步”，由此见朱清时校长去大学行政化的改革决心。但他可能未必想到此举挑战的并不只是代表国家管理高等教育的教育部，其“触犯”的是国家有关大学办学、招生、授发文凭学位的高等教育法规，这使南方科大面对的政府去大学管理行政化的诉求对象发生了根本性的转变。

据《中华人民共和国高等教育法》第二十五条：设立高等学校，应当具备教育法规定的基本条件。大学或者独立设置的学院还应当具有较强的教学、科学研究力量，较高的教学、科学研究水平和相应规模，能够实施本科及本科以上教育。设立高等学校的具体标准由国务院制定。第十九条：高级中等教育毕业或者具有同等学力的，经考试合格，由实施相应学历教育的高等学校录取，取得专科生或者本科生入学资格。第二十九条：设立高等学校由国务院教育行政部门审批。

---

① 李晓原，等. 要改革，不要口号：南科大筹建团队核心人员为何退出与朱清时的合作[EB/OL]. (2011-06-17). http://www.infzm.com/content/60464.

② 同上注.

且不谈南方科大是否已经具备了高教法规定的实施本科及研究生教育的学科、师资及科研等条件，但从法定程序来看南方科大于2010年10月才获得教育部筹备建设的正式批复，这意味着南方科大在自主招生时还根本不具有自主招生的合法性。

此外，根据朱清时校长为实施个性化教学以解决杰出人才培养问题，南方科大仅招收高中二年级的学生包括天才儿童。个别学生可以套用同等学力作依据，可是一锅端地仅招收中等教育未毕业者则有悖于高等教育法第十九条的规定。南方科大在校方官网“南方科大招生常见问题解答”作出的解释是“为我国培养创新人才，同时可避免高三一年纯粹的考试训练对高素质、原生态学生创新能力和学习兴趣的扼杀”①，这实在是为自己把杰出人才培养的希望寄托于招收天才学生，而不去致力解决大学人才培养本身存在的问题寻找托词。朱清时校长在中科大任上形成了对天才少年偏爱的情结，他认为现行的高考招生体制“其弊病在于一刀切，切掉了怪才、偏才、奇才”②，南方科大的招生改革其实是在探索一种弥补体制缺陷的办法。当然，这种教育思维并非南方科大的独有，诸多大学包括不少重点研究型大学也是出于此因，把人才培养质量不高尤其是培养不出拔尖创新人才的责任转嫁于生源质量及缺乏自主招生的权力，而不肯在决定人才培养优劣的教育教学改革上下力。

据2004年修改通过的《中华人民共和国学位条例》第八条：“学士学位，由国务院授权的高等学校授予；硕士学位、博士学位，由国务院授权的高等学校和科学研究机构授予。授予学位的高等学校和科学研究机构(以下简称学位授予单位)及其可以授予学位的学科名单，由国务院学位委员会提出，经国务院批准公布。”根据上述法律，经教育部审批立校及国务院授权学位授予的大学自然就有了“自主招生”尤其是“自授文凭”的权力，所不同的只是大学的自主招生并不是自己的随心所欲，录取的学生必须是那些参加高考并达到国家规定的分数线的考生。

---

① 南方科大招生常见问题解答[EB/OL]. http://www.sustc.edu.cn/zhaosheng3.asp.

② 覃正获聘南科大副校长 另一人选待定[EB/OL].(2011-07-18). http://news.sciencenet.cn/htmlnews/2011/7/249656-2.shtm.

如果整个社会都置国家有关法律法规而不遵守,那我国高等教育的状况将不堪设想。所以换个角度来看,“自主招生和自授文凭”至少有伪命题之嫌不足于成为大学去行政化的办学治校理念。当然国家法律法规也有时迁治变的必要,但其至高无上的权威性和尊严,只能通过法定程序改变而绝不能顺便逾越。南方科大“自主招生、自授文凭”之办学治校理念有悖于高等教育法律法规。

其三,南方科大的办学治校问题。“自主招生、自授文凭”的去行政化改革使南方科大的办学合法性受到质疑,为从这一困境中尽快解套以搏出位,朱清时校长选择了“高调改革”、“媒体介入”的策略以图借舆论力量以促成南方科大的改革。为此,他频频出席公开活动和接受新闻媒体采访,并称之所以这样做是因为“南科大的改革是一项新东西,我想让社会知道我们在做什么,所做的东西值得做”①,“南科大的问题现在已经国际化了,很受关注”②。甚至于中国新闻网在2011年8月13日专访他后发出了“朱清时:期待舆论‘拯救’南科大”③的呼吁。朱清时校长把南方科大的改革希望寄托在舆论上,其结果不仅把自己和南方科大推到了中国高等教育改革的风口浪尖上,而且也充分暴露了南方科大办学治校浮躁不实的问题,这无疑是南方科大的悲哀所在。

事实上,在朱清时校长一直忙碌于舆论聚光灯下、不停接受采访大谈自己的办学治校理念和南方科大改革的意义过程中,我们发现这所新生大学似乎只有朱清时校长一人在拳打脚踢,人们看不到南方科大志同道合的团队力量。在南方科大网页只看到一个包括朱清时校长本人在内的四人“管理团队”,而无稳定的教师队伍情况。据内部爆料,“临时拼凑的寥寥数个教学人员主要由两类人组成,一类是已身兼多职且主职在其他院校年过七十的院士,另一类是早已从科研一线退休的其他院校的教员”。④

---

① 朱清时:期待舆论“拯救”南科大[EB/OL].(2011-08-14).http://news.sciencenet.cn/htmlnews/2011/8/250836.shtm.

② 同上注.

③ 同上注.

④ 南方周末:南科大筹建团队核心成员为何退出[EB/OL].(2011-06-17).http://news.sciencenet.cn/htmlnews/2011/6/248554.shtm.

据香港科大原学术副校长孔宪铎先生在《东西象牙塔》一书回忆,香港科大在开学之初就延聘了一二百各行各业的来自26个国家包括 Wolf Prize 得主、两位美国国家科学院院士、4位美国国家工程院院士、2位加拿大院士、6位台湾“中央研究院”院士和2位中国科学院院士在内的学术精英,其中70%以上的人获得美国博士学位,其余来自加拿大、英国以及澳大利亚。[①] 这样的教师队伍可以用四个字形容:人才济济。

他还介绍说,“科大的人才,多是三顾茅庐来的,不是靠广告来的”[②]。在香港大学创校之初礼聘的60位正教授中,没有留下来的只有3位。[③] 办大学尤其一所新成立的研究型大学首要的工作是选聘人才并设法将他们留下来。朱清时校长领导能力即便很强,但仅凭一人之力可以独创一所亚洲一流的研究型大学?更何况要一步到位地建成之。不重视并加快教师和管理团队建设并注重发挥团队成员的作用,这是南方科大办学治校致命伤之一。

大学以实施专业教育为基本职能,因此其依据学科专业及其发展为其内在逻辑设计和安排组织结构,换句话说没有必要的学科专业结构大学就不成其为大学。为此,高教法也规定大学“必须设有三个以上国家规定的学科门类为主要学科”。遗憾的是南方科大除已设3个相当空泛的“理学部”“工学部”和“通识教育部”外,至已经招生时尚无明确的学科专业设置,或许这也是朱清时校长到位两年还没有建构一支基本稳定的教师队伍的原因。因为,人力资源的开发利用必须服从于组织目标及其结构的需要,这是组织管理的一个基本原则。这是南方科大办学治校的致命伤之二。

由于大学是对高深学问进行选择、保存、传递、批判和创新的学术组织,其活动复杂性、结构复杂性、成员复杂性,以及权力构成复杂、社会环境复杂、社会职能复杂等高度复杂性,决定了大学是最需要通过遵循其自身发展运行规律的建章立制管理学校,以处理和平衡好大学内部同时存在的行政权力和学术权力两者间的关系以防止行政化。对

---

① 孔宪铎.东西象牙塔[M].北京:北京大学出版社,2004:152.

② 同上注,2004:165.

③ 同上注,2004:170.

此,朱清时校长亦有十分清晰的意识,他曾宣布:"建设南方科大的核心工作是引进人才和建立规章制度","我们将探索'去行政化'的、以追求学术卓越为主的管理模式,把学校真正建成培养创新人才的摇篮",①"为了实现南科大的目标和定位,也为了回归大学应有的办学自主权,尝试建立现代大学制度"②。非常遗憾的是,我们看到朱清时校长理想中的"管理模式"和"现代大学制度"至少在2011年7月《南方科技大学管理暂行办法》出台前,还只是不甚清晰的概念而非可视可循的制度文本。

当然制度建设是一个逐渐完善的过程不能一蹴而就,但南方科大的问题在于这所已经命名五年半、获得教育部筹备建设批复一年、校长上任两年有余的大学,直至在招生后都未形成一个基本的办学治校规范。香港科大首任校长吴家玮总结自己创校经验称:"对任何单位来说,还是得先制定出一套规章制度,可以进行有效的约束。在政府很紧的规章里面,先把能自主的做到最好。"③孔宪铎先生把香港科大的成功概括为:"就是在这样一个有完整制度,有杰出领导,有精英人才和宽裕钱财之下建设出来的一所位于亚洲的美洲大学。"④因此可见,香港科大的成功在很大程度上是制度的成功。

坚信"高教改革机遇比计划更重要"的朱清时校长说香港科大的办学模式不可拷贝,当然香港的制度环境和雄厚的财力支持我们难得其要,但香港科大把治校规则建立放在首位的态度和方法以及其制度成功的教育何以不能学习?否则,你凭什么说以香港科大的模式建一步到位的高水平研究型大学?更何况现代意义的大学本来就是西方成熟制度的产物。不注重制度建设先行,这是南方科大办学治校的致命伤之三。

此外,作为一所地处思想观念开放、经济实力雄厚加上深圳政府高度重视和倾力支持的大学,南方科大本可以不必操之过急,在连培养目标、课程体系和培养大纲都还未成型,教师队伍还不落实等准备工作极

---

① 校长寄语:南方科技大学培养创新人才和高教改革的试验田[EB/OL]. http://www.sustc.edu.cn/about.asp.

② 朱清时校长致报考南方科大考生、家长的一封信[EB/OL]. http://www.sustc.edu.cn/zhaosheng.asp.

③ 香港科大创校校长吴家玮谈大学筹建:惟"一步一步去做"[EB/OL].(2011-06-11). http://news.sciencenet.cn/htmlnews/2011/6/248298.shtm.

④ 孔宪铎.东西象牙塔[M].北京:北京大学出版社,2004:152.

不充分的情况下急于开班招生。其实,南方科大的这一极不慎重不仅把自己引入困境,而且暴露了自己急功近利的浮躁问题。相较而言,香港科大选择的却是宁静致远的办学策略。1986 年初香港科大成立了其成员包括海内外学术界、政界、工商界领袖及社会贤达在内的建校筹备委员会,并计划用 8 年时间来建成一所实力雄厚的新大学。其创校校长吴家玮先生总结说,香港科大是一个"一步一步去做"的结果。他回忆香港科大筹建时期,靠着智囊团队及筹建团队,设计科学详尽的办学方案,包括起草规章制度、进行院系设置和课程规划。在人才选聘的问题上下力尤多,"有学问有成就的教授,香港科技大学都去找过了,如果没找到你就是你还不够资格"①。这样的准备工作做了 4 年之后,香港科大才开始招第一批几百名学生。

朱清时校长对此则持不同的观点:"办大学一定要门类齐全、老师齐全了才招生,这是种误解",因为南方科大"有一个很重要的使命:为中国的教改探路。不是按部就班地办个学校,而是看见机会来了、时机成熟了,就马上办教改实验班"②。但笔者以为即便朱清时校长如其所说,"只需要请到好老师,招到好学生就行","用中科大的经验,用深圳的财力,聘用最好的老师"③,对一个 45 名学生的教改班并不难。但需要质疑的是,即便南方科大凭借举深圳全市之力把这 40 多个具有天赋的学生培养成了杰出人才,又有什么意义?它能成为中国高等教育改革尤其是去行政化可为普及推广的成功经验?

"南科大既没有管理团队也没有学科框架,既没有学术团队也没有学生教育培养大纲方案,既没有清晰学校定位也没有清晰发展路径图,既没有内部管理规章制度与问责机制也没有外部监管问责法规,也就完全无从谈起建设一个现代研究型大学所必需的教授质量、教育质量和管理质量的具体问题。但沉浸在偷换概念的口号喧嚣之中,完全远离了办一个现代研究型大学的正途,实在于南科大筹建无助,于深圳

---

① 香港科大创校校长吴家玮谈大学筹建:惟"一步一步去做"[EB/OL].(2011-06-11).http://news.sciencenet.cn/htmlnews/2011/6/248298.shtm.

② 朱清时:期待舆论"拯救"南科大[EB/OL].(2011-08-14).http://news.sciencenet.cn/htmlnews/2011/8/250836.shtm.

③ 朱清时:历史大变革的时候,机遇最重要[EB/OL].(2011-07-11).http://www.infzm.com/content/61115.

建南科大初衷不符,于国家高教改革无益!"[①]李晓原等3位香港科大教授的批评确实尖锐,如果朱清时校长以中国高等教育改革成败为大局,真的应该用一种包容大度的胸怀倾听如此振聋发聩的逆耳忠言。试想一个从管理团队到学科框架、教师团队、内部管理制度、人才培养机制、教学大纲等均还未成型的大学,凭什么敢说一步到位地建成亚洲一流研究型大学?更不能奢谈为中国高等教育改革探路了。

在我的心目中,朱清时校长是我国最富改造中国高等教育现状理想和改革勇气改革意识的大学校长,在担任中科大校长期间,他原生态对待大学教学评估,在其他大学负巨债兴建新校区时中科大坚守教学科研的本分,2000年以来坚持人才培养质量而决不盲目跟扩招之风等等独立特性的办学治校,使得中科大和他本人都受到了高教界的尊重。然而在南科大的办学治校中,他未致力于这所新建大学奠基性的工作,尤其是对自己治下的行政化毫无意识,过度热衷于对政府层面的"大学去行政化"的诉求,由此注定了南科大遭遇困境的命运。此时,朱清时校长需要冷静和大度,如果不从自身找到问题的所在,自己的办学理想很可能会中途夭折。

三、大学管理如何去行政化?

大学从来就是创新型人才培养的最重要基地,而一流大学尤其肩负着培养拔尖创新型人才的重任。大学若培养不出杰出人才,这不仅仅是大学之伤更是国家之痛。大学不发展大学不强盛,一个国家的科技就会落后,以致在全球竞争中落败的命运就难以避免。为此,当前大学改革最紧迫者无过于影响高教质量提高和拔尖创新型人才培养的体制性障碍,亦即大学的行政化、官僚化、依附性等由体制性因素导致的高教改革无法回避的问题。如同教育部袁贵仁部长在回应记者提问时所说:行政化管理倾向有两个方面,一条是政府对学校管理的行政化倾向,另外一条是学校内部管理的行政化倾向。大学管理的去行政化也

---

① 要改革不要口号:南科大筹建团队核心人员为何退出与朱清时的合作[EB/OL].(2011-06-17).http://www.infzm.com/content/60464.

需从政府管理和大学内部管理两个层面寻找出路,其改革的目的必须有利于建立按大学发展规律办学、人才成长规律教学、科学管理规律治校的大学行政管理体系。

就政府层面的大学管理去行政化而言:其一,通过立法加快推进《国家中长期教育改革和发展规划纲要(2010—2020年)》提出的“政校分开、管办分离”和“依法办学、自主管理、民主监督、社会参与”的现代大学制度的建设,以明确政府管理的权限、职责和大学办学的权利、责任,构建和完善政府与大学的科学行政关系,依法保障、落实大学必需的办学自主权。同时,通过立法强化大学的国家意识和对国家负责的使命意识,以及规范大学依法有序办学治校。

其二,政府部门必须尽快取消大学的行政级别,彻底解决把大学纳入官僚体系按下属行政职能部门进行管控的问题。赋予大学必要的独立性,既是人才培养和知识创造之组织属性以及大学与政府部门完全不同的运行规律所使然,也是大学根本防止唯官唯上唯权失去大学应有风范的必须。习近平总书记在党的群众路线教育实践活动工作会议上把“官僚主义”列入我党必须杜绝的“四风问题”之一,根本克服官僚主义则有必要从官僚体系的源头上有所革新。

其三,改革政府对大学的拨款体制,进一步规范拨款程序方式并使其过程和结果具有透明性,以及建立完善大学的审计问责制度。拨款不仅是政府对大学的财政支持手段,同时也是强有力的有效引导和调控大学的手段。尽管大学自治是大学必须的权力,但由于公立大学的经费主要来自政府拨款,因此必要的审计问责是防范大学滥用政府拨款和纳税人的钱,确保大学活动合法性规范性的有效途径。马丁·特罗认为,审计问责具有如下的作用:第一,审计问责是对大学权力独断和权力腐败的制约,在一定程度上能限制欺骗、造假等不法行为的发生;第二,审计问责迫使大学通过对自己运行过程批判性的检查和主动征求外界批评性的评论,从而有利维护甚至提高大学绩效的质量;第三,通过各种必要的报告以及来自大学内外的批评,审计问责可以作为一种调整大学满足社会需要的策略。[①] 审计问责是一种来自外部对大

① 〔美〕William G. Bowen. Universities and Their Leadership[M]. Princeton:Princeton University Press, 1998:16.

学行为有效影响和监控的力量。笔者在加州大学伯克利分校访学研究期间发现,加州政府对隶属州政府的公立大学的审计问责十分严格,甚至细致到对大学给员工发放工资的控制。

其四,建立选聘教育家校长的机制。笔者以为关于一流大学建设,我们现在最为紧迫的问题是:能不能按温家宝总理说的"让教育家办教育",尤其是让大学教育家按大学的规律自主办学治校。让教育家办教育,让教育家按大学的规律自主办学治校,其实质也是政府去行政化管理大学的重要责任。哈佛为什么注重自己世界领袖的地位?不仅因为"先有哈佛(1636年),后有美利坚合众国(1776年)"的历史事实,而且在哈佛人看来"如果哈佛不能引领这个国家,那么美国怎么又能强大?"①由此又有了这样的推论,"如果哈佛的校长不能引领这个国家的话,那么哈佛又怎能引领这个国家呢?"正是出于这样的考虑,哈佛人认为哈佛最大的财富在于它成功地挑选历届的校长,而且"在它历史的重要时刻,哈佛总能设法挑选到一位义无反顾地带领哈佛继续创新,走向辉煌的领袖"②。他们认为,历任哈佛校长都胜过任何一个美国的成功人士。由此可见大学校长尤其是研究型大学校长的重要性。

哈佛大学教授黄万盛说:政府办大学是人类文明的体现,是人文发展的结果。然而,政府办大学需要特别警惕政府对大学的干预。以为既然是政府出钱办大学,政府就可以干预大学的教学和行政,这是非常危险的心态,它会损坏大学的学术和品质,即使是善意的干预,也同样是对大学的学术独立和教学自治缺乏必要的尊重。③大学需要来自政府的管理,但什么能管什么不该管这是政府去大学管理过度行政化中必须认真解决的问题。

就大学内部管理的去行政化而言:其一,最重要者就是通过大学章程建设,理顺大学党委、校长、教代会、学术委员会等多决策体系无序博弈、相互干扰的矛盾关系,健全议事规则与决策程序,通过依照章程规定管理学校,处理好强调决策和管理效率的行政权力与强调决策和管理民主性的学术权力之间的关系,充分发挥学术权力在学术事务决策

---

① 〔美〕理查德·布瑞德利.哈佛规则:捍卫大学之魂[M].北京:北京大学出版社,2009:12.

② 同上注,2009:10.

③ 黄万盛.十字路口的中国大学[J].校长,2009(12).

以及教授在教学、学术研究和学校管理中的重要作用，以注重决策和管理的效率与效果的平衡。大学的去行政化管理和加强大学的管理并不是对立的矛盾，关键在于理顺和改善行政权力和学术权力共同管理的关系，使大学能够按其自身规律科学有效地办学治校。当前需要建立大学不同于政府部门的吻合大学属性特征的行政管理体系，其强调的不是控制而是服务，必须有利于大学按自身发展的规律办学、按人才成长的规律教学和按科学管理的规律治校。

其二，要根除大学官本位的积弊，真正建立和营造尊重知识、尊重人才、学术自由的制度和文化环境。当前大学要根本克服和杜绝媚上、媚俗、媚官，而忽视师生、忽视大学的教学和知识、忽视真理追求之使命的庸俗化现象。办好大学首先要尊重知识、尊重学者，使他们在大学有崇高的地位，而大学内部的行政职能部门并非指挥和领导管理的角色，他们的唯一责任就是为师生的教学和科研提供更好的服务。大学、大学教授、大学校长的社会地位绝不是以其行政级别的高低来体现的，具有依附录用心态的大学及其学院、学系等学术领导者往往既难于也不敢于对大学负责，故也不能期待他们真正按大学的自身规律办学治校。

总之，我们必须通过必要的“去管理行政化”理性地捍卫大学，引导并要求大学找回自己淡忘甚至丢失的大学精神和文化灵魂，回归其教育和学术组织的基本属性。大学只有按大学自己的规律办学治校，大学才成其为大学，才能更好地担负起建设高等教育强国、实现中华民族伟大复兴和中国强国梦的历史使命。

论教授"治校"及其制度建设

《国家中长期教育改革和发展规划纲要(2010—2020年)》提出:完善中国特色现代大学制度,有必要"探索教授治学的有效途径,充分发挥教授在教学、学术研究和学校管理中的作用"。校长治校与教授"治校"是构建现代大学制度的关键基石,依靠教授"治校"是大学校长治校的必然选择,就像校长必须依靠教授办学一样不可或缺。但教授的"治校"并非意味着替代校长治校,如果这种替代是可以成立的话,从中世纪大学产生起校长这一专门的大学管理层次就不可能也无必要出现。而事实是,虽经数百近千年的历史更替,大学校长依然以其治校者的角色存留下来,并且其作用越来越大。不过即便如此,校长仍然不应该越俎代庖教授的"治校"事务。原因何在,这正是以下要讨论的问题。

一、教授"治校"的内涵

教授是大学管理权力的传统力量,为了说明这一结论的可信性,不少学者都指证了中世纪早期大学如巴黎大学从创建起教师在学校的管理中就拥有不可争辩的诸如招生、考试、教学、学生管理等权力的事实。正是教师享有这些真实的权力,因此巴黎大学又有"教师大学"之称。但是,作为大学发展史的研究,当我们注意到教师管理权力时,同样不能忽视那时的校长究竟在干什么的问题。

巴黎大学的第一任校长大约产生于1245年,这比巴黎大学掌有了意味着获得独立和权力象征的自己校印早了 7 年。作为巴黎大学最高长官的校长，最初只能由艺术学院教授担任，并且要求候选人必须具有教授文法和修辞学 7 年或教授哲学 2 年以上的资历。当时的巴黎大学由艺术学院、神学院、法学院和医学院构成，艺术学院为基础性学院，学生只有通过艺术学院的基础课程学习才能进入三个专业学院中的任一学院深造。

起初，巴黎大学每月改选一次校长，后改为三个月一次，选举人均为各学院院长及各学院推举出的教师代表。当时巴黎大学校长的权力很大，除对内进行最高层次的监督外，对外与后来的最高法院、宗教裁判所及巴黎市政会议打交道。面对国王，巴黎大学利用教皇赐给的特权保护学校自身的利益；面对教皇，校长又利用国王批准的特权，使巴黎大学处于相对独立的地位。校长个人的特权也很诱人，如其任职仪式十分隆重超过教廷大臣和各国使节的就任，任职期间去世可享王族成员的同等待遇。16 世纪后，校长每年改选一次。校长是大学管理机构的重要成员，根据其意见下设财务主管、书记官、执达官和其他勤务人员。①

由此可以提炼出来的有关巴黎大学是教授治校之代表的结论如下：第一，其校长必须由资深教授担任；第二，其校长由教授等选举产生；第三，其教学等学术事务由教授负责。这个结论说明，即使在巴黎大学的早期，"治校"也只是教授具有特定内容或特定范围的权力和事务。

从现代巴黎大学的情况看，校长治校和教授"治校"的关系更为清楚：大学理事会是法国各大学包括巴黎大学有权对学校所有重大问题作出决议的最高决策机构，其成员由教师和研究人员、学生、管理及服务人员、校外人士的代表组成，由校长领导；校长由理事会选举产生，任期 5 年；学校设总管学校日常工作的秘书长一人，总管学校所有经费的总会计师一人，他们均对校长负责；大学设学术委员会，为确定学校科研方向、分配科研经费等学术事务的重要咨询机构，由教师和研究人员的代表组成，但教授必须占总人数的半数以上。

至此可见，把教授的"治校"加注引号以区别于校长的治校是有必

---

① 李兴业．巴黎大学［M］．长沙：湖南教育出版社，1988：23-24．

要的。作此说明后,从行文简洁考虑以下不再专门加注。回到教授治校内涵的本题,我们知道所谓治校即管理大学。而管理则是一个内涵极为丰富的概念,它包括管理者对组织目标的设定及根据这一目标对该组织系统所实施的组织化、制度化、程序化的一系列社会实践活动,尤其是获得各种资源并合理配置使其充分发挥作用、提高效益的活动。从管理的过程看,其包括规划、决策、组织、资源配备、指挥、控制等等;从管理的内容看,其包括人、财、物、信息、时间等资源的分配及其有效利用等等。

对大学这一从人员到任务都十分复杂的综合性学术组织言,其管理就更非易事,非以教学、科研为其主职的教授所能承担。因此,教授治校有其确定的意义:其一,教授治校是个限制概念,不具有如校长治校那么宽泛的治校即管理大学的外延,其治校的内容通常限定在对重大学术问题进行决策的范畴,如学术政策的确定、学术规划的制订、教授的晋升和聘用、学位的授予、课程的设置调整等等。一般而言,在院系一级学术事务决策中,教授的权力比他们在学校一级的学术事务决策中表现得更充分。

其二,教授治校其“教授”为一集合概念,即表示教授团体而非个别。因此,所谓教授治校并非意味着作为个体存在的教授有治校的权力(尽管他享有学术自由及治校建议的权力),而是对教授团体必须管理大学的强调,如教授会、学术委员会、评议会等。这与大学校长有权作为个体管理大学有着根本的区别。

其三,教授治校多为参与治校而非决定治校。在大学的决策机构如理事会、董事会、评议会、校务委员会等教授代表的声音都不是决定性的,相反校长的声音却是十分有影响力的,在很多大学他们同时兼有这些决策机构负责人的职务。如法国的理事会、日本的评议会、中国的校务委员会的最高领导人均由校长或党委书记担任。同时,诸如教授会、学术委员会等学术机构,且不说有些国家诸如法国、中国等其本身就是一个咨询机构,即便它是关于学术政策制定的决策机构,在一些国家的大学其校长也参与其中,并且担任要职,如日本的教授会等。

基于上述讨论,教授治校的内涵基本清楚,即教授参与大学学术事务的管理及其重大学术问题的决策。但教授治校究竟达到什么程度,不仅因不同国家而异,而且因不同国家的不同大学、同一大学的不同时期而异。譬如在美国哈佛大学的所在地，坎布里奇就流传这样的一种说法，即普林斯顿由董事会掌权，哈佛为校长掌权，而耶鲁则是教授会掌权。这与人们通常以为美国大学的管理模式并未接受欧洲古典大学教授治校之影响，而倾向校外人士即董事会治校的常识不完全吻合。这使人不由想到大学多样化的特征，不同的大学有不同的治校方式，即使在同一国家也没有统一的模式，这或许也是大学多样化的致因之一。

伦敦大学的最高决策机构就是由校内外人士组成的董事会和理事会，这不同于剑桥大学完全由教授组成的最高决策机构评议会。但有一点可以肯定，教授治校不论其治的范围和程度多大多深，但作为一种最早源自巴黎大学的一种治校理念，它已被世界各国大学广泛接受并成为一种历史悠久的大学管理传统影响着后世大学的运行方式。随着教授在学校地位和作用的与日俱增，教授治校作为校长治校的重要补充，其受到校长的更加重视亦为必然。

二、教授治校的理论和实践基础

如同大学作为历史最悠久的组织存在了近千年一样，教授治校作为大学管理的一种传统模式也存在了数百年的历史。按存在必然有其一定合理性的逻辑，教授治校无论从理论上还是实践上说都是有其基础的。

理论的基础当然还要从大学组织自身属性来分析。伯顿·克拉克指出，只要大学仍然是正规的组织，它就是控制高深知识和方法的社会机构即学术组织。就大学而言，我们所说的知识通常包括学科内容、思想方法及理智技能，如专业知识、人文知识和方法知识，是个广义的概念。而作为大学基本材料的高深知识有其显著的特征：首先，它具有专门化的性质，大学其实就是由若干学科专业组成的，这种专业日益增多的现象已成一种趋势。

其二，高深知识的自主性程度越来越高，即专业与专业之间的距离不断扩大，越来越多的知识领域表现出内在的深奥性和固有的自主性。

其三，高深的知识已成为一项永无止境的工作并成为学术组织得以发展的一项主要职能，而完成探索未知世界和不确定事物，以及促成每一专业都能实现跨越自己的专业界线,进入目前尚未标界的领域的进一步,则必须赋予教授对学术发展的发言权、决定权。

其四,高深知识具有继承性,即各门学科都是历史发展的产物,一门学科的创设甚至需要几代人的努力。因此,每一学科都有其知识传统,即思想范畴和相应的行为准则。作为人类思想精华和文化遗产,无论其以知识的面目还是以学术文化——思想观念、学术信念的形式出现,都具有永恒的价值,并会传承下去影响后人。

最后,高深知识的传播及创造活动即学术活动其划分和组合有两种基本的方式:根据学科进行划分和组合及根据院校划分和组合。由此产生学术组织的层次:大学及院、系。这些综合性的学术组合体一方面把不同学科专业的专家学者联系在一起,另一方面又把专家教授、为保证学术活动正常进行的服务和行政管理人员以及学生维系在一起。在这样一个学术共同体中,起主宰作用的是学科,失去了学科的凝结作用,就无所谓学院、学系、讲座、研究所,以及大学本身。

因此,从大学内部而言,学科发展成为大学最基本的操作方式和支配力量。

学科的重要性不仅表现在以知识的形态影响学院及大学的学术进展,而且以学科文化的形态影响学院和大学的学术信念的确定和学术准则的规范。学科的力量来自高深知识的价值,但学者教授则是产生和控制高深知识的源泉和载体。因此,布鲁贝克认为,教授应该广泛地控制学术活动,因为他们最清楚高深学问的内容,因此他们也就最有资格决定应该开设哪些科目和课程以及如何讲授,他们最有资格决定谁有资格学习高深知识,谁已经掌握了知识应获学位,以及谁有资格成为教授。

综上关于高深知识特征的分析,可得结论:大学是由高深知识及其集结——学科主宰的,而高深知识及学科又是由教授、学者主宰的。依此推理,教授自然成为大学这一学术组织发展的决定力量。因此,教授治校的理论基础得以成立。

实践的基础问题从管理的角度切入比较容易理解。国外曾有学者试图把大学视为非科层组织进行考察研究,这样的视角使得校长似乎应该认为其面临的目的模糊、权力模糊、经验模糊、成功模糊均具有存在的合理性。其实,真实的大学是绝对不能拒绝科层的组织,理由就是它有明确的分工和等级。在大学内部，从学术体系分，横向结合的单位为部类（sections），纵向的联系为层次（tiers）；从行政体系看，横向的区分为部门（sectors），纵向的区分为等级（hierarchies）。即便是以知识领域为出发点的学术体系的区分，“为了完成任务每一个层次都引申出了下层结构”①，一般大学通常有大学、学院、学系（讲座、研究所）三个层次。这些层次，其纵向不仅有学术的联系更有行政的联系，这实际上就是一种等级关系。

相对其他组织，大学内部具有相对独立性的层次要少得多，上级层次对下级层次的控制也相对较弱，各层级都有各自必需的学术权力以确保自己行动的独立性、正确性。然而，不管怎么说，大学仍然是需要层级管理的组织，否则我们无法想象它如何把那么多有独立思想、富有知识和自主行动要求的教授凝合起来并且目标一致地高效运作起来。毫无疑问，组织的科层制至今依然是适合大型组织的最有效、最稳固而且是最自然的管理方式，合理运用该制度，同样可以释放人的能量，激发人的创造力，提高人的士气并使组织运行正常化。

但不可否认的是，科层制在带来可观的管理效率之同时，确实会滋生官僚主义及行政权力过大的问题。而这既违背大学发展的内在规律，又为大学之主体——教授所不能容忍。要知道诺贝尔物理奖得主温伯格曾说过：“在大学里专家和研究者是皇帝。”②话虽说大了，但教师的主体地位是不可小视的。此外，科层管理目标的过分明细性与大学学术目标的宽泛性也不甚兼容，科层管理方法缺乏对民主管理的吸纳，与大学必须依靠教授的力量来制定学术政策、规范学术活动也格格不入。因此，对大学这样一个特殊的组织其科层管理的方式必须进行较大的改革，以使它能充分发挥和运用教授的主观能动性和智能，以满足教授学术自由、学术自主的要求，体现大学的学术性和既按目标管理又按民主管理的灵活性。而教授治校是将科层权力与学术权力合理平衡的有效途径，此即教授治校的实践基础。

① 〔美〕克拉克．高等教育系统［M］．王承绪，徐辉，等译．杭州：杭州大学出版社，1994：41.

② 吴斯人．优秀大学校长面面观［J］．大学教育论坛，1993（2）.

三、教授治校理念对校长治校的影响

随着国家和社会对大学地位和作用的日益重视和依赖,大学自治的权力必然会由于国家和社会更频繁的接触和介入大学而相对削弱;此外,大学自身规模的膨胀和内部事务的日益增多,导致了大学尤其是巨型研究性大学管理的复杂程度大大提高。大学存在的宏观和微观环境的这样一种变化,使西方中世纪大学教授治校的传统失去了往日的辉煌,其自身的局限性也日益凸显出来。

譬如,尽管由于大学复杂的学科和科层组织交叉的内部结构,使教授本身就隶属于两种完全不同形式的组织,但他们的精力和能力所长却难以同时兼顾两种组织的不同责任,即难以兼顾学术和管理工作,一些学有造诣的教授更愿意心无旁骛把时间和精力集中于自己的学术工作;此外,教授参与决策往往缺乏全局观和长远性,他们考虑问题的视野和角度容易受到自己学科专业的局限,再加上没有治校的经验和缺乏对学校整体发展的了解和思考,难免就事论事;再者,双重角色使他们在决策中容易处于两难境地,在维护学术自由和忠诚学校的选择中,他们更有倾向前者的可能,这对强调管理效率的治校是不利的;等等。

正是上述原因的存在,包括欧陆大学在内教授治校整体上呈式微的趋势,即教授权力不再像中世纪大学那样在大学管理中事事都起决定性作用。譬如,在法国大学的理事会中,教授代表只占这个由校长主持的最高权力机构的40%—45%。

但是,教授治校在大学演进中的所谓式微是相对教授曾权极一时而言的,并不同于教授放弃或无权治校。相反,各国大学的校长尤其是著名学府的优秀校长无不重视教授治校的作用,他们对教授治校理念的接受并付诸治校实践的最好体现,就是对教授之权力——学术权力的认可、尊重及自觉地建构和发挥其作用。

根据管理理论权责统一的原则,对责任的承担必须有相应权力的配套,即有效的管理需要权力的保障;而组织行为科学承认,任何管理者都有权力倾向,其管理积极性很大程度也来自权力的占有。由此我们有理由相信,具有首席行政执行官和学术领袖双重身份的现代大学的校长,尤其是有自己明确办学理念和强烈政绩意识的校长是有权力渴望的。他们希望通过权力的拥有而确保自己治校目的的达成。正是这类校长他们对大学性质有比之他人更深刻的理解,因此即便是强势校长也注意到了必须给予教授充分管理大学的空间。譬如对美国及中国大学而言,教授治校就是校长推动的结果。

美国最早的一批大学都是沿袭剑桥等英国古典大学传统的产物,如哈佛学院(1636 年)、威廉·玛丽学院(1693 年)、耶鲁学院(1701 年)等。但它们在管理模式上都与中世纪大学的教授治校大相径庭,董事会作为大学的最高权力机构负责学校的财政、财物和校务的管理及校长的选任等。然而 300 多年之后,教授治校却成为美国大学民主治校的一大特色甚至比欧陆大学更凸显其作用。究其根源,有耶鲁大学数任校长率先推动的作用。

1795 年蒂莫西·德怀特(Timothy Dwight,1795—1817 年任校长)作为耶鲁学院的第 8 任校长执掌耶鲁,尽管他是一位有非凡才干又非常自信且不乏发号施令习惯的校长,但他在欧洲大学教授治校理念的影响下,利用校长的特权指定了 3 名教授组成教授会,以期能与之共商学校大事。其后,教授会的成员之一杰里密亚·戴(Jeremiah Day,1817—1846 年任校长)成为德怀特的继任,他把教授视为可以信赖的朋友,凡学校管理之大事均与教授们商量。而西奥多·伍尔希(D. Woolsey,1846—1871 年任校长)则在自己的任期内努力把教授会作为一种制度固定下来。经 70 多年三代校长的努力实践,教授治校获得了董事会的承认,成为一条校规。到了第 13 任校长亚瑟·T. 哈德利(Arthur T. Hadledy,1899—1921 年任校长),耶鲁已是以“教授会立法,校长同意,校董事会批准”[①]为管理模式的极有影响的大学了。

教授治校这一信赖和尊重教授的民主治校、民主管理方式的运用,不仅提高了教授的地位和威信使他们有职有权,而且增加了教授对学校、对学生的责任感,激励了教授充分发挥自己才干和能力为学校发展服务的自觉性,他们通过自我道德修养的重视和教学质量的提高,使学校的声誉日增。

受耶鲁重视教授会作用的影响,哈佛大学的校长们从 19 世纪 20

① 陈宏薇. 耶鲁大学[M]. 长沙:湖南教育出版社,1990:24.

年代起也逐渐迫使校董事会把部分学术管理的权限下放给教授团体,并仿耶鲁开始建立教授会。至1915年美国成立了大学教授协会,教授治校的地位进一步巩固,并成为美国大学普遍接受的一种治校理念,教授治校的体制也因此形成。由此导致的结果如斯坦福大学校长卡斯帕尔所言:“各校正在令人难以置信地分权。安排课程和聘教师的权力已不在大学校长手中,而由各系和各学院决定。”因为,“我们的立足点是专家取舍”,而“人们认为这一现状是由自然法则决定的”。①

在中国,推行教授治校贡献最大者首推蔡元培和梅贻琦两位校长。蔡元培先生在出任教育部总长的当年(1912年)就亲自起草并颁布了《大学令》。这份条理明晰、言简意赅、不足千字的官方法规对民国时期大学的发展究竟起了多大的作用不得而知,但却充分体现了蔡元培先生对大学应有之性质、内涵、管理的深刻理解及其办学治校的洞烛之见。

《大学令》有实质内容的条款21条,其中4条为教授治校之规定。由此足见德国大学教授治校民主管理之理念对蔡元培的影响。《大学令》规定:大学设评议会,以各科学长及各科教授互选若干为会员,校长为召集评议会之议长;大学各科各设教授会,以教授为会员,学长为召集教授会之议长。评议会职权为:审议各科之设置及废止、讲座之种类、大学内部规则,审查大学院生成绩、及请授学位者之合格否,以及教育总长及大学校长咨询事件;教授会职权为:审议学科课程、学生试验事项,审查大学院生属于该科之成绩,审查提出论文、请授学位者之合格与否,及教育总长、大学校长咨询事件。

1917年蔡元培虽以强势校长架势执掌北大校政,但却努力践行了自己教授治校的理念,他不仅强调“北大校务,以诸教授为中心”②、“以专门学者为主体”③,并且先后组织建立了大学决策机构评议会、各学科层面上的教授会、掌全校行政大权和负责实施评议会各项决定的最高行政机关和执行机关,由于校行政会议由校长任议长,其成员由教授代表及以深孚众望的教授身份担任的教务长、总务长构成,从而使北大

---

① 〔美〕罗恩·盖尔斯.改造大学[J].国外高等教育快讯,1996(8).

② 高平叔.蔡元培教育论著选[M].北京:人民教育出版社,1991:469.

③ 同上注,1991:450.

从校、系两级都实现了真正意义上的教授治校,开了中国大学教授治校、民主办学之先河。

梅贻琦先生亦然,他并非清华大学教授会、评议会的首创者,但却是他从制度的建设和完善上赋予了教授治校的真正地位,强化了清华大学教授会、评议会及校务会议的合法权力。他常说自己治校的秘诀就是"吾从众",所谓"从众"并非人云亦云、毫无主见。恰恰相反,作为一校之长和"三会"之主席,梅先生的持重和有定使清华及西南联大的"三会"四方总是达到很好地协调。所谓"从众"即尊重教授,倾听教授和"三会"教授的真知灼见。故此,朱自清先生充满感情说:"梅月涵先生是难得的这样一位校长……他使清华在这七八年里发展成一个比较健全的民主组织。同事都能安心工作。他使同事觉着学校是我们大学的,谁都有一份儿。"①

教授治校,即把校长的相当权力交给教授,这不仅未削弱校长的威信,相反却使富有自由之思想、独立之精神的教授们更加尊重校长,并认识到自己作为学校一分子应尽的责任,这既是蔡元培校长和梅贻琦校长的个人魅力所在,亦是大学实行民主管理之效果。

新中国成立后,我国大学不再提教授治校,其因固然有体制方面的原因,亦有对教授治校内涵的模糊甚至误解的因素。但这并不意味着我们已全部放弃教授治校。因为,尊重知识、尊重知识分子,依靠教师办学亦为新中国之主张,并在诸多有识有为之大学校长的治校实践中得以体现。典型者如政治家校长匡亚明先生,在吉林大学掌权时他为有效发挥教师在办学治校中的作用,明确规定校务委员会的常委会必须由知名学者教授组成,而当时吉大实行的领导体制为党委领导下的校长为首的校务委员会负责制。因此从权力看,昔日校务委员会非今日校务委员会也。同时他要求在校务委员会下设分别由教授组成、由主管教学、科研的副校长任主任委员的教学工作委员会、自然科学工作委员会和社会科学工作委员会,分管全校的教学工作、科学研究和学报工作。到南京大学任党委书记、校长后,他又成立了由专家教授组成的人文科学学术委员会和自然科学学术委员会,分管文理两大学科的学术事务。

---

① 周川.梅贻琦与清华大学[J].大学教育论坛,1991(1).

目前我国大学虽不设有决策性质的教授会,但几乎所有高校都设有咨询作用的学术委员会及各种专业委员会,从而说明专家教授参与治校的民主管理思想依然在我国大学具有影响并受到一定程度的重视。

四、教授治校的实现机制

1. 建立教授委员会,与行政机构划分权力

无论教授会是作为审议、咨询机构参与学校管理事务,如法国、英国及我国的学术委员会就主要起这类学术咨询的作用,还是作为学术权力机构主持并决定学校学术事务,总之,教授会已经成为大学内部的一种不可忽视甚至不可或缺的对学校的学术事务作出评判的最重要力量。由于大学凡关于发展规划、资源配置等方面的决策都与学术评判密切关联,因此教授会的咨询或决策意见受到大学的高度重视。

譬如在美国、日本等国,校、学院一级的教授会都是学术权力机构,具有相当大的实权。在美国,教授会几乎包揽了包括制定大学整个学术方针、政策、规划及评聘、任命教师在内的所有学术事务的决策权;而日本大学的教授会亦有很大的职权,除教学、科研及教师选聘、提升等学术事务均由教授会讨论决定外,有些大学的教授会还负有选举大学理事、评议会成员、校(院)长及学校财务管理等职责,校长对学校的管理通常是通过定期召开评议会或教授会并根据这两个决策机构的审议结果做出工作安排进行的;在欧陆国家,教授组织的权力虽不及美、日等国显赫,但教授在基层学术组织占有绝对支配作用的地位。如在德国大学称之为最小教学、科研单位的"学术机构",其讲座教授或其他责任教授不仅有权决定各种资源的分配使用,甚至掌握一定的人事权。

此外,行政和学术的分权还体现在设于教授会之下的若干专业委员会,专业委员会的设置从而使教授会的学术权力获得了现实的、有效的发挥和运用。如加州大学伯克利分校的教授会下设了20—30个委员会,如经费预算委员会、科研委员会、教学委员会、学术规划委员会、教育政策委员会、教学学科委员会等,这些委员会在各自的职责范围内有绝对的权力,其成员则由教授会选举产生的常务委员会指派。加州

理工学院虽是个规模较小的大学,但其教授会下也设有22个委员会。由此可见,在美国等西方大学,其教授会并非只是一种装饰门面的花架子,在大学的内部管理中确实起着学术事务决策的作用。

2. 教授参与决策和学校管理

除美国、日本等少数国家的教授会对大学学术事务起决定作用为决策机构外,多数国家的大学在学术权力和行政权力的协调平均问题上主要采取的途径是吸纳教授进入学校各级决策机构,并且在这些决策机构中占绝对的数量优势。如德国的最高决策和管理机构分别是校代表大会、评议会、理事会(校代表大会的执行机构),它们的职责分别为:校代表大会的职能一般为选举校长、副校长,听取校长工作报告,公布和修改学校一般规章制度,处理大学政策原则性问题如大学改革问题,选举有关各委员会的成员等;评议会为大学最主要的管理机构,涉及学校几乎所有事务并协调校内各院系的关系等,下设教学委员会、科学研究委员会、组织计划和财政委员会等常设委员会以处理日常有关事务;理事会则为校代表大会的执行机构。

上述这些机构由教授,学生,学术、艺术性协同工作者(主要指教授的助手)和助教,其他员工等四类人员按比例选举产生,其中必须以教授为主。如《巴伐利亚高等学校法》规定:校代表大会由159名代表按6:2:1:1比例构成。对涉及包括教授聘任等在内的某学术事务决策机构,法国大学要求教授的席位即表决票必须占压倒的绝对多数。德国大学的最高决策机构为成员不超过70人的理事会,理事会选举产生校长并对学校所有重大问题进行决策;理事会的成员由教授、学生、行政人员及职工、校外人士按比例组成,其中教学、科研人员占40%—45%。此外,法国大学还设校学术委员会,但它只是起确定学校科研方向、分配科研经费等作用的咨询机构,其成员必须由教师和研究人员构成,教授必须占半数以上。

英国大学的内部管理体制比较复杂,其校级决策、管理机构为董事会、理事会和评议会。董事会为学校最高决策机构,其教授约占1/3以下;理事会为大学之所有学术问题的最高管理和执行机构,教师人选约占50%以上;如伦敦大学其理事会下设学术委员会、学院委员会和学校考试委员会。这三个常设委员会学术性很强,教师所占比例较大尤其是学术委员会,其职责是对理事会提供指导并执行理事会的授权。

五、完善我国教授治校制度的若干建议

1. 完善教职工代表大会制度

遵从《中华人民共和国高等教育法》第四十三条规定，进一步建立健全“以教师为主体的教职工代表大会”制度，使教职工参与学校民主管理和监督的权力落到实处。目前不少大学的教代会存在如下的问题：其一，未制度化；其二，职能不清或职能弱化；其三，教授比例偏小。在这方面，英、德两国大学有可资借鉴的经验，它们不仅有教职员大会，而且有明确的很重要的职能。如英国大学的教职员大会选举名誉校长，并对校务、教务等一切重大问题提出意见；在牛津大学，全校的教职员大会是最高权力机构，牛津大学等大学的校长是由教师大会选举产生的。德国大学的情况如前所述，其校代表大会的实权就很大，为凸显教授在校代表大会中的地位和作用，《联邦高等学校总纲法》规定，校代表大会教授代表的席位和表决票必须占绝对多数。针对我国大学教代会存在的问题，应当立法规定高校教代会的职责并确定教授代表的比例，以此确保教授参与学校重大问题决策的发言权和主动权。

2. 建立健全校务委员会制度

在新中国成立初期，我国实行过党委领导下的校务委员会负责制及党委领导下的校长为首的校务委员会制度。现在有些大学还保持着这样一个管理的层次，为了名正言顺地参与校务决策包括有合适的名分出国考察交流，不少大学的党委书记还兼职校务委员会主任的实职。但不管是新中国成立初期还是现在，校务委员会还是一种纯行政权力的机构，只是更注意吸纳各级行政权力代表参与学校决策的民主管理形式，教授还不是注意的对象。

其实，无论国外大学还是我国早期大学的理事会、评议会其性质与我们现在的校务委员会都十分相似，但所不同的是其成员中教授居多，因此亦有把它们译为校务委员会的。如牛津大学的理事会为负责政策制定的决策机构，每周开会一次故又称每周校务会，该理事会由 25 人组成，其中校长（实际不出席）、副校长（为实际主席）、学监、财务干事、候补副校长等 7 人为当然成员，其余 18 人由教师大会从有影响的高级

教师中选举产生。若校务会提出的议案遭到18人中的6人反对,该议案若还希望通过就必须交教师大会投票决定。由此可见,教师代表在校务会中具有决定性作用。

梅贻琦先生掌清华大学亦强化了教授治校的作用,在他主持制订的《清华学校组织大纲》中明确规定:本校设评议会,以校长、教务长、及教授会互选之评议员七人组织之,校长为当然主席。评议会职权如下:一、规定全校教育方针;二、议决各系之设立、废止及变更;三、议决校内各机关之设立、废止及变更;四、制定校内各种规则;五、委任下列各种常任委员会:财务委员会、训导委员会、出版委员会、建筑委员会;六、审定预算决算;七、授予学位;八、议决教授、讲师与行政部各主任之任免;九、议决其他重要条件。① 由此可见评议会在清华大学的重要,但其间起决定作用者除校长、教务长外,就是教授会选出的5名教授。

借鉴英国大学和蔡元培、梅贻琦校长的治校经验,建议能否建立校务委员会为大学行政事务的最高决策机构。在这个机构,不担任任何行政职务的教授应当有一定的比例,以保证来自校长等行政权力系统之外的学术权力也享有一定参与学校行政事务决策的权限。此举十分有必要,因为大学内部的行政事务与学术事务并没有明显的界线,你中有我,我中有你的管理特征,自然不会在关于学校大事的决策中听不到教授代表的声音。

3. 建立健全学术委员会制度

依据《中华人民共和国高等教育法》第四十二条,建立健全学术委员会制度,以确保学者专家参与学术事务决策的权力落到实处。建议在当前我们还未形成应当建立大学教授会的共识,或者说大学成立教授会的条件尚未成熟前,我们是否能通过对学术委员会职能及组织形式的适当改造,使之成为大学之学术事务的最高决策机构,如审议和决定校内的有关学术政策和制度的制定,学科、专业的设置,教学、科研发展的计划,教学科研成果的评定,教授的晋升评聘,甚至按上级部门设定的高校领导干部要求推举正、副校长的候选人,等等。这样,使学术委员会具有如同欧美大学教授会接近的职能。

---

① 刘述礼,等. 梅贻琦教育论著选[M]. 北京:人民教育出版社,1993:193-194.

为了保证大学行政权力在学术事务决策中不丧失起主导作用的影响,有时这种站在学校整体大局和长远利益的立场上的支配性影响力对学校的改革发展是十分重要的。因此大学校长及主管学术事项的副校长,诸如教务、科研、研究生教育等业务职能部门的负责人,二级行政权力的代表如各学院院长或系主任等,应当是当然的委员人选,并且校长或者德高望重的教授可以是当然的学术委员会主任或主席。但所有当然委员都应有这一要求,他们必须是某一学科学有造诣的专家。但同样为了发挥教授参与学术事务决策和管理的积极性并充分利用他们的专业影响和专业智慧参与学校管理,教授在学术委员会中必须合理增加并与当然委员的比例应该达到6:4或至少是半壁江山。教授委员由各学院或各系、所的教师大会在教授中选举产生,教授数量不足的学院或系、所,可扩大到学有建树、有一定学术地位和影响的副教授。

4. 建立健全专业委员会及学科委员会制度

当学术委员会从一个学术咨询的机构变为学术决策的机构后,如何保证学术委员会决策的正确性就必须受到高度重视。从学术委员会的组成考察,它虽为包括校长等学术行政官员及各学科优秀之教授的集合,使之具有学科力量的综合之优势以避免了决策中的片面性、褊狭性。但它又过于庞杂使之不具有专业决策的长处,由此必然导致决策正确性的打折扣。譬如,学术委员会对教师评聘晋升具有决定权,但多数大学在教师的晋升评聘过程并没有一个专业性很强的咨询程序,因此造成学术委员会委员完全凭个人的感觉操晋升申请者生杀大权,导致杂家评专家问题,这种情况在大学还十分严重。

大学的学术事务是复杂多样的管理活动,其有诸如学术政策制定这样具有普遍性、共同性的学术决策问题,但更多的却是操作性很强的专业性的决策问题。譬如教学有教学的规律性,学科建设有学科建设的规律性,科研有科研的原则,学位评定有学位评定的原则,学科专业、课程的设置、教材的选择、各学科教师的任用和选聘、晋升等等都有其学科、专业的特殊性和专门的要求。所有这些关于学术事务的决策均交于学术委员会去做决定是不严肃的,表面上这是对教授权力的重视,但效果并非如意更像一种走过场的形式主义。

正因此,美国大学的教授会设有众多的专业委员会,以分解学术事务的决策使之更具专业性。而英国大学如伦敦大学出于学术决策科学性的需要，设有57个学科委员会、4个学术咨询委员会和14个专门咨询委员会。借此经验，建议在大学学术委员会下建立若干与决策咨询性质、内容等高度相关的，诸如教学委员会、科学委员会、学位委员会等，并在各学院（系）建立学科委员会，这些委员会均由教授选举产生为学术委员会咨询机构。凡专业性较强的学术事务决策，必须先经各相关专门委员会或学科委员会的专业咨询提出建议方案后，学术委员会在此基础上进行决策。经此学术权力的分散和学术权力中心下放后的再集中，亦有利学术委员会学术权力的控制不至于滥用。

六、余　　论

尽管教授治校已经成为许多国家大学管理的传统，然而，今日之大学机构无论在规模还是复杂程度上，都可以和许多国际公司相提并论。与此同时，学术上对知识的要求使得教师关注他们的学科，很少有机会投入到塑造大学性格的一系列活动中。虽然教师是而且应该是大学学术活动的基石，但是对于当代社会的大学的使命和任务，他们却几乎没有深入理解和接受必要的责任。尽管大学教师在自己主导的相对狭窄的学术生活中具有相当的影响力和工作效率，然而，机构的复杂性使广泛参与的大学事务管理成了问题，比如决策过程中的意见离散性和低效率等。

由于学科主导的原因，使得大学犹如一个烟筒状的组织结构，大学组织构成的高度分散，权力不集中，缺少合作等，导致了大学在处理宽泛的战略性问题上相当困难。很多教师包括教授甚至毫不关心大学范围内的需求或重点，尽管教授参与治校所形成的共同管理原则被许多人至少被教师认为是大学民主治校的一块基石。但从历史看，教师在美国大学的演变进程中所产生的影响力也是极为有限的，甚至当大学所服务的社会、政府和市场对其产生巨大的变迁的压力，需要教师进行平衡的时候。长期以来，教师习惯于追求学术自由和独立自主的价值。而且，伴随着许多领域强大的市场压力，学科和专门学校的分散创造了一种学术文化，即教师普遍首先忠诚于学术领域，然后忠诚于学术单位，最后才是他们所工作的大学。这些客观的社会现实和教授主观的愿望，或多或少都给教授治学的全身心投入和有效性带来了一定的局限性。

亨利·罗索夫斯基(Henry Rosovsky)在1973至1984年间曾担任哈佛文理学院院长一职，1991年他出版了给大学中的三种人——学生、教授和管理者写的手册：*The University*：*An Owners Manual*，中译本名为《美国校园文化：学生、教授、管理》。在这本书里，罗索夫斯基告诫：无论如何大学仍然是一个探究知识的场所，在大学的管理中，只有有知识的人才有资格拥有较大的发言权。这里的知识不是指一般知识。"学生关于要由民主党或共和党在华盛顿执政的意见，与他们的教授们的意见依法同样有效。在设备维修部门工作的雇员，应该比教授更懂得对房屋的维修。大学的校警可能最了解犯罪活动。那么当然，广大校友则体现了最重要的大量知识，既包括一般知识，也包括专业知识。这些学人所缺少的（某些个别校友除外）是关于大学主要使命——教学和研究——的专门知识。学生之所以到学校来，是由于他们缺少知识和希望获得知识，而且在大学教职员中则可以找到有专门知识的人"，"关于教育问题的最后结论，最好留待那些手中握有专业资格证书的人去作：即留待那些经过长期实践、并已由他们的同行根据充分的证据证明能在教学和科研中完成高质量工作的大学教授去作"。①

是否可以借罗索夫斯基的观点这样来阐释教授治校即：教授治校的根据就在于教授在学术上的优越性，而不在他们的行政能力。或许学生对大学事务的参与可能会带来无休止的争吵和轻率的行动，而行政人员治校亦会存在日益烦琐的程序问题，而教授治校则倾向于程序的简洁，以及把行政事务寓于学术活动。但必须指出的是，教授会首先是一个学术团体而不是一个行政机构，教授会如果担负了较多的行政管理职责，其本身的性质终将发生改变，也最终损害其学术的属性及其学术作用的发挥。

如前所述，教授治校本身的限制是大学组织外部环境变化以及教授会的学术属性所决定。因此，大学和其他机构一样，日益依赖于坚定的领导和有效的管理来应对变化中的世界所带来的挑战和机遇。在此

---

① 〔美〕亨利·罗索夫斯基. 美国校园文化：学生、教授、管理[M]. 济南：山东人民出版社，1996：218.

过程中,大学校长必须肩负起为大学建立、描述并实现美好的前景以维持并提高大学质量的使命。尤其在中国当代语境之下,人们对大学行政化的忧虑某种程度上掩盖了对校长角色定位的迫切性。今日之中国大学与欧美大学一样,已经变得越发复杂和多样化,大学对有效领导的需要与建立和完善现代大学制度具有同等的意义。我们决不能借去行政化而忽略了赋予大学校长以治校权的重要价值。而对大学校长而言,在自己管理模式或权力结构选择构建中,大学校长必须找到学者目标与学校目标、学术标准与社会标准同存共融的途径。

教学评估:大学人才培养质量的保证

重视大学或教学评估以确保大学人才培养的应有质量,这是世界各国大学的通例。评估的目的大抵相同,然而,问题在于评估什么和如何评估。

一、引　　子

20 世纪海内外的华人常说:21 世纪是中国人的世纪。可是到了 21 世纪我们自己不说海外基本上也没有人说这种话了,因为一个能影响并主导世界某个世纪的国度,至少是为人类的生产和生活方式改变做出重大科技发明、创新创造之贡献的国度。作为有几千年历史、人口占世界五分之一的泱泱大国,中国应该对国际社会发出有影响力的声音,但其前提是科技强盛,科技强盛则国力强盛。当今世界,在国与国的激烈竞争中,败下来的无疑是那些科技落后的国度。知识经济时代是不相信眼泪的科技和人才激烈竞争的时代,科技落后的民族即便一时富有也必将因缺乏可持续发展之潜力和实力而最终落伍甚而落败。

变制造大国为创造大国,当前一个十分重要且急迫的任务是,如何解决好具有创新能力的杰出人才培养问题。大学对此有义不容辞的责任。综观近 400 年来的近现代发展史,世界科技中心沿着意大利—英国—法国—德国—美国这样一个国家线路转移,这与世界高等教育中心的迁移路径几近,说明大学对科学技术进步乃至对国家对社会发展的巨大作用。在科技知识经济时代大学之重要性之不可替代,使大学已经成为国家实力的象征和国家战略的重要组成。

美国是一个高科技的国度,它有太多的改变了人类生活方式和人类生产方式的发明创造,最重要原因就是美国拥有太多的世界一流大学。从美国强盛是大学造就的事实可以得到结论:大学对国家的兴衰成败至关重要。这种重要性随着科学技术进步对人类社会影响将越来越大。一个不重视大学在经济社会进步中发挥其作用的国家,是没有国际竞争力的国家,也是没有未来前途的国家。因此,大学及大学教育的失败,必然也会导致一个民族的失败。在所谓科技经济时代,这不是危言耸听而是我们必须面对的残酷事实。

二、发达国家的大学评估

对大学发展历程的回顾不难发现,大学经历了漫长的吞没一切的时间和历史的考验,经千年而不衰的伟大和持久足以使大学引以为自豪。大学之所以能在时空发展上超越任何组织,植根于大学满足了人类社会培育新人以保持其可持续发展进步的永恒需要。正是此因,人才培养亦即育人成为大学的最基本价值和无须证明的公理和天职。由于育人是大学的立身之本和存在发展的最重要理由,由此决定了确保育人质量为大学之最要。当今世界不仅是人才总量的竞争更是人才质量的较量,故凡发达国家无不是对大学人才培养质量予以高度重视的国家。举目世界一流大学也无不视人才培养及其质量保证为大学工作的重中之重。哈佛、牛津、剑桥、耶鲁等世界名校虽以其科学研究成就之大闻名遐迩,但更以其人才培养的高质量著称于世。为了确保人才培养的高质量,他们所采取的最有效措施之一,就是大学评估。

如美国之所以成为高等教育强国并为世界杰出青年人所向往,其大学教育的高质量功不可没。而美国大学教育的高质量,与其经百余年发展形成了一套成熟的、专业性、科学性与可操作性强、院校自评与外部评估相结合、体系完备的大学评估体系,并通过该体系对大学的教学质量进行监控关系甚密。据美国宪法,教育由各州分权自治,而各州政府主要通过高等教育认证和院校评估对大学教育进行质量监控和保障。按区域布局，美国已经形成了独立的、非官方的、非营利性质的六大区域院校认证体系，分别是新英格兰区认证委员会，中北部区域认证委员会，南部区域认证委员会，中部区域认证委员会，西北区域认证委员会，西部区域认证委员会。

这些认证委员会发挥着如下作用①：其一，保证院校教育质量。主要通过第三者认证机构根据认证指标检查被认证院校在办学方面能否达到“最低要求”，只有能够确保应有教学质量的院校方可得到认证委员会的认可。其二，决定院校能否获得联邦政府经费的间接资助。美国联邦政府规定只有通过区域认证委员会认可的院校，其学生才能申请获得联邦政府提供的各项助学金、奖学金、贷款等以完成学业必需的经济资助。其三，院校间的学分互认。美国院校间学分可以互认的主要依据，就是这些院校通过所属区域认证委员会的认可。其四，毕业文凭及文凭持有者学术背景的认可。毕业生文凭是否被雇主认可，受文凭授发院校是否是被区域认证委员会认可的影响甚大，被认证院校的毕业生学术背景往往受到雇主的高度信任。

美国对院校的认证工作通常若干年进行一次，认证过程包括如下程序：(1) 院校自我评估；(2) 同行鉴定；(3) 专家驻校检查；(4) 提出认证结论。尽管美国的院校认证由外部认证机构完成，但其重要意义在于，这种外部认证制度促使大学院校不仅重视人才培养质量的社会声誉，而且根据认证标准自觉于院校自我研究和评估，从而在院校目标设计、组织实施、绩效分析、教学改进等工作更加趋向目的性、合理性、系统性、有效性、自适性，人才培养质量自然因此而获确保。

英国是十分注重高等教育国际化的国家，为保证其大学文凭享誉世界的高质量并增强其高等教育的国际竞争力，英政府对严格的大学教育质量保障体系构建予以高度重视。1992 年英国颁布了《继续和高等教育法》，设立英格兰、苏格兰和威尔士高等教育拨款委员会以取代大学基金委员会及其他基金委员会，并把对大学的拨款授权给地方高等教育拨款委员会，但英政府明确要求它们必须根据教学质量的评估等因素决定对大学的拨款。

---

① 孙建荣. 从国际视野看教学评估，兼谈美国高等学校认证的院校自评要求[J]. 中国大学教学，2006(5).

1997 年,大学校长委员会和英格兰高等教育拨款委员会合作成立了高等教育质量保证局(The Quality Assurance Agency for Higher Education,QAA),取代早年由大学校长委员会建立的高等教育质量委员会和高等教育拨款委员会设立的教学质量保证委员会。高等教育质量保证局是一个由大学院校的会费支持的独立评估机构,其责任就是通过合理的高等教育资格标准开展教学质量评估,对大学自身质量保证制度的运行情况实施监控,以维护公众的利益并促进高等教育质量管理的持续提高。① 英国大学对高等教育质量保证局的教学质量评估十分重视。笔者于 2002—2003 年在伦敦大学教育学院做访学研究时,其校长对当年度"优 -"的评估结果就耿耿于怀,并对我说必须采取有效措施努力在下一轮评估中把这个"减号"拿掉,否则他的校长位置就难以长久。

德国尽管从 2006 年起通过学术质量评估遴选产生了 9 所精英大学,但德国人普遍认为:德国所有大学的科研水平和教育质量总体上都处于很高的水平。事实上,德国企业家及其他用人单位对德国大学的教育质量和大学毕业生的能力非常认可。为了保证高水平的大学教育质量,德国重视对大学教育质量的评估。由于德国的高等教育由各州政府分权管理,大学的财政拨款也由各州政府负责。所以德国对大学的学术和教育的质量的监控,主要由各州政府自己承担。比如大学的学科专业设置、实验室建设、教授名额确定及其聘任等,都要由政府部门实行严格的行政审查批准。② 一些州的"教学质量保障计划"要求大学内部采取措施从教学基层开始抓教学质量,州政府也会几年一度组织专家委员会对综合性大学的学科、专业以及教学质量和学生质量进行评估,受评大学如果同意专家委员会的评估结果并根据评估建议予以改进教学,就会获得来自政府的资金支持。

同时,德国大学校长联席会议在有计划地加强大学质量保证方面也做了大量卓有成效的工作。德国大学的教育质量评估包括对大学和教授的业绩评估:对大学业绩评估的标准包括"毕业生质量、大学争取

---

① 金顶兵. 英国高等教育评估与质量保障机制:经验与启示[J]. 教育研究,2005(1).

② 德国高等教育的质量评估机制[EB/OL]. (2008-07-04). http://www. pjb. swust. edu. cn/show. asp? id =989.

到的第三方经费、研究水平”等三个指标。对教师业绩的评估，德国大学一直把教师学术评定和学术业绩与其教学科研经费挂钩，建立绩效导向的教师工资制度。州政府对大学的拨款受到大学评估结果的支配，使得德国大学无不重视教学质量。

20世纪90年代起，日本通过立法实施制度性的大学评估。1991年修改的《大学设置基准》增加了有关“大学必须开展自我评估”的规定，需要评估的项目范例包括教育理念、目标、教育活动、研究活动、教师组织、设施设备、国际交流和社会合作、管理运营、财政及自我评估体制。2002年修改《教育基本法》，规定所有高等教育机构每7年必须接受认证评估，认证评估由第三方机构进行，评估人员、评估项目、评估方法等都由第三方机构确定。日本目前设有四个认证评估机构，大学评估学位授予机构、大学基准协会、短期大学基准协会和日本高等教育评估机构。① 日本文部科学省对这四个机构的评估标准及评估过程等并不直接干预或控制，但对认证评估机构提出了如下要求：评估标准及评估方法必须足以准确地进行认证评估；为确保认证评估准确地实施，必须完善必要的体制；在公布、报告评估结果之前，必须给予大学申诉意见的机会等。

上述介绍使我们获得如下结论：发达国家大学教育的高质量，与来自政府主导或导向的对大学评估的高度重视，以及由此产生的对高等教育质量有效监控的评估制度息息相关；发达国家的大学评估对其大学的成功作出了不可或缺的贡献，其成功经验值得我们学习借鉴。

三、大学教学评估的意义及问题

1999年起我国高等学校开始扩大招生规模，高等教育毛入学率从当年的10.5%上升到2011年的26.9%。高等教育的大众化不仅满足了经济社会发展对人才的需要，更重要的是满足了广大青年学生接受高等教育的需要，为促进高等教育公平和推进政治民主作出了贡献，因为教育公平是政治民主的理想之一。当高校的办学规模有了较大突破

① 李昕.日本的大学评估及其论争[J].复旦教育论坛,2009(4).

之后,如何确保迅速发展的高等教育之质量,则引起了社会和教育部的高度重视。在高等教育大众化后人才培养质量究竟孰降孰升的争议中,教育部做出决定在1994年开展普通高等学校教学试点评估的基础上,从2003年开始对全国本科高校进行5年一轮的周期性教学评估,并于2004年制定出台了《普通高等学校本科教学工作水平评估方案(试行)》,明确提出了“以评促建、以评促改、以评促管、评建结合、重在建设”的评估指导思想和工作原则。

大学教育是有其自身特点和规律并以培养人才为天职的社会活动,开展本科教学工作水平评估不仅对推动高校教学建设、确保人才培养质量无疑是项行之有效的重要举措。如果站在创新型国家建设和大学教育之成败对民族之成败具有决定性影响这样一个高度,我们应该认识到教育部这一决策的意义是多么的重大而深远。但也正是其意义如此重要,才有必要对高校办学方向及人才培养质量提高具有引导和控制作用的本科教学评估加以审视和总结。

总体而言,首轮高校本科教学水平评估,宏观上在完善高校本科教学质量监控体系,微观上改善和强化高校本科教学管理规范、提高教学质量等方面都发挥了积极的作用。从政府层面言,成立于2004年8月的教育部高等教育教学评估中心,结合我国高等教育发展国情制定了诸如“建立五年一轮的高等学校教学质量评估制度,使教学评估工作制度化、规范化;建立定期采集和公布全国普通高等学校办学条件及教学基本状态数据制度,加强社会对高等学校办学和教学工作的监督”等有利宏观监控高校教学质量的制度;从大学层面而言,通过历时5年全国范围的本科教学水平评估,强化了大学的人才培养意识和教育质量意识,端正了办学指导思想,保证大学从根本上落实以生为本的教学中心地位;重视并加强了教学制度的建设,促进了教育教学改革的深化,建立健全了教育质量保障体系,规范和强化了教学管理;极大改善了大学的办学条件。最重要的是,通过第一轮的教学评估,许多大学认识到人才培养质量的重要性并由此进一步明确了办学治校的目的所在。

然而,不无遗憾的是评估也出现了诸如简单化、标准化、庸俗化,以及劳民伤财、形式主义等问题。有些问题甚至引发了人们对高校诚信的认识危机。诸如,为应付近三年学生试卷、毕业论文(设计)的检查,以及不计其数的教学文件、资料、附件等材料的添加补齐等,增加了学校和教师的繁重负担不说，而且导致一些高校组织师生补做试卷和论文，甚至编造假文件、假数据的弄虚作假；不少高校像迎接奥运会一样提前一至若干年就进入评估倒计时，把迎评视为学校的工作核心，全校大会和部门、学院小会层层开会统一思想认识，统一回答口径，甚至进行评估预演和盛大迎评晚会的准备，如此等等不仅浪费大量的人财物力，还严重冲击和干扰了学校正常的教学工作。为讨好评估主管部门领导和评估专家组成员，一些高校不惜代价甚至牺牲大学道德尊严，极尽媚上媚俗迎合之能事。在评估潜规则干扰下，评估的科学性客观性规范性何以保证？评估优秀率又怎能不越来越高？

四、大学教学评估问题的分析及改善建议

当然，我们绝不能因为评估过程存在反映强烈的诸多问题就否定高校本科教学评估的意义和价值，但是评估如果失去了其应有的科学严肃性、客观公正性、导向权威性，其作用则不仅负面，而且具有误导高校办学治校的危害性。正因此，研究并完善教学评估本身有其必要。下文通过对应“为什么评、评什么、怎么评、谁来评”四个问题之“评估目的、评估指标、评估程序方法、评估主体”这四个评估要素，试对高校本科教学评估的完善予以讨论。

1. 评估目的

在“评估目的”问题上教育部的指导思想很明确，但从评估指标体系而言并非无可挑剔。教学评估的根本目的是确保教学质量，重视教学质量的根本目的是确保人才培养质量。然而，评估指标体系却把最能反映教学和人才培养质量的“社会声誉”和“就业”排斥在11个最重要的二级指标之外，这对明确评估目的似乎是极为不利的。有些高校的指导思想基本上就是为应付评估而准备评估和接受评估，于是无论在迎评的准备阶段还是实评的过程中，他们并没有形成围绕保证和提高人才培养质量这个核心使命，系统认真地研究并切实改进包括教学指导思想在内的一切教学问题的自觉性。

评估目的既是评估合法性的理论依据，也是评估指标体系和方法程序确定的指导思想和原则。评估目的不明确，评估的思想和态度就

难以端正,评估因此也就会失去其真正的意义和价值。高校本科教学评估的最重要目的是,使高校坚持以生为本、以人才培养为核心使命的办学理念,按大学的规律办学、按人才成长的规律教学、按科学管理的规律治校,确保教学和人才培养应有的质量。

2. 评估指标

评估指标体系设计为评估之最要和之最难,其设计质量最直接关系到评估结果的科学性、客观性、权威性和导向性。教育部制定的《普通高等学校本科教学工作水平评估指标体系》,包括"办学指导思想(学校定位、办学思路),师资队伍(师资队伍数量与结构、主讲教师),教学条件与利用(教学基本设施、教学经费),专业建设与教学改革(专业、课程、实践教学),教学管理(管理队伍、质量控制),学风(教师风范、学习风气),教学效果(基本理论与基本技能、毕业论文或毕业设计、思想道德修养、体育、社会声誉、就业),特色项目"等,共 8 个一级指标和 19 个二级指标(其中 11 个为重要指标,8 个为一般指标)及 44 个观测点。尽管基本涵盖了学校教学工作的方方面面,但还是暴露了不尽成熟,归纳起来可概括如下。

(1) 缺乏高校的分类分层

对不同类型不同层次的高校采用统一标准的教学评估指标体系这不免过于简单了,尽管这个评估指标体系并不是为高校排名而设。由于我国还是一个以多科性和单科性高校居多的国家,一个仅仅适合衡量综合性大学教学水平的评估指标体系,难以检查其他类型高校的教学条件和质量,更何况我们还有所谓研究型、研究教学型、教学研究型、教学型以及国家和地方等不同层次的高校之分。

譬如,二级指标"师资队伍数量与结构"明确规定"专任教师中具有硕士学位、博士学位的比例" ≥50% 为 A,介于 30%—40% 为 C,这就没有国家重点大学和一般地方学院的可区分性。如果对"985"及"211"工程层次的大学提出上述的要求,岂不是标准太低了?美国的研究型大学专业教师的学位要求几乎接近百分之百。

又如"实验室开放"为二级指标"实践教学"的一个观测点,可是对连实验室都少之又少甚至没有的文科院校,其如何体现"实验室开放"的要求?正如在巴黎召开的首届世界高等教育会议通过的《21 世纪高等教育展望和行动宣言》所指出:"高等教育的质量是一个多层面的概念”,因此需要“考虑多样性和避免用一个统一的尺度来衡量高等教育质量”。《美国新闻与世界报道》一直以来就是根据卡内基教学促进基金会的大学分类,对美国高校进行分层次类型评估和排名是有其充分理由的。

(2) 定性与定量指标失衡

毫无疑问,教学质量好与不好,不仅需要与教学有关数值的测量并以此为据,也需要与教学有关但数据难以观测的主观判断。因此,教学评估指标必须是定量评估和定性评估的有机结合。但即为评估其客观性的基础就是凭数据说话,过多主观性的人为判断总是会受到各种人情或认识干扰而难以驾驭,其评估结果的信度和效度也就难免大打折扣。马克思指出“一种科学只有在成功地运用数学时,才算真正达到完善的地步”。评估理论认为,评价指标体系中定性指标约占30%—40%,定量指标约占60%—70%才会比较合理。可是从目前的指标体系看,主观判断的定性指标多于定量的数据分析:11个重要二级指标中,仅有师资队伍数量与结构、教学基本设施、教学经费、课程等4个为定量评估,其余包括办学思路、专业、质量控制等在内的7个二级指标除少数观测点外均为定性评估;在44个观测点中也是定性评估多于定量评估。

比如,在“学校定位”这个二级指标上,什么是“定位准确”什么又是“定位基本准确”就难以判断,但两者是A级与C级的差别。追求办学特色的院校会不会因“定位不准确”而受到影响?又如“办学思路”设有两个观测点“教育思想观念”和“教学中心地位”,何谓“具有先进的教育思想观念,办学思路明确,质量意识强”、“一贯重视本科教学,能正确处理教学与学校其他工作的关系”,何又谓“注重先进教育思想观念的学习与研究,办学思路清晰,有质量意识”、“重视本科教学,基本能正确处理教学与学校其他工作的关系”,它们的区别怎么把握,依据何在?有些完全可以定量评价的指标却采取了简单化的处理,比如“社会声誉”和“生源”状况很容易以近几年该高校的报考和录取数据做出客观的评估。如果主观判断指标过多,评估过程及其结果的客观公正性就难以确保,而且容易助长与高校组织格格不入的庸俗化风气,使接受评估的高校把心思投用在具有“生杀”大权的专家和主管部门领导身上而非教学工作改善本身。

(3) 过于强调教学物质条件建设而非使用效率

评估指标体系中有诸多关于生均教学行政用房面积、百名学生配教学用计算机台数、百名学生配多媒体教室和语音教室座位数,以及教室、实验室、实习场所和附属用房面积等其他相关校舍必须基本满足人才培养需要的要求,看似有道理因为这是基本的教学条件。但是把教学用房和行政用房混为一谈就很荒唐,有些高校新校区就存在行政用房过于浪费而教学用房则依旧紧张的问题。关键还不在于生均多少,而是这些校舍和设备是否有很高的使用效率。

据笔者在英美德做访学研究时的考察,欧美即便世界著名大学其所有的空间和设备都处在高效率使用的紧张状态,即便如此并不能妨碍他们培养杰出人才和产生一流研究成果。如果我们仅是强调生均拥有而不问设施的使用效率,容易助长高校讲排场的不良风气并造成巨大资源浪费,而这样的问题在不少高校新校区实际已经十分严重。

(4) 为教学之过程而评而非为教学之效果而评

教学评估的落脚点是教学的效果即人才培养的实效变量,而不能仅强调教学的过程变量。现行评估指标体系的一个很大不足,就是未把学生和毕业生学习的感受、效果作为评估的重要指标。尽管有6个反映"教学效果"的二级指标,但最能体现人才培养质量的社会评价指标仅只有简单的就业率一项,缺乏对诸如"适当就业率"、"在校生和毕业生创业情况"、"杰出或创新人才的培养及其贡献率"等衡量在校生和毕业生培养质量及就业质量的观察和评估。此外,也没有反映对教学状况及其好坏最有发言权的在学生和毕业生对学校教学的感受和评价。

(5) 指标设计缺乏科学依据不够严谨

如二级指标"生均教学科研仪器设备"要求综合大学和理工院校必须达到5000元,而文科院校为3000元,其依据何在? 对不同类型的高校包括同类型的高校其文理工科的学生比例都有很大的不同,用统一的标准要求学生数和不同学科学生数都如此不同的院校,是不是过于粗糙? 而且对于学生规模较小的院校尤其是研究型大学能否因为他们的学生较少,因此对其教学仪器设备的要求也可以降低标准? 又如"教材建设与选用"提出教材编写并鼓励追求获省部级奖励的要求的结果,只会导致高校都热衷于教材的编写,致使国内外精品教科书和专业著作的弃用。教材是学生获取知识的主要载体,如果高校都热衷于为出书而编教材并在本校使用质量低劣的自编教材，不仅误人子弟还贻误教育。

3. 评估程序方法

科学的评估程序方法其意义在于保证评估过程的公开性、公正性，以及获取所需数据的合法性、客观性，由此才能保证评估结果的准确性和权威性。目前，人们对高校本科教学评估颇多微词甚至尖锐批评，除评估指标体系不够科学外，再就是评估程序方法不规范的原因。比如，早早就对各个高校评估检查的时间做出安排，致使受评高校不得不过早进入评估状态，学校整体工作也不得不以评估为中心，劳民伤财不说，关键是干扰了高校的正常运转，其效果反而极大影响了学校的教学中心工作。尽管教育部有关部门否认评估导致高校造假，但事实确实存在不少的造假行为。

譬如评估指标体系并无教师讲课须有教案之明确要求，但“教师的师德修养和敬业精神”这一指标以及专家抽查听课的这一评估环节，致使很多高校担心有此项目的抽查，故强制所有教师每堂课都必须有教案。教学任务已极为繁重的教师只好利用所有假期补教案不说，还得请学生一起帮助补写教案。教案作假虽无指标体系的错，但目前的评估程序方法是否客观上鼓励了高校为评估而刻意准备评估？杨振宁先生回忆在芝加哥大学听美国氢弹之父埃德华·泰勒教授的量子力学，他从来不备课，上课就是与学生探讨问题，想到哪讲到哪。每当走进死胡同后，泰勒的脑袋就像长了天线一样四处张开到处探测出路。朱清时先生回忆20世纪60年代初自己求学中国科大时，遇到一批大师为学生上课他们都不带讲稿，上课就是和学生一起探索推导问题并不怕进入陷阱。

由于评估结果对高校的社会声誉之影响确实甚大，所以一些高校会采取非正常手段以期通过评估并获得比实际更好的评估结果。在还不能要求所有高校都做到道德自觉自律的时候，完全可以凭借评估程序方法的严谨性以保证评估的“原生态”和真实性。借鉴欧美成熟的评估方法，可以要求高校根据评估指标体系进行自评为主，其自评的数据必须向社会公开以接受社会和其他院校的监督，辅以周期内的对所有高校不定期不定时不确定独立评估专家的抽签驻校评估检查，从而使评估向实事求是的不需要进行任何特殊准备的常态工作过渡。

4. 评估主体

就评估主体而言,教育部高等教育教学评估中心提出的,关于"教育部门与有关行业组织配合共同进行专业评估,逐步推动建立与人才资格认证和职业准入制度挂钩的专业评估制度;把外部评估和内部评估结合起来,积极推动高等学校建立起内部教育质量保障机制;组建评估专家库,建设一支评估专家队伍;建立社会评估中介机构的资质认证制度,积极发挥社会中介机构在高等教育质量评估中的作用"的思路,既符合我国高等教育国情又借鉴了欧美成功经验。但与美国和日本更重于发挥独立于政府和教育界的民间评价机构的作用不同,我国的本科院校绝大多数是政府投资举办的公立院校,体制上与政府存在隶属关系,因此接受政府对其办学效果和教学质量的监控和问责也是必然。

然而,完全由政府扮演高校教学评估的组织者、评估者,虽然有利于代表政府和社会公众利益对高校的教育质量进行全面的监控,但作为高校的举办者和管理者直接承担高校评估主体的任务,有其诸如受政府政策及权力影响太大,难以具有独立性、公平客观地开展高校评估的问题。所以笔者建议,最好由教育部隶属的具有半官方性质的学术组织或研究单位,如在中国高等教育学会或中国教育科学研究院下设置专门的高校评估机构,以相对独立又不完全游离教育部控制的中间状态,承担起主持全国高校质量评估的任务。

培养人才是高校的核心使命,教学评估既是政府管理高校监控高校教学质量的一个重要措施,也是高校自身确保人才培养质量的主要手段。故此,重视和加强高校教学评估已成为国际高等教育发展的普遍趋势。由于大学组织及其活动的复杂性决定了大学教学质量评估并非易事,所以我们不可能要求正处在起始阶段的本科教学评估尽善尽美。但是,我们必须在不断的改革探索过程中,逐渐建立和完善既保证教学质量又保护大学不至于过度应付评估的高校评估制度,将需要评估又不过于依赖评估二者合法合理地结合起来。就当前而言,我们可以通过进一步明确评估目的,调整简化评估指标体系,改进评估程序方法,建立相对独立的评估主体,以强化教学评估的科学性、客观性、规范性和权威性,从而通过高校教学评估把高等教育事业和高校的办学治校导向健康发展的轨道,为大学人才培养质量获得制度上的保障和提高创造条件。

附录1 眭依凡:大学有无限责任*

温新红

眭依凡 江西师范大学党委副书记、校长,教育管理、高等教育学硕士研究生导师,华东师范大学兼职教授、博士生导师,北京大学兼职教授。江西省普通高校人文社科重点研究基地教师教育研究中心主任。国务院特殊津贴享受者。

采访:本报记者　温新红

受访:眭依凡　江西师范大学校长

2001年,眭依凡的博士论文《大学校长的教育理念与治校》,作为国内较早系统研究大学校长的论文,引起教育领域及社会的广泛关注。随后,他又发表了一系列富有独见的理论文章,2003年发表《大学庸俗

* 《科学时报》专访2008年6月24日。

化批判》,批判了大学普遍存在的官本位、市侩作风、学术行为不良和犬儒现象等;2005 年《好大学理念》,为国内学者首次提出好大学理念;2006 年后的数篇论文《大学的理想主义与人才培养》、《大学:按规律办学的理由》、《对国家负责:大学必须牢记的使命》、《大学:如何培养创新型人才》、《创新文化:决定大学兴衰的文化之魂》等,均受到高等教育界的高度关注。

1996 年起,眭依凡任江西师大副校长;2007 年 7 月,出任江西师大校长。教育学者出任大学校长,有哪些不同的体会,记者日前就此采访了眭依凡。

大学是什么?

《大学周刊》:您的新书《大学的使命与责任》已出版,为什么在这个时候提出"使命与责任"的命题?

眭依凡:不是现在提出,是对长期思考的问题,现在作一个总结。我一直比较关注大学对社会、民族、国家,乃至人类应该作出什么贡献。

2005—2006 年,我在美国加州大学伯克利分校访学,从事"美国一流大学校长的素质和遴选"的研究,在研究美国研究型大学联合会(AAU)会员大学的校长遴选问题的同时,我旁触并了解这些大学在人才培养、知识创新和社会服务方面对美国所作的贡献。之后我提出这样的设问:如果美国失去了大学尤其是一批研究型大学对国家的支撑和作为,美国还将有人才大国、科学技术大国和经济大国的任何优势吗? 答案显然是否定的。研究中我还发现,在美国不论是公立还是私立大学,它们都有非常强烈的对所处社区负责、对所在州负责,然后是对国家、对人类负责的使命感。

之后我得出一个结论,假设美国没有了大学支撑,尤其是一流研究型大学的支撑,那么美国则不再有人才优势、科技优势,如果美国没有人才和科技优势,就不再是经济强国、科技强国和军事强国,美国的国家竞争力也就顿然丧失。正是基于对美国大学作用的感悟,我研撰并在国内发表了一篇题为《对国家负责:大学必须牢记的使命》的论文。文中反映了我的一个理念:大学有无限责任。

《大学周刊》:您所说的无限责任包括哪些方面?

眭依凡:我认为,大学不仅是人类社会的科学脊梁,还是人类社会的道德良心、推动人类社会文明进步的力量和国家民族发展的希望。

《大学周刊》：那您如何描述大学？

眭依凡：大学是以探索、追求、捍卫、传播真理和知识为目的，继而负有引导社会价值观、规范社会行为使命，是对人类素质改善和提高、社会文明发展和进步具有不可替代的重大公共影响力与推动力的教育机构和学术组织。

《大学周刊》：这是在大学发展中形成的？

眭依凡：从高等教育发展史来看，近千年来，哪里有一流大学的兴起，这些大学所在的国家就会在不长的时间内成为世界强国。意大利的文艺复兴、英国的政治民主和工业革命、德国科学技术的飞速发展、美国的经济强国地位的建立等等，无不有其当时世界一流大学的支撑。由此可见，大学对国家、对社会发展的重要性。这种重要性在知识经济时代更是不可替代，并使大学成为国家实力的象征和国家事业的重要组成。这使大学比其他组织负有更多的社会使命和责任。

《大学周刊》：大学的使命和责任为什么比其他组织要重大得多？

眭依凡：我有一个观点，大学如同政府、军队等国家机器一样，是最不能只代表自己利益和满足自己需要的一类组织，坚持和谋求国家与社会的利益并为之服务必须成为大学不能动摇的意识和价值选择。因此，大学有着较之于其他组织更多更强烈的社会责任担当。

《大学周刊》：为什么会如此强调大学对国家负责的使命？

眭依凡：不思考大学的使命，我们就会偏离大学的基本属性和大学应有的方向，就办不好大学。可以看到一些大学开始或者已经在做一些大学本不应该做的事情，犯着大学本不应该犯的错误。究其原因就在于这些大学的办学者和教育者并未认真思考过什么是大学的使命，从而未能把握大学的真谛和坚持大学应有的责任。

大学怎么办？

《大学周刊》：大学的办学规律是什么？

眭依凡：大学的办学活动应当遵循社会和经济与教育和学术制约的两大规律，前者反映大学与经济社会互为需要、互为促进的关系，是适应、满足、推动社会和经济发展的需要，而后者包括人才培养和科学研究的运行规律。

《大学周刊》：按规律办学的意义何在？

眭依凡：大学本质上是一个理性组织，因此按规律办学是大学应有的逻辑。按规律办学的原因有三个，一是高等教育的规律使然，二是大学人才培养和学术发展的属性和使命使然，三是科学管理使然。因此，大学必须按大学发展的规律办学，按人才成长的规律教学，按科学管理的规律治校。

《大学周刊》：您在多篇文章中对近些年国内大学中出现的官本位、高额贷款、办学趋同等现象作了批判性分析，显然这些都不是按规律办学，其原因是什么？

眭依凡：大学能否按其内在规律办学，首先取决于大学办学者怎样看待大学，即怎样看待大学的本质属性、大学的核心使命和大学的根本任务。上述问题出现的最重要原因就是，我们不少大学经不住权力、金钱和功利的诱惑，已经失去大学应有的风范、有违大学必须坚守的属性，而不能自觉抵御各种利益和权力的干扰，对权势、对金钱包括对形象工程政绩的兴趣远远浓于对大学的本分（育人和学术）的兴趣。

我们承认，随着大学社会性的越来越强，大学不是也不能再是与世隔绝的"象牙塔"，已成不争的事实。但是，大学应当走出"象牙塔"是否就是大学将变为谁都可以进去指手画脚，谁都可以进去随地叫卖、随处停放板车的"大观园"？

大家知道，正是大学的社会作用的大而又大，大学的社会责任也随之重而又重，社会对大学的要求也高之又高。当我们用这样的视角去审视当前的大学在关注和追求什么，以及这种关注和追求又会对大学产生如何的影响时，我们不得不面对有不少大学已经做了不少大学不该做的事，同时又放弃了不少大学本应坚持去做的事而令人忧虑的事实。

《大学周刊》：一流大学不在于其规模，那么重要的是什么？

眭依凡：建设一流大学，需要有所为有所不为，选择放弃什么和选择做什么是同样重要的，一流大学的建设首先必须放弃的就是规模。一流大学绝非是靠数量取胜，相反是以质量压群的组织。我们必须承认，大学并不是越大越好。事实上，世界一流大学就少有巨型大学。本科学生少而精就是哈佛大学的一个特点。尽管每年都有几万名世界优秀青年申请报考哈佛，但其每年只招1600多名本科生，至今哈佛才有1.8万多名在校生。斯坦福仅有1.6万名在校生。加州理工学院是最不追求学科齐全和规模宏大的学校，长期以来它的办学规模保持在2000 人左右，但这并未妨碍它成为世界一流大学。

哈佛大学、加州理工学院的强盛有其始终如一严谨治学等方面的原因，但精选学生的来源并保持它有限的规模却是人们最不可忽视的。深受拥有 6 万多学生之负累的德国慕尼黑路德维希·马克思米兰大学校长 A. 赫尔德里奇坦言："无论如何不减少学生数目，要想达到优秀的研究和教学几乎是不可能的。"卡斯帕尔校长在分析斯坦福大学何以成为著名的研究型大学时亦深有体会："在一所超负荷的大学中，一种追求卓越的文化是不可能发展起来的。"担负搏击一流大学使命的大学校长必须建立这样的理念：培养杰出的学者和世界一流的人才，比不加控制地招收数量宏大的学生更为重要。

《大学周刊》：*大学对国家、社会负责，包括哪几个层次，或者说大学如何能更好地、逐步地履行其职能？*

眭依凡：首先是适应社会发展的需要，其次是要充分满足社会发展的需要，最高阶段是要推动、促进社会发展的需要。这也是社会发展对大学所提出的不同的要求。

《大学周刊》：*中国大学现在处在什么阶段？*

眭依凡：我们已进入知识经济时代，其特征是科学技术已经成为第一生产力，知识是最为重要的生产要素。大学是集中创造知识和培养掌握知识的人才的组织，自然就处在引领和推动促进社会的发展进步的阶段。1995 年我就提出来一个观念，大学不是单纯地传承已有的文化和知识，而是要引领社会的改革和发展。

大学校长怎么当？

《大学周刊》：*您从博士论文《大学校长的教育理念与治校》开始就研究大学校长，那么作为一名大学校长应该具备什么条件或者说素质？*

眭依凡：美国拥有全世界最多的一流大学，其成功经验之一就是高度重视大学校长在大学发展中的作用。这说明大学校长在治理和管理大学中，扮演着日益重要的角色，已成为各国大学的共识。

我以为一名好的大学校长应该是个教育家，作为教育家他首先应该研究并掌握大学教育的办学规律、人才成长和培养的教学规律以及科学治校的规律；要对大学教育有一种执著的爱和忠诚，有强烈的大学使命和责任意识，有坚持真理和敢为天下先的胆识；有独到的大学教育思想和系统的办学治校的理念;有高尚的道德人格、政治品格和较强的管理能力;是有较大社会影响和威望的大学学者。

《大学周刊》:国内大学近几年新任校长中,有不少是科学家,您如何评价?

眭依凡:就我对大学校长的研究结论而言,国内外都有诸多政治家、科学家和学者成功治校的案例,但前提是他们必须自觉地研究大学办学规律,自觉地把自己造就为教育家,自觉把更多的时间和精力投入办学治校。大学发展和科学研究有各自不同的规律,科学家校长如果不能割舍对专业的感情,办学治校和科学研究两处分心,不能主动实现知识结构的转型、工作重心的转移、时间精力的转变,也就不可能胜任大学校长的职责。

《大学周刊》:有人提出大学校长的职业化,您怎么看?

眭依凡:我非常赞同大学校长职业化,这有利于降低新任校长由于不熟悉大学发展和管理规律带来的办学治校的时间成本和经济成本,可提高大学办学治校的效率,使大学迅速进入健康发展的轨道。但这不等于说大学校长需要有一个专门的组织机构培养产生,大学校长还是从了解大学运行和管理规律并具有大学管理工作经验的教育家、管理专家中产生为好。

办好一所大学不容易

《大学周刊》:您本身是研究高等教育的学者,现在担任校长的工作,可以说是双重身份,哪个身份更合适您?

眭依凡:我的梦想或者说是理想是做一名教育家,教育家不仅要有教育思想,更重要的是运用自己的教育思想到教育实践。因此,这样两个身份对我来说都是重要的。我于1985年开始研究高等教育,积累了20多年的高等教育思考,理论的准备已经很久了。

《大学周刊》:任校长首先做的是什么?

眭依凡:在美国,一所大学新校长的上任意味着这所大学一个新时代的到来。这说明美国大学校长对一所大学发展所起的作用是很大的。基于国情的不同,我们的大学校长不一定能够产生如此之大的作用。但作为大学的最高行政长官,大学校长对学校的改革发展还是至关重要的。

尽管大学校长主要应当在“确定大学的使命和目标”、“解决学生和教师的发展问题”、“大学组织整合和制度建设”、“大学文化选择和营造”等四个方面发挥重要作用,但我个人认为,大学校长最重要的工作还是概念领导。基于这种认识,我在具有治校权力的时候,就明确提出了“按大学发展的规律办学,按人才成长的规律教学,按科学管理的规律治校”、“以生为本,以师为尊,以学为要,以法为治”、“依法治校,民主治校,科学治校,文化治校”的办学治校的理念,并努力使之成为全校师生的共识。

在践行自己的办学治校理念的过程中,我注重营造大学以育人为天职、尊师爱生的环境文化。为了提高教学和教师的地位,我提出,要让我们的教师在校园里昂首阔步地行走,教师在大学里要有绝对的自豪感。

《大学周刊》:这个提法很有意思。

眭依凡:对,这是观念的改变。具体的做法主要有加大教学投入、强化教学服务、完善教学管理。2007 年我们召开了学校有史以来规模最大的一次教学工作会议,形成两个成果:一是制定了《江西师大教学规程》,形成一部对教学的使命、教学的管理体制和组织、教学资源的配置与管理、教师的聘用和管理、学分制等作出全面规范的教学管理制度;二是进行了师德师风教育,我提出尊重教师,但同时也必须要求教师。

《大学周刊》:您对学校的定位有什么新的设想?

眭依凡:过去的定位是高水平、综合性、有特色的教学研究型大学。我更强调,一是立足地方,主动为地方经济和教育服务;二是坚持师范教育的办学性质,这既是师范大学的使命责任,也是我们学校的特色和实力所在。

在教师教育方面,我主张建成地方重点师范大学,其教师人才的培养目标要高一些,应该按胡锦涛总书记和温家宝总理对教师的要求,立足培养学科教育教学专家和优秀教师。

《大学周刊》:地方大学的使命和责任如何理解?

眭依凡:地方大学立足于为地方服务,就等于为国家、民族服务,进而相当于为人类作出贡献。逻辑是这样的,做好身边的工作,自然对国家也就作出贡献。

美国大学虽然在大学使命陈述中都强调通过知识创造和人才培养

对人类作出贡献,但包括哈佛、耶鲁、斯坦福、伯克利等世界名校更重视从对身边的社区服务做起,对所处社区的发展作出了很大贡献。我们的大学目前恰恰忽视了对所处社区和社会发展具有的使命和责任,这是所有大学必须引起高度重视的问题。

《科学时报》(2008年6月24日)

附录2　给高校更多的自主权*

——眭依凡教授谈高校“去行政化”

不久前，温家宝总理在与网友连线时提到“教育行政化的倾向需要改变，最好大学不要设立行政级别”，再次使高校去行政化问题成为各界热议的话题。近日，本报记者采访了北京大学教育学院教授眭依凡。眭依凡教授不仅是一位高等教育学专家，也有多年从事高校行政管理的丰富经验，对如何按大学自身规律办学治校有深刻的研究和体验。

高校行政化问题能否解决好事关国运

高校行政化问题的形成和我国的体制与历史密切相关，随着各国科技竞争的加剧及社会对高校人才培养质量的要求越来越高，高校的行政化是否在很大程度上制约了高校的正常发展和作用的更大发挥成为人们普遍的质疑。众所周知，创新型国家的建设，“中国制造”向“中国创造”的跨越都离不开科技创新，而这就决定了创新型人才培养的重要性。高校从来就是创新型人才培养的最重要基地，而一流大学尤其肩负着培养一流杰出人才、拔尖创新型人才的重任。为此，当前高校改革最紧迫者无过于影响高教质量提高和拔尖创新型人才培养的体制性障碍。然而我们不无遗憾地发现，当高教改革改到深水区，诸如高校的行政化、官僚化、依附性等由体制性因素导致的问题已经是高教改革无法回避的。

---

* 《北京大学校报》2010年4月15日专访。

钱学森先生在病榻上向温家宝总理临终进言:“现在中国没有完全发展起来,一个重要原因是没有一所大学能够按照培养科学技术发明创造人才的模式去办学,没有自己独特的创新的东西,老是‘冒’不出杰出人才。”这不仅仅是大学之痛,更是国家之痛。大学不发展大学不强盛,一个国家的科技就会落后,以致在全球竞争中落败的命运就难以避免。眭依凡结合自己在加州大学伯克利分校从事访学研究的体会指出,美国如果失去大学尤其是研究型大学的支撑,美国的人才和科技优势就会荡然无存,其经济和强国优势也无所依托。高校能否按自身规律办学治校摆脱过度的行政制约回归教育和学术组织的属性和理性,关系到高校能否提高人才培养的质量和科学研究的水平,最后关系到创新型国家建设战略的成与败。

关于一流大学的建设和高校行政级别的问题

我国提出创建世界一流大学的战略目标已经十二个年头了,然而遗憾的是,在征求意见的《国家中长期教育改革和发展规划纲要(2010—2020 年)》中,我们看到这样的目标陈述:到 2020 年,“建成一批国际知名、有特色、高水平的高等学校,若干所大学达到或接近世界一流大学水平”。在创建世界一流大学的问题上我们为什么羞羞答答甚至底气不足? 当然,世界一流大学建设不能一蹴而就,但在当今人财物信息资源高速流动的社会,世界一流大学的创建也并非仅只是时间的函数,关键是我们是否有吸引世界一流人才的战略目标和制度措施,并使大学能够执著于并安心于人才培养和科研创造的使命和责任。眭依凡指出,就我国经济现状而言,我们还不能把尚未有世界一流大学仅仅归咎于投入少。德国对大学的投入并不比我们多,但仍然有 4 所大学名列世界百强,比如德国柏林自由大学 2009 年仅有 2.7 亿欧元多点经费,却支撑着 37000 多师生员工的一所世界著名的大学。关于世界一流大学建设,现在我们最为紧迫的问题是:能不能按温家宝总理说的“让教育家办教育”,尤其是让大学教育家按大学的规律自主办学治校。

让教育家办教育,让教育家按大学的规律自主办学治校,意味着应当减少行政对大学的过度干预。由此可见,高校治理的去行政化问题是多么的必要。但是,就“去行政化”问题,眭依凡认为有必要厘清此概念。他认为,高校作为一个人才培养和知识创造的教育和学术组织机构，其固然具有由智力劳动特点衍生出来的学术自由、大学自治的基本特性，但就高校内部而言，毕竟还是一个有其统一目标和管理运行规则的组织，否则高校组织就会是一盘散沙，其运行就会既无效率也无秩序。就高校与政府的关系而言，政府作为投资办学者对高校放任不管和无权管理也非道理。故此，高校的“去行政化”并非完全脱离行政管理也非要求高校放弃内部管理。

所谓“去行政化”，就是政府部门不能把高校纳入官僚体系按下属行政职能部门那样进行管控。因为高校人才培养和知识创造的使命和责任使其有与政府部门完全不同的运行规律、运行方式。同时，高校内部也要根除官本位的积弊，真正建立和营造尊重知识、尊重人才的制度和文化环境。

眭依凡对当前不少高校过于媚上、媚俗、媚官，而忽视师生、忽视高校的教学和知识、真理追求之使命的庸俗化现象予以了强烈的批评。他认为办好大学首先要尊重知识、尊重学者，使他们在大学有崇高的地位，而高校内部的行政职能部门并非指挥和领导管理的角色，他们的唯一责任就是为师生的教学和科研提供更好的服务。在他看来，大学、大学教授、大学校长的社会地位绝不是以其行政级别的高低来体现的，具有依附录用心态的大学及其学院、学系等学术领导者往往既难于也不敢于对大学负责，故也不能期待他们真正按大学的自身规律办学治校。

高校应有办学治校的自主性

关于国家如何管理大学，眭依凡归纳如下几点：其一是立法，通过立法强化高校的国家意识并规范高校依法有序的运行。其次是拨款，拨款不仅是政府对高校的财政支持手段，同时也是强有力的有效调控高校的手段。不过，当前有必要进一步规范政府对高校的拨款程序并使其具有透明性。政府主要通过立法和财政拨款宏观控制和管理高校，从而给高校更多的按大学规律办学治校的自主权。关于高校内部，需要根本解决好多权力决策体系的矛盾，以及处理好学术权力和行政权力的平衡问题。对高校这样的特殊组织而言，行政权力强调决策和管理的效率，学术权力强调决策和管理的民主，二者必须很好地结合。

总之，我们必须通过必要的“去行政化”以理性地捍卫大学，引导并要求大学找回自己淡忘甚至丢失的大学精神和文化灵魂，回归其教育和学术组织的基本属性。大学只有按大学自己的规律办学治校，大学才成其为大学，才能更好地担负起建设高等教育强国、实现中华民族伟大复兴的历史使命。

（学生记者梁苍泱）

北京大学出版社教育出版中心

部分重点图书

一、北大高等教育文库·大学之道丛书

美国文理学院的兴衰——凯尼恩学院纪实	[美]P. E. 克鲁格
大学的逻辑(第三版)	张维迎 著
我的科大十年(续集)	孔献铎 著
教育的终结——大学何以放弃了对人生意义的追求	〔美〕安东尼·克龙曼 著
欧洲大学的历史	〔美〕威利斯·鲁迪 著
美国高等教育简史	〔美〕约翰·赛林 著
哈佛通识教育红皮书	〔美〕哈佛委员会 著
知识社会中的大学	〔美〕杰勒德·德兰迪 著
高等教育理念	〔美〕罗纳德·巴尼特 著
知识与金钱——研究型大学与市场的悖论	〔美〕理查德·布瑞德雷 著
美国大学时代的学术自由	〔美〕罗杰·盖格 著
高等教育何以为“高”——牛津导师制教学反思	〔英〕大卫·帕尔菲曼 主编
美国高等教育通史	〔美〕亚瑟·科恩 著
现代大学及其图新	〔英〕谢尔顿·罗斯布莱特 著
美国现代大学的崛起	〔美〕劳伦斯·维赛 著
印度理工学院的精英们	〔印度〕桑迪潘·德布 著
哈佛规则：捍卫大学之魂	〔美〕理查德·布瑞德雷 著
美国大学之魂	〔美〕乔治·马斯登 著
大学理念重审：与纽曼对话	〔美〕雅罗斯拉夫·帕利坎 著
学术部落及其领地：知识探索与学科文化	〔英〕托尼·比彻 保罗·特罗勒尔 著
麻省理工学院如何追求卓越	〔美〕查尔斯·韦斯特 著
后现代大学来临？	〔英〕安东尼·史密斯 弗兰克·韦伯斯特 主编
高等教育的未来	〔美〕弗兰克·纽曼 著
德国古典大学观及其对中国的影响	陈洪捷 著
大学校长遴选：理念与实务	黄俊杰 主编
转变中的大学：传统、议题与前景	郭为藩 著
学术资本主义	〔美〕希拉·斯劳特 拉里·L. 莱斯利 著
美国公立大学的未来	〔美〕詹姆斯·杜德斯达 等著
高等教育公司：营利性大学的兴起	〔美〕理查德·鲁克 著
21世纪的大学	〔美〕詹姆斯·杜德斯达 著
公司文化中的大学	〔美〕埃里克·古尔德 著
什么是世界一流大学？	丁学良 著
东西象牙塔	孔宪铎 著
我的科大十年(增订版)	孔宪铎 著

美国高等教育质量认证与评估　〔美〕美国中部州高等教育委员会 编

二、北大高等教育文库·大学之忧丛书

大学之用(第五版)　〔美〕克拉克·克尔 著

废墟中的大学　〔加拿大〕比尔·雷丁斯 著

高等教育市场化的底线　〔美〕大卫·L.科伯 著

三、21世纪高校教师职业发展读本

给大学新教员的建议　〔美〕罗伯特·博伊斯 著

学术界的生存智慧　〔美〕约翰·达利、〔加〕马克·扎纳、〔美〕亨利·罗迪格(III)编

如何成为卓越的大学教师　〔美〕肯·贝恩 著

给研究生导师的建议　〔英〕萨拉·德兰蒙特、保罗·阿特金森、奥德特·帕里 著

如何提高学生学习质量　〔英〕迈克尔·普洛瑟 基恩·特里格维尔 著

四、北大高等教育文库·管理之道丛书

世界一流大学的管理之道——大学管理决策与高等教育研究　程星 著

美国的大学治理　〔美〕罗纳德·G.艾伦伯格 编

成功大学的管理之道　〔英〕迈克尔·夏托克 著

五、学术道德与学术规范系列读本(学习之道丛书)

科技论文写作快速入门　〔瑞典〕比约·古斯塔维 著

给研究生的学术建议　〔英〕戈登·鲁格 玛丽安·彼得 著

如何撰写和发表社会科学论文　蔡今中 著

学术道德学生读本　〔英〕保罗·奥利弗 著

做好社会研究的10个关键　〔英〕马丁·丹斯考姆 著

阅读、写作与推理:学生指导手册　〔英〕加文·费尔贝恩 克里斯托弗·温奇 著

如何为学术刊物撰稿:写作技能与规范(英文影印版)　〔英〕罗薇娜·莫瑞 著

如何撰写和发表科技论文(英文影印版)　〔美〕罗伯特·戴 巴巴拉·盖斯特尔 著

社会科学研究的基本规则　〔英〕朱迪思·贝尔 著

如何查找文献　〔英〕莎莉·拉姆奇 著

如何写好科研项目申请书　〔美〕安德鲁·弗里德兰德 卡罗尔·弗尔特 著

六、北大高等教育文库·学问之道丛书

高等教育研究:进展与方法　〔美〕马尔科姆·泰特 著

比较教育研究:路径与方法　贝磊 鲍勃 梅森 著

比较教育中的话语形成　〔德〕于尔根 施瑞尔 著

教育研究方法:实用指南　〔美〕乔伊斯·P.高尔 等著

社会研究:问题、方法与过程　〔英〕迪姆·梅 著

七、古典教育与通识教育丛书

苏格拉底之道　〔美〕罗纳德·格罗斯 著

全球化时代的大学通识教育　　黄俊杰 著
美国大学的通识教育：美国心灵的攀登　　黄坤锦 著

八、北大开放教育文丛

西方的四种文化　　〔美〕约翰·W.奥马利 著
人文主义教育经典文选　　〔美〕C.W.凯林道夫 编
博雅教育观念史　　〔美〕布鲁斯·金博尔
教育究竟是什么？——100位思想家论教育　　〔英〕乔伊·帕尔默 主编
教育：让人成为人——西方大思想家论人文和科学教育　　杨自伍 编译
我们教育制度的未来　　〔德〕尼采 著

九、高等教育与全球化丛书

激流中的高等教育：国际化变革与发展　　〔加拿大〕简·奈特 著
全球化与大学的回应　　〔美〕简·柯里 著
高等教育变革的国际趋势　　〔美〕菲利普·阿特巴赫 著
高等教育全球化：理论与政策　　〔英〕皮特·斯科特 著
发展中国家的高等教育：环境变迁与大学的回应　　〔美〕戴维·查普曼　安·奥斯汀 主编

十、其他好书

大学章程(精装本五卷七册)　　张国有 主编
教育技术：定义与评析　　〔美〕艾伦·贾纳斯泽乌斯基、迈克尔·莫伦达 主编
未来的学校：变革的目标与路径　　〔英〕路易斯·斯托尔 等著
中国博士质量报告　　中国博士质量分析课题组 著
博士质量：概念、评价与趋势　　陈洪捷 等著
中国博士发展状况　　蔡学军 范巍 等著
教学的魅力：北大名师谈教学(第一辑)　　郭九苓 编著
科研道德：倡导负责行为　　美国医学科学院、美国科学三院国家科研委员会 撰
国立西南联合大学校史(修订版)　　西南联合大学北京校友会 编
我读天下无字书　　丁学良 著
大学与学术　　韩水法 著
大学何为　　陈平原 著